中华优秀传统文明的精华

国学经典

中华上下五千年

林之满/编著

辽海出版社

【第二卷】

《中华上下五千年》编委会

编者的话

在祖国源远流长的传统文化中，中国历史是祖国文化重要的组成部分。中华民族五千年来创造的奇迹有如夏夜的繁星，数不胜数，向世界展示了东方智慧的无穷魅力。丰厚的文化遗产不仅是炎黄子孙的骄傲，也是我们民族得以凝聚并且繁衍不息的源泉。

历史是一面镜子，任何一个国家和民族都注重用自己的历史教育和鼓励人民，特别是青少年。历史本来是很生动的，现代汉语中有不少词语。特别是成语典故，多半出自各种历史典籍。而现在的孩子很容易被表现形式丰富的西方现代文明"格式化"，对历史知识却产生抵触情绪，这不能不让关注子女成长、渴望孩子成为栋梁之材的家长们为之担忧。在高科技发展的今天，了解和继承本民族优秀的文化传统，对于中国青少年树立民族自尊心、自信心仍是非常必要的。

让广大读者拥有一本有益于心灵成长的历史读物，以便有效、快捷地传播祖国文化，是我们每个人的责任。编者在参考了一定量权威性的历史典籍基础上，取其所长，编写了这套《中华上下五千年》。本书力求全面客观地展示中国历史发展进程中的社会进化、政治演变、经济文化发展和国土开辟等方面的状况。

尊重历史就是尊重我们自己，历史不能割断也不能凭着个人的喜好加以修改。在编写本书的过程中，笔者注重历史读物的真实性，针对历史事件中的存疑之处，反复查找资料，以避免虚构。这样做的目的是让读者在了解历史、开启智慧、培养美德的同时，为读者提供更多、更确凿的历史知识。

本书按历史发展顺序编写，以历史事件、历史人物为主线，所选取的内容上自远古时代，近到中华人民共和国成立。其范围涵盖政治、文化、科学、军事、民族关系等历代重大事件，对少数民族的历史也有相当篇幅进行介绍。

相对于浩瀚的五千年中华文明史，本书所反映的内容是远远不够的。但编者尽己所能，争取在有限的篇幅中集中、准确地描述与之相关的史实。限于笔者的历史知识和文字水平，难免有疏漏之处，敬请专家、学者和广大读者批评指教，同时，我们真诚地希望本书能够得到广大读者的喜爱。

目 录

汉　朝

三 国

晋　朝

焚书坑儒

秦始皇统一中国后，在政治体制、统一度量衡等方面进行了一系列改革，巩固了秦国的统治。但有不少读书人士喜欢谈论政事，话题往往触及秦朝的政治制度。公元前213年，丞相李斯借一些学者政见纷争之际，向秦始皇提出焚百家书、杜绝混乱思想的建议。

秦始皇觉得事情确实是这样，如果听任那些有旧思想的人到处宣扬旧制度，的确会妨碍他的统治。于是他决定接受李斯的建议，下令焚书。焚书的具体办法是：除了那些讲医药、占卜、种树一类的书以外，凡不是秦国史官所记的历史书，不是官家收藏而是民间所藏的《诗经》《尚书》和诸子百家的书籍，在命令下达的30天之内，都要缴到地方官那里去焚毁。以后还有偷偷谈论古书内容的，处死刑；借古论今攻击当前政治的，全家都要处死。官吏知情不告发的，判处同样的罪。

焚书的命令发布以后，各郡各县的官吏立即严格地遵照命令去执行，挨家挨户收缴书籍。在很短的时间内，秦国以外的历史书和记载着诸子百家学术思想的书籍，凡是收缴上来的，差不多全都烧光了。秦朝以前的许多历史事实和学术思想著作从此失传。这是秦始皇摧残中国文化的一大暴行。

秦始皇下令焚书，使得许多读书人都非常反感，不仅那些有旧思想的人反对秦始皇的暴行，连一些在朝廷里的博士，也都在暗地里议论，说秦始皇这样摧残文化，做得太过分了。

焚书的第二年，即公元前212年，有两个替秦始皇求不死药的方士侯生和卢生，偷偷地议论说："秦始皇这个人，十分残暴，自信心太强。他专靠残酷的刑罚来统治天下，他对谁也不信任，大大小小的事情都得由他自己亲自来决定。像他这样贪图权势的人，我们还是不要为他求仙药的好。"他们两个人偷偷地带着从秦始皇那里领来的钱财，逃走了。

秦始皇听说读书人在背后说他的坏话，侯生、卢生还居然逃走了，十分生气，决定要狠狠地惩治他们。于是秦始皇下了一道命令，叫御史大夫去查办那些在背后诽谤他的读书人。被抓去审问的人，受不了残酷的刑罚，为了给自己开脱，就一个一个的攀连其他的人，攀来攀去查出来有460多个方士和儒生犯有嫌疑。秦始皇一怒之下，也不查证核实，就叫人在咸阳城外挖个大坑，把他们全都给活埋了。其实460多人当中大多数人都是含冤死去的。

秦始皇焚书坑儒，目的是想统一思想，压制那些反对中央集权制的思想和言论，但是他的焚书，既毁灭了秦以前长期积累起来的文化财富；坑儒，又杀害了许多精神财富的创造者。从此以后，秦朝宫廷里真正有学问的人大大减少，而那些专会欺上瞒下的奸贼如赵高之流，逐渐成了秦始皇身边的重要人物，秦朝开始走下坡路了。

指鹿为马

秦二世胡亥当了皇帝以后，便把赵高的官升为郎中令。赵高本是个中车府令的宦官，为人狡诈阴险。胡亥曾经拜赵高为老师，两人有师生之情；赵高又精通法律、法令，胡亥便把治理国家大事的权力全部交给赵高，这正是赵高所日夜盼望的，他便利用这样的好机会胆大妄为起来。

首先，赵高要除掉和自己有仇的人。当年，秦始皇在世的时候，赵高曾经犯过法，秦始皇让蒙毅去审理赵高的案子，蒙毅发现赵高犯的罪很重，应该杀头，便如实向秦始皇报告。秦始皇因为赵高是自己最喜爱的儿子胡亥的老师，又精通秦朝的法典，是个有用的人，便对赵高警告了一番，免去杀头的罪，仍然留在身边使用。现在，赵高等于掌握了生杀大权，完全可以造个罪名来杀掉蒙毅了。

蒙毅和蒙恬是亲弟兄，两人一文一武，是秦朝的几代老臣，赵高决定从杀蒙恬这条线索上顺藤摸瓜，把蒙毅也干掉。胡亥夺权后，假造秦始皇遗书，要公子扶苏和大将蒙恬自杀，公子扶苏立即自杀了，蒙恬还关在牢中，胡亥想饶了蒙恬，赵高却坚决说蒙恬要造反，不杀不行，胡亥便派人去杀了蒙恬。蒙恬一死，赵高又在秦二世胡亥面前说蒙毅的坏话，说蒙毅一直坚持要立扶苏为太子，现在对二世皇帝又很不满意，如果不及早除掉，将来又是大祸害，胡亥对赵高的话深信不疑，便同意由赵高去审理这件案子，赵高毫不费力地杀掉了蒙毅。

赵高接着又捏造了许多罪名，把那些平时和自己有仇的人一个个地治了罪，杀了头，又把胡亥隔离进了深宫，让胡亥成天和宫女们在一起饮酒玩乐，自己则把持了朝政大权。到这时候，朝廷中已经没有人能对赵高构成威胁了，唯一能对赵高不利的就是左丞相李斯了。在秦二世胡亥当皇帝这件事上，李斯也是主谋之一，而且李斯是秦朝的元老，李斯如果领头反对赵高的话，赵高将会非常危险，为了消除这个隐患，赵高决定对李斯下手。

这一天，赵高找到李斯，对李斯说："现在二世皇帝成天玩乐，不理国家大事，我是个地位很低的宦官，没办法阻止他，可你是国家的重臣、老臣，你应该阻止他才是啊，不然怎么才能算作忠臣呢？"李斯不知道赵高是设陷阱害自己，认为赵高真是为国家大事着想，便说："我怎么不想劝阻呢？只是没办法见到皇帝的面，叫我怎么劝阻呢？"赵高说："这好办，我有办法，这几天你在家等着，一有机会我就派人去告诉你。"这时候正是陈胜、吴广起义军步步逼近的时候，李斯急于要和皇帝商量这件事情，便天天在家等候消息。

过了两天，赵高果然派人通知李斯说："皇帝现在没事，赶快进宫去议事！"李斯慌忙穿好朝服，急急地赶进皇宫求见皇帝。而这时的皇帝胡亥正在玩得快活的时候，忽然听说丞相李斯求见，非常扫兴，胡亥不高兴地说："叫他明天来！"李斯只好明天来，到了第二天，又被挡在宫门外进不去，李斯不敢再去，可赵高又派人催促赶快去议事，还是被挡了回来。秦二世很不高兴，觉得李斯在故意让自己难堪。

赵高见火候已到，对胡亥说："李斯这样三番五次地跑，一定没安好心，他和他的大儿子李由想一同谋反，您千万要小心防备他！"

秦二世胡亥说："谋反？这不大可能吧？"赵高连忙说："怎么不可能？陈胜、吴广叛贼和李斯是邻县人，陈胜起兵，李斯大儿子李由就在那里当官，为什么不领兵出击？这肯定是串通好了的嘛！"胡亥觉得事情重大，决定先派人去调查一下李由的情况再说。

李斯几次进宫没见着皇帝，已觉得情况不妙，又听说派人去调查李由的情况了，知道自己上了赵高的当，便上书秦二世，指责赵高是奸臣，秦二世更加恼火，驳回李斯的奏章。

李斯见自己的奏章被驳回，心中着慌，便联络右丞相冯去疾和将军冯劫一道上书，请二世皇帝减缓刑法，罢修阿房宫，罢免赵高，这样便可阻止天下大乱局势的发展。秦二世看过奏章，更加愤怒，赵高又在旁边添油加醋，请将3人一起罢官论罪。秦二世立即下诏，将3人逮进狱中。

御林军去逮捕冯去疾、冯劫二人时，他俩认为这是奇耻大辱，古代以来刑不上大夫，自己是将相之官，怎能戴刑具、进监狱，便自杀了断，李斯还指望将来能有真相大白的那一天，便进牢服刑。赵高买通审案官员，先在牢中审讯，强迫李斯承认父子共同谋反，李斯大呼冤枉，只要李斯一喊冤，立即就有大棒劈头盖脸地往下打，把李斯打怕了，只好屈打成招。

审案官把李斯的供词送给二世看，二世很高兴，说幸亏赵高看得准，会办事，便把李斯定成死罪。又过了几天，派去调查李由的官员回来了，他先向赵高报告，说李由已经战死，死无对证，赵高又指示他造了个李由造反被杀的假情报，二世皇帝更加愤怒，下令将李斯全家一道处死，李斯本人受五刑而死（五刑是：先刺字，再割鼻子，再截断左右脚趾，再砍头，最后剁成肉泥）。

李斯死后，二世便任命赵高为丞相，赵高的权势更大了。为了进一步验证自己的威信，一天，赵高牵了一头鹿上殿，对二世胡亥说，送他一匹宝马，二世一看，原来是一头鹿，便笑着说："明明是一头鹿，怎么说是马呢？"赵高坚持着说是马，二世问左右的人，要大家讲是鹿还是马，有的人怕赵高，默不作声，有的人附和着说是马，也有几个人说是鹿，赵高记下了这几个说是鹿的人，几天后，把这些人一个个都杀掉了。从此后，朝廷中谁也不敢和赵高对着干了。

赵高耍一些阴谋诡计升官篡权可以，拯救秦王朝是不行的。农民起义军声势越来越大，刘邦领导的一支军队已攻下了武关。赵高怕胡亥知道了这个消息，会一怒之下杀了他的头，便想了一条毒计，杀死了二世皇帝胡亥。

赵高派自己的心腹杀了二世皇帝胡亥，怕大臣们不服，自己没敢即位当皇帝，而是把二世皇帝胡亥的侄儿子婴抬出来继承了皇位。

子婴知道赵高的为人，便找来心腹韩谈和两个儿子商议如何除掉赵高。他们商议好之后，便秘密准备起来。到了第五天早上，赵高率领众臣来到祖庙，准备迎立子婴继位。可是，左等不来，右等也不来。赵高便派人去请，不一会儿，那人回来禀报道："公子说身体不舒服，不能前来。"赵高听了，怒气冲冲地说："今天是什么日子，还要托故不动，看我亲自去请他。"说着便骑马去找子婴。下马入宫，看见子婴还伏在桌案上打盹儿，便气呼呼地斥责道："公子今天要到庙堂祭祖登上皇位，为什么屡请不动？"话未说完，两旁闪出3个人来，持刀上前，骂了声："你这乱臣贼子，还敢在此胡言！"赵高还没来得及答话，韩谈便手起刀落砍倒了他，子婴的两个儿子又连补几刀，结果了赵高的性命。

子婴杀了赵高，当下召集群臣入宫，历数了赵高的罪孽，夷灭了他的三族，并处死了杀害胡亥的凶手闫乐等人。子婴告祭祖庙，登上皇位。

大泽乡起义

秦二世元年（公元前 209 年），官府征集阳城（今河南方城）一带的数百名贫苦农民到渔阳（今北京密云县）戍边驻守，陈胜、吴广为屯长。陈胜，又名陈涉，阳城人；吴广，又名吴叔，阳夏人（今河南太康）。陈胜虽然出身苦寒，却是个胸怀大志的人。有一天，干活儿干得太累了，陈胜跟几个伙伴在田头歇息，并带头诉说着世道的不公和农民遭受的苦难。说着说着陈胜激动起来，他对周围的人说："以后我们富贵起来，大家可别忘了今天的朋友。"而伙伴们觉得自己都穷得只能做苦役了，还谈什么富贵。陈胜的心思不被理解，便仰头长叹道："唉，燕雀安知鸿鹄之志哉！"

陈胜、吴广被征集后与 900 个农民在两个校尉的押送下向目的地昼夜兼程地赶路。队伍行至蕲县大泽乡（今安徽宿县附近）的时候，天下起了滂沱大雨。大泽乡地处淮河支流，地势低洼，大雨淹没了道路，冲坏了桥梁，实在没有办法再继续前进。而且大雨根本没有要停下来的趋势，估计是无法按期到目的地渔阳了。

按照秦朝的法律，戍卒不按期报到，必被斩首。陈胜、吴广当时在队伍中被指派为屯长，他们为自己和整个队伍的命运商议起来。早有起义之心的陈胜在这事关生死的时候毅然说："现在我们已不可能如期赶至渔阳，死路一条；逃走被抓回去，也不可能有活的希望。干脆不如造反，最多也就是死。与其等死，还不如拼一回命去争夺天下呢。"吴广没有表示反对，但他问："你有没有想过怎么个造反法儿？"陈胜平日里是个关心国事的人，对于政治形势有一个比较清楚的认识。他心中有数地说："天下的百姓吃秦朝统治的苦已很久了。听说秦二世杀害了哥哥公子扶苏，才当上了皇帝，十分不得人心。都传扶苏是个贤德的人，另外楚将项燕数有战功，并且爱惜士卒，现在不知他的生死，但人民很想念他。不如我们以扶苏和项燕作号召，发动起义，必然得到天下的响应。"这一番分析是很有道理的。各地酝酿已久的造反实际上都在等待着一个真正的有魄力的领头人。

两个人密议之后开始了行动。当时的人们思想很迷信，想要把他们煽动起来，还要用一些装神弄鬼的办法，取得群众的信任，树立领导者的威望。

陈胜和吴广用朱砂在帛条上写下"陈胜王"3个字，然后把帛条藏入一条鱼的肚子里。第二天戍卒买鱼烹食，剖开鱼腹时看到了帛条和上面的红字，大为惊讶。难道陈胜是真命天子吗？大家开始议论起来。晚上，吴广暗地里躲进附近的草丛中，点起灯笼。人们以为是鬼火在忽明忽暗地闪烁着，耳边又传来吴广装的狐狸的叫声："大楚兴，陈胜王。"这场面一下子传开了，人们在惊讶之余更加觉得陈胜不是个凡人。

陈胜的威望借着这种带着迷信色彩的办法一下子树立起来。当然，这和他以及吴广做屯长、会办事、得人心大有关系。"鱼腹丹书"和"篝火狐鸣"之后，二人已经在人们心目中成了能干大事的领袖。

一天，吴广趁押送队伍的将尉喝醉的机会，故意扬言说要逃走。将尉气极之下先是鞭打吴广，而后又拔出剑来要杀他。吴广平素人缘非常好，大家看到他要被辱杀，再也待不住了。一群人拥上去，帮助吴广反抗。吴广借势夺剑杀死了将尉。一霎时群情激愤，趁机把另一个将尉也干掉了。

陈胜看到时机已成熟，便召集大伙儿到一起并站出来慷慨陈词："弟兄们！咱们遇到大雨，不能按期到渔阳去了。误期是要被砍头的。即便是苟且活命，戍边的人到头来 10 个有 7 个也是死路一条。反正都是死，大丈夫不死则已，死就是死出个名堂！那些王侯将相，难道天生就该压迫咱们吗？"陈胜的话得到了大家的齐声赞同。陈胜、吴广看到这个局面，决定立即起义。他们上山砍伐树木、竹竿作武器，垒起一个平台作誓师之地，还做了一面红旗，在上面绣上一个巨大的"楚"字。

义军决定以"大楚"为号，推举陈胜为将军，吴广为都尉。义军的旗帜在风中飘展着，中国历史上第一次大规模的农民起义的烈火，就在大泽乡燃烧起来。

陈胜、吴广起义爆发后，很快攻占了大泽乡和蕲县，并继续挺进，连攻数城。许多穷苦的老百姓纷纷加入进来，起义军发展迅猛，很快成为一支兵车六七百乘，人数万余的强大队伍。占领了陈县以后，陈胜召集三老豪杰会议。陈胜自立为王，国号"张楚"，就是要张大楚国的意思。从此陈县便成为起义军的根据地。

陈胜起义军的胜利，巨大地鼓舞了那些想革命的人们。分散于各地的起义军与陈胜、吴广遥相呼应，革命的烽火迅速蔓延到全中国大部分地区，类似数千人的聚众起义在各地不可计数。以往分散的革命力量，以陈胜、吴广起义为中心，形成了一个巨大的反秦的洪流。各地的起义军对咸阳形成包围之势。

这时候有一些在秦朝暴政下不得志的地主阶级分子和6国的旧贵族也参加了农民起义军。他们的加入一度对起义军扩大声势、加强攻打秦朝的力量起了积极的作用，但同时也使战争的形势越来越复杂。

陈胜起义军在陈县设立政权后，兵分三路向秦都咸阳进攻。一路攻打荥阳，由吴广率领；一路正面攻打咸阳，由周文统率，是起义军的主力部分；一路攻打南阳，准备从侧翼进军咸阳。各路人马一开始胜利前进，其中周文所率起义军势如破竹，一度攻到了距咸阳只有百里的地方。

然而，起义军却在这种形势下，从胜利走向了失败。先是周文的部队遭到了秦军几十万武装的反扑。周文是楚国项燕的旧将，虽然勇敢，但他的队伍都是临时组织起来的，毕竟没有打硬仗的经验，他们深入秦朝统治中心地区而无后援，陷入极大的被动。再加上其中的6国旧宗室贵族各有异心，从中捣乱，牵制了起义军的力量。最后，周文的部队被秦将章邯打败，周文自杀。

吴广一路一时间攻不下荥阳，内部发生分裂。吴广被部下田臧所杀。接着田臧与章邯交战，兵败身死。

陈胜只有很少的兵力据守陈县。陈胜自称王后，骄奢之气日重，许多与他共患难的朋友都离开了他，这为他日后的失败埋下了重重的伏笔。当章邯的部队大举进攻陈县时，陈胜还是带领人数不多的兵马进行了顽强的抵抗，终因寡不敌众，又无外援而步步后退。当退到下城父（今安徽涡阳县附近）时，陈胜竟被他的车夫叛徒庄贾给暗杀了。

随着农民主力军的失败和农民起义军领袖的牺牲，农民起义转入了低潮。虽然陈胜死后还有一些旧将如吕臣组织"苍头军"继续坚持战斗，但终究没有成大气候。

陈胜、吴广起义失败的原因是多方面的，它既有领袖人物自身的原因，也有农民起义缺乏经验的弱点，更有6国贵族从内部对起义军力量的耗损和分裂等多方面因素。但陈胜、吴广起义毕竟是中国封建社会历史上第一次全国性的农民战争，它充分反映了人民反抗残暴的勇气和能力，使统治阶级不得不对民众有所顾忌，采取一些相对缓和的政治措施。

项氏率子弟兵抗秦

项羽名籍，字羽。下相（今江苏宿迁市西南）人。项氏世世代代为楚将，被楚国封在项地，因而姓了项。项羽从小死了父亲，跟着叔父项梁生活。他是在国破家亡的仇恨和痛苦中长大成人的，所以他小小年纪就立下了洗雪家仇国恨的决心。

项羽小时候，家里送他去读书。可是他学了好几年也无什么长进。文的不行，家里又送他去学武。可是他虽然力气大，还是不专心。他的叔父十分生气，责备他说："像你这样，学文不成，学武不就，到底打算干什么！"小项羽倔强地一扬头，道："我又不想给秦朝去当刀笔吏，字写得好又有什么用？至于剑术吗，用处也不大。""我要学那种能够横扫千军万马的大本领！"项梁听了，不但不生气，反而高兴起来。于是便向项羽讲起用兵布阵的兵法来。项羽一开始学得还很起劲，可是略知大意之后，便不肯往深处钻研了。

有一年，项梁在家乡一怒之下杀了人，只好带着项羽逃离故土，到处避难，这样，他们叔侄就来到了会稽郡的吴中。吴中过去是楚国的领土，本地的豪门大户对项家本来很景仰，现在听说项梁来了，都纷纷前来拜访。项梁又喜欢结交四方豪杰，很得本地豪强和百姓的拥戴，就是地方官也要敬他几分。

秦始皇巡游路过吴中，百姓们都好奇地挤在路边上，想亲眼看看这个暴虐的皇帝究竟是个什么模样。这时，远处黄土腾空，隐隐传来隆隆车轮声和嗒嗒马蹄声。步兵马队拥满了驰道两侧，旌旗蔽日，戈戟耀眼，秦始皇的车驾过来了。站在驰道两旁的百姓，都屏住气息，哪里还敢吭声。唯独站在人群中的项羽，一点也不害怕，看着这暴虐的皇帝，想起了国恨家仇，不禁对他叔叔脱口说道："彼可取而代之！"项羽话音未落，叔父急忙将他嘴捂住，一把将项羽拉出人群，匆匆忙忙溜走了。

回到家中，项羽埋怨叔父说："平日你总是督促我习练武艺，学习兵法。让我念念不忘报仇雪恨。今天您怎么这样胆小怕事呢？"项梁一听，心中暗喜，免不了教训他说："我们图的是翻天覆地的大事业，心急气躁是干不成的。要成大事，就要等待时机。时间一到，我们就要动如脱兔！"

时机没用多久就到了。秦二世元年（公元前209年），陈胜、吴广大泽乡举义的消息，很快地传遍了6国的旧地。项梁叔侄听到这个消息，万分激动，便加紧了起兵的准备工作。他们明白，要想起兵，必须首先把驻守吴县的会稽郡守殷通除掉。

这年九月，会稽郡守突然派人把项梁请到官府里，同他悄声商议道："江西一带的郡县已经全造反了，我看秦朝已到灭亡的时候了。常言道：'先发制人，后发受制于人。'我想赶快起兵，扩大势力，打下一块地盘，我当首领，请你当将军，为我带兵，你看怎么样？"

项梁听了，觉得正是时机，他假意说道："蒙您抬爱，我哪能不效力呢？可惜我只有个将门之后的虚名，您要起兵，最好把原来楚国的大将桓楚请来。可是听说楚国灭亡之后，桓楚逃亡在外，我侄儿项籍大概知道他的隐身之处，您看是不是把项籍召来问问？"

郡守说："既然你侄儿知道桓楚的行踪，那就请他走一趟，去请桓楚。"项梁答应了，走出官府，找来项羽，说了自己的打算，然后让项羽带着佩剑，随他去见郡守殷通。项氏叔侄来到殷通跟前时，项羽飞跨一步，抽出佩剑，只见寒光一闪，殷通便人头落地。项梁提起郡守的人头，摘下他的印授，佩在自己身上。这时府中大乱，卫兵们各持兵器，一拥而上，项羽见拥上来不过百八十人，他大吼一声，如同晴天霹雳，接着挥起宝剑，一口气砍倒几十人。侥幸未死的，被项羽如同下山猛虎一样的气势，吓得丢魂落魄，跪地求饶。

项梁拿到了郡守的兵权，首先到附近属县选拔了8000多精兵，然后安排手下的宾客和吴中的豪杰充任校尉、侯、司马等各级武官，并任命项羽为副将，协助自己率领8000子弟兵，征占各县，稳定住江东的局势。

到了这年冬天，陈胜伐秦的主力军被秦将章邯击败，大将周文自尽，假王吴广也被害。北方割据称王的武臣等人，只顾自己抢夺地盘，拒不发兵援救。陈胜手下的将领召平，听到这个消息，决定说服江东项梁这支义军西进抗秦，援救张楚政权。

项梁早就有此打算，便很高兴地同意了召平的建议，立刻率领江东8000子弟兵，渡过长江，向西方前线挺进。各路义军纷纷前来投靠，使这支部队迅速扩大到六七万人。

不久，陈王被害的消息得到证实。张楚政权失去了首领，严重地影响着楚地反秦的斗争形势。项梁当机立断，决定召集楚地各路义军首领在萍县开会，拥立新领袖。参加大会的义军首领中有一位杰出的人物，他就是沛公刘邦。

刘邦斩蛇举义

刘邦，字季，秦朝泗水郡沛县丰邑（今江苏沛县）人。公元前256年出生于一个农民家庭。其父刘太公，勤劳朴实，忠厚老实，颇受乡里人尊重。其母为家庭妇女。

刘邦生就身材高大，体格强壮，相貌堂堂。他自幼游手好闲、整日东游西逛，不事生产作业。然而，他却生性宽厚仁慈，待人大度豪爽，专好结交天下豪杰，在乡邻中小有名气。因其待人热情，被乡人推选为泗水亭长，负责维护地方治安、捉拿盗贼。刘邦任亭长后，与沛县衙署主吏萧何、狱掾曹参以及夏侯婴等人来往密切，结为至交，常聚在一处饮酒交谈，议论天下大事。

刘邦任亭长后不久，奉命押送一批民夫到秦朝国都咸阳去修建骊山陵墓，进入咸阳后，恰逢秦始皇出巡，刘邦站在街头，望着秦始皇盛大威严的仪仗行列，不禁深有感触，长长地叹息说："唉！大丈夫应当如此才威风啊！"站在刘邦左右的人们，闻听此言，都感到此人与众不同。

沛县城郊有一富户吕公，家有钱财万贯，原籍山东单父，因躲避仇家，携妻子女儿来沛县居住。一日，吕公大摆筵席，款待地方官吏富豪。刘邦也来赴宴。吕公见刘邦美须飘洒，气度不凡。便有了将女儿吕雉嫁与刘邦的意思。刘邦与吕雉成亲后，仍旧担任亭长，空闲之时，常返回家中帮助妻子料理农活，夫妻恩爱，几年间先后生下一男孩和一女孩，一家人生活倒也和美。然而好景不长，刘邦再次接到上方指令，命他押送一批刑徒往骊山服役。刘邦心中虽是不满，却又不能抗命不遵，只得依依不舍地告别了妻子儿女，启程上路。

当时正值盛夏，骄阳当空，遍地似火。沛县至骊山路途遥远，行走艰难。刘邦押送大队刑徒风餐露宿，兼程赶路，唯恐误了期限。众人疲惫不堪，怨声四起，沿途之中多有刑徒逃亡，刘邦心中也十分郁闷。

这天夜晚，夜色昏暗。刘邦心事重重，独自一人坐在篝火旁饮酒解愁。他一边喝着闷酒，一边望着蜷缩在篝火四周的刑徒们暗中思索，刑徒们逃亡日众，人数已不足额，如此下去，不出数日，刑徒们便会逃亡一空，待到了骊山，该怎样向官府交代。依当时秦朝法律，遣送刑徒抵达目的地时，刑徒人数不得缺少，否则将依法治罪。想到这里，刘邦不由得眉头紧锁，止不住长吁短叹。不知不觉之中已然半醉了。终于刘邦下了决心，他将周围沉睡的刑徒们唤醒，对他们说："诸位，我知道你们都不愿到骊山服刑，每人都盘算着逃走，与其如此，索性我现在就放了你们，大家各自逃生去吧！我从此也要远走他乡了。"说罢便将刑徒们一一释放。刑徒们见此情景，感激涕零，纷纷拜倒在刘邦脚下感谢救命之恩。刑徒们中有 10 多位壮士，见刘邦如此仗义，敢作敢为，心中钦佩，不肯离去，愿与刘邦一同逃亡。

刘邦带领留下来的 10 多位壮士高一脚低一脚地在黑暗中行进。进入一片沼泽地时，走在前面的一位壮士突然高声惊叫着退了回来，惊慌失措地说："前边有一条大蛇挡住了去路，我们退回去吧！"刘邦此时酒意正浓，闻听此言，不由勃然大怒道："壮士行路，何惧虫蛇！"说罢，抽出随身佩带的长剑，趁着酒性冲上前去。借着朦胧的月色，果见一条巨大的白蛇昂头吐舌横卧在路中，刘邦大喝一声，奋力挥剑斩去，顿时血花飞溅，白蛇分为两段。站在后面的壮士们见刘邦如此勇敢，对他愈加钦佩了。

事后忠于刘邦的人士将他斩蛇之事加入迷信色彩，加工改编为一段神话故事，说刘邦斩杀白蛇离去之后，有人经过斩蛇地点，见一白发苍苍的老妇人坐在死去的白蛇旁，于黑暗中失声痛哭。行路人问老妇人为何哭泣。老妇人说，有人杀死了我的儿子，故此哭泣。行路人又问："你的儿子为何人所杀？"老妇人回答说："我儿子乃白帝之子，化作一条白蛇横挡在路中。如今被赤帝之子斩杀，我如何不痛苦哭泣呢？"老妇人说罢突然消失不见了。这个故事传入刘邦耳中，他表面不动声色，心中却暗暗欣喜。众人却认为刘邦乃赤帝之子下凡的真龙天子，对其愈加敬畏。

此后，刘邦率众人藏匿在芒砀山中，那里山高林密，杂草丛生，刘邦与众人借山泽岩石隐身，防备官府的搜捕。不久在刘邦身边便聚集了数百人。

秦二世元年（前 209）七月，陈胜、吴广在大泽乡起义，天下响应，各地民众纷纷杀掉秦官吏响应起义。同年九月，刘邦在萧何、曹参等人的拥戴下聚众起义，杀死秦朝沛县县令，占领县城，刘邦被起义民众拥立为县令，尊称他为"沛公"。此时，刘邦年已48岁了。

在一个风和日丽的清晨，沛公刘邦在沛县县衙大堂举行了隆重的起兵仪式。他依照"赤帝之子斩白帝之子"的传说，以赤帝之子自居，命人制作了大批红色旗帜，上绣"刘"字，作为本军军旗，并派萧何、曹参等人分头招兵买马，起义军迅速扩展到二三千人。刘邦仍感兵力不足，便率部投奔另一支起义军首领项梁。项梁拨给刘邦人马5000、小将10员。此后，刘邦与项梁及其他起义军相互配合、协同作战，逐渐成为起义军中的一支重要力量。

张良得兵书

张良，字子房，战国末期韩国人。他的祖父和父亲相韩，辅佐5代韩王，也称"五世相韩"。

秦灭韩以后，年轻的张良为报国恨家仇，变卖了家产，征求刺客，准备刺杀秦始皇。后来，他交上一个朋友，是个大力士。那个大力士使用的大铁锥，足足有120斤重。两个人商量好，准备在秦始皇出外巡游的时候刺杀他。

秦始皇灭了6国之后，害怕6国留下来的旧贵族起来反抗他，就下令把天下12万户豪富人家一律搬迁到咸阳来住，认为这样容易管住他们。他还常常到各地巡视，一来祭祀名山大川，要大臣们把颂扬他的话刻在山石上，好让后代的人都知道他的功绩，二来显示自己的威武，也让6国贵族敬畏他。

公元前218年春天，秦始皇带领大队人马出去巡游。到博浪沙，车正在缓缓行进的时候，突然"哗啦啦"一声响，飞来个大铁锥，把秦始皇座车后面的副车打得粉碎。全部车队一下子都停下来，武士们到处搜查，刺客已经逃走了。秦始皇又下令，在全国进行一次大搜查，足足搜查了10多天，也没有查到。

原来，这是张良和他的朋友，探听到秦始皇巡游要经过博浪沙，就预先在那里找了个隐蔽的地方埋伏起来。秦始皇的车队经过，大力士就把铁锥砸过去。可惜这一锥砸得不准，只砸碎了一辆副车。

张良刺杀秦始皇失败以后，便隐姓埋名，一直逃到了下邳，总算躲过了秦朝官吏的搜查。他就在下邳住了下来。

有一天，张良一个人出去散步，走到一座大桥上，看见一个老头，身穿一件土黄色大衫，坐在桥头上。他一见张良过来，有意无意地把脚往回一缩，他的一只鞋子却掉到桥下去了。

老头儿转过头来，很不客气地对张良说："小伙子，下去把我的鞋子捡上来。"张良听了很生气，真想动手揍他一顿。可是再一看，人家毕竟是个老人，就忍住了气，走到桥下捡起那只鞋子，上来递给老头儿。谁料想这老头儿连接也不接，只是把脚一伸，说："给我穿上。"

张良想了想，既然已经把鞋给捡上来了，干脆好人做到底，就跪在地上恭恭敬敬地拿鞋给老人穿上。那老头儿这才微微一笑，连声谢谢也没说，站起来走了。张良觉得这老头有点奇怪，便跟在老头儿身后，想看他往哪儿去。

老头儿走了一里多地，才转过身来，对张良说："小伙子不错呀，我倒乐意教导教导你。过5天，天一亮，你到桥上再来见我吧。"张良听他口气，知道是个有学问的人，便连忙行了跪拜之礼，答应："好，好！"

到了第五天，张良一大早就起来赶到桥上去，谁知老头儿已经先到了。老头儿生气地对张良说："你跟老人家约会，就该早一点儿来，怎么能叫我等你呢！"张良只好认错。那老头说："去吧，再过5天，早一点来。"说完就走了。

又过了5天，张良一听见鸡叫，就跑到大桥那边，他还没走上桥，就见老头儿已站在桥上。老头儿看了张良一眼说："过5天再来吧。"

张良吸取了前两次的教训。到了第四天半夜，就赶到桥上，静静地等着天亮。过了一会儿，只见那个老头儿一步一步地走过来。他一见张良，露出慈祥的笑容说："这样才对呢！"说罢，从袖里掏出一部书来交给张良，说："回去好好地读，将来可以给国家出点力。"

等到天亮，张良趁着晨光，拿出书来一看，原来是部周朝初年太公望编的《兵法》。从那时起，他就刻苦钻研兵法等待机会报仇。

不久，各路义军纷纷扯旗造反，张良见时机已到，便结交豪士，拉起了队伍。

张良见着刘邦，经几句交谈，觉得刘邦大度识人，敬他如主人一般。刘邦也认为张良有满腹韬略，把他当老师一样看待。萧何见二人如此投机，便劝他们投奔项梁，共图大业。刘邦和张良率领人马，往薛城投奔项梁。项梁闻报，亲带众将迎出城外。

楚怀王听从项梁的意见，封项梁为武信君，英布为当阳君，项羽为大将军，加封为鲁公，其他人也各有封赏，只有刘邦仍封为沛公。分封完了，各路诸侯连夜商议灭秦之事。张良趁此机会，打算恢复韩国。项梁采纳了张良的建议，让他找到韩国公子韩成，立为韩王，同时封张良为韩司徒，拨给他两千人马，令其攻略韩地。张良拜别项梁与沛公，领兵而去。

张良拜别以后，寻到韩王成，经略韩国旧地，建立了韩国，韩王成封张良为相。领兵在颍川郡一带打击秦军。听到沛公路过此地，便特来辅助他攻击咸阳。他跟随刘邦，为其出谋划策，为灭秦战项羽立下大功。西汉建立以后，刘邦封他为留侯，称赞他能"运筹帷幄之中，决胜千里之外"，十分敬重他。

破釜沉舟

公元前208年，项梁、项羽率8000子弟兵渡江。渡江之后，东阳起义军首领陈婴率军2万人来归附；渡淮河后英布等首领也率所属起义军前来归附，项梁人马一时达六七万人，成为当时反秦起义军的主力。

项梁大军一路顺风，连战连捷，进入山东薛城。这时，陈胜、吴广等起义军领袖牺牲的消息已被证实，项梁便召集各路起义军首领会议，决定拥立旧楚国怀王孙心为王，仍用楚怀王名号，以统一号令天下各路起义军。会议之后，项梁统帅大军先后在东阿、定陶等地多次击败秦军。接连不断的胜利使项梁产生了严重的骄傲轻敌情绪，放松了对秦军的警戒。秦将章邯利用项梁疏于戒备的缺点，在增援部队的支持下，夜袭起义军大营，起义军损失惨重，项梁战死。

项羽当时正在进攻陈留，闻听项梁死讯，8000子弟兵一时放声痛哭，项羽强忍悲痛，与刘邦等起义军首领立即退兵彭城，保卫楚怀王，伺机再起。

章邯击败项梁军后，认为楚军主力已被歼灭，项羽等人已不足为虑，便渡黄河北上，向赵国发起进攻，并汇合秦将王离、涉间等部队将赵王歇、大将陈余等人包围在巨鹿，形势危急，赵王歇派出使臣向楚怀王求救。

楚怀王任命宋义为上将军、项羽为次将，出兵救赵，同时派刘邦率军向西进攻秦国，并当众约定：谁先入关中，谁为关中王。公元前207年，宋义率军向赵国进发。行至河南安阳后，便按兵不动，停留长达46日。项羽对宋义说："秦军将赵王歇包围在巨鹿，我们应迅速渡过漳河救赵，与赵军内外夹攻，必大破秦军。"宋义笑道："披甲持刀，冲锋陷阵，我不及你。然而运筹帷幄，设计划谋，你不如我。此时秦军正倾全力攻赵，无论胜负，都将疲惫不堪，我们便可趁其疲惫，大破秦军。依我之计，不如先让秦赵两军拼死决战，待两败俱伤，我们坐收渔人之利。"说罢，宋义下令："全军上下将士，势如猛虎者、贪狠如狼者、倔强不服从军令者，一律斩首！"这一命令显然是针对项羽的。

宋义为拉拢齐国，把自己的儿子派往齐国担任相国，还亲自率兵护送他到无盐，并在当地大摆筵席，遍请宾客。当时天气寒冷，滂沱大雨，连绵不断。士兵们都浸泡在雨水中，又饿又冷，怨声四起。

项羽对将士们说："我们本应合力攻秦救赵，但上将军却按兵不动。现军中粮草已尽，大家都只能以豆菜充饥，可宋义却大会宾客，饮酒作乐，而不肯渡河打败秦军，从赵国取得粮草，不肯和赵国合力攻秦，却想坐收渔利。一旦赵国被攻破，秦军将更强，还有什么疲惫之机可乘？现在楚怀王将国内军队全数交给上将军一人独掌，不仅是为了救赵，也是为了灭秦，国家安危在此一举。但宋义却不顾及国家，不体恤士卒，而竟徇私情，派自己的儿子去齐国担任相国，这绝不是能够安邦安国的臣子。"

次日清晨，项羽利用朝、会宋义之机，进入大帐砍杀了宋义。随后在军中发布命令说："宋义暗中与齐国勾结，阴谋反叛楚国，我奉楚怀王密令将其处死。"军中将领都惧怕项羽，无人敢提出异议，大家都说："率先拥立楚怀王的是项将军一家，如今将军诛杀宋义这个乱臣贼子，有大功。"纷纷表示愿听从项羽指挥。

项羽杀死宋义的消息传到楚国，举国震惊，楚怀王接到报告后，便命项羽为上将军，统率全军救赵。

项羽接过指挥权后，立即出兵。他首先派大将英布等率两万人马先渡过漳河，直扑巨鹿。英布等人与秦军交战数日，双方互有胜负。项羽于是率领大军全部渡过漳河。渡河之后，项羽突然下令，将渡河船只全部凿沉，把做饭用的铁锅和瓦甑（音 zèng）全部砸碎，把营舍全部焚毁，每人只准带 3 天的口粮，用以向士兵表示此战不胜即死亡的决心，全军将士明白已无退路，只有死战才可生还，个个精神大振，准备与秦军决一死战。

大战前夕，项羽与谋士范增商议进攻策略，认为巨鹿已被包围一年，城内粮草将尽，危在旦夕，应先解除巨鹿之围，然后集中兵力对付秦军主力章邯部。随后，项羽率全军兵分三路杀向巨鹿，将围困巨鹿的秦将王离部队包围。楚军因无退路，只能死战，所以将帅士兵个个勇猛作战，无不以一当十，冲杀声惊天动地，以雷霆万钧的气势冲向秦军。秦军将人马分成 9 路，布成严密的战阵，拼力抵抗，但在楚军排山倒海般的凶猛攻势下，土崩瓦解，全线溃退。在 3 天中，楚军与秦军大战 9 次，击败秦军 9 路兵马，9 战 9 捷，大破秦军于巨鹿之野，斩杀秦将苏角，生擒大将王离，秦将涉间进退无路，引火自焚而死，章邯所率秦军主力终被击溃。

当楚军与秦军大战时，前来援救巨鹿的齐、燕等诸侯国军队都不敢参战，他们躲在高高的壁垒上观战。楚军将士凶猛无比的战斗精神、惊心动魄的大厮杀场面、山崩海啸般的喊杀之声，诸侯国军队即使在壁上观望，也都惊骇万分，肝胆俱裂。

项羽大败秦军之后，在驻地召见各路诸侯将领。他们刚一进入营门，就都跪在地上，膝行前进，一个个战战兢兢，不敢抬头仰视项羽。项羽从此威震天下，做了诸侯上将军，所有诸侯军队都统归项羽麾下，他成为反秦斗争中叱咤风云的英雄和领袖。

巨鹿大战后，项羽乘胜追击，再次大破秦军。秦将章邯走投无路，率剩余秦军20余万人向项羽投降。项羽领导的反秦起义军主力获得了全歼秦军主力部队的重大胜利，从而为整个灭秦战争奠定了胜利的基础，为刘邦军顺利进攻关中，攻取秦都咸阳创造了有利条件。

鸿门宴

巨鹿大战后，项羽率各诸侯大军浩浩荡荡地向关中地区挺进。行至安城附近，恐秦军降卒不服，就将20余万降卒全部坑杀，随后进军函谷关。

而刘邦军纪严明，"所过勿得虏掠"，又采取了收买秦将的方针，很快瓦解了秦军，没有遇到大的抵抗，就攻下咸阳。秦王子婴投降，秦朝灭亡。

刘邦的大军浩浩荡荡地开进了秦朝的京都咸阳城。许多将士认为多年征战，如今总算胜利了，可该享享福了。他们纷纷到皇宫里争抢财宝。这时，刘邦在将士们的陪同下，来到豪华的阿房宫。他看到这富丽堂皇的宫殿，价值连城的珍宝，粉面桃腮的宫娥彩女，越看越不想离开，竟迷迷糊糊地躺在寝宫的床上。

这时部将樊哙闯进来说："沛公，强大的秦王朝，就是因为贪恋这些奢侈豪华的东西才灭亡了，您还是赶快回到军营去吧！"

刘邦听了这些话，不耐烦地说："你别啰唆了，让我在这儿歇歇吧！"恰巧张良也来到这里，就劝解刘邦说："樊将军说得很好，应该以天下大事为重。6国的军队正在向咸阳逼近，可千万大意不得呀！"刘邦一向是很敬重张良的，听了他的话，猛然醒悟，立刻从床上跳起来，吩咐部下查封了皇宫的府库，带领将士回到了军营灞上。

刘邦回到灞上以后，为了争取人心，就把咸阳附近各县的父老和有名望的人们召集在一起，对他们说："我来这里是为了解除你们痛苦的。现在我

只和大家约法三章：杀人的偿命，伤人的办罪，偷盗的严惩。除此以外，秦国的一切法律禁令一概废除。"刘邦的"约法三章"，得到了关中百姓的称赞和拥护。

项羽率领大军向西推进。他仗着盛势，一路上没有遇到抵抗，很快地就到达了通往关中的函谷关。谁料关门紧闭，守关的将士说："我们奉沛公的命令，不论哪一路军队，都不准进关！"项羽一听，非常气恼，一怒之下，便命令猛将英布攻城。项羽进关后，一直向西挺进。当他的军队开到鸿门（今陕西省临潼区东）的时候，天色已晚，只好暂时住下。

项羽安下营寨，当晚就召集各位将领商议，准备明天攻打刘邦。项羽的军师范增鼓励项羽说："大家都知道，刘邦当年在山东的时候，贪财好色。可进入关中后，不贪财物，不占妇女，看来志向不小啊！应赶快趁他未站稳脚，把他除掉，以免后患。"项羽点头称是，便派自己的叔父项伯去探听刘邦的动静。

项伯与刘邦手下的谋士张良交谊很深。知道了项羽明天要出兵讨伐刘邦，担心张良的安全，就连夜溜进刘邦的军营，先找到张良，急忙对他说：

"明天项羽就要率大军打过来了，你们不是他的对手。你赶快跟我一起逃走吧。"

张良说："我奉了韩王的命令来送沛公，现在沛公有难，自己逃走，天下人会笑我不义。我一定要把这事告诉沛公。"张良让项伯在帐中等候，自己去见刘邦。他们经过一阵商讨，才想出计项伯劝阻项羽的主意。

于是，张良把项伯请进刘邦的大帐，摆上酒席，热情接待。酒至半酣，刘邦做出诚恳的样子说："我进关以来，大事小情都未敢擅自做主。哪里敢抵御将军呢？望兄长务必在项将军面前代为解释明白。"又说明天一早，亲自去向项羽赔罪，请项伯到时多多关照。

项伯听信了刘邦的话，连夜赶回本营去见项羽，把刘邦的一席话原原本本地给项羽说了一遍，劝项羽不要打刘邦，并建议项羽趁明天刘邦亲自见他的时候，以礼相待，友好地招待他。

第二天一清早，刘邦带着张良、樊哙和100多个随从，到了鸿门见项羽。守卫的将士只准刘邦带张良一人进帐，其他人都被挡在外边。刘邦见了项羽，恭恭敬敬地行了拜见之礼，并十分虔诚地说："我与将军合力攻秦，没想到我能先入关，这也都是依仗将军的虎威。我日夜盼望将军到来，今天才有幸见到将军。听说有人在中间挑拨将军和我的关系，使将军生气，真是出人意料。"项羽是个粗放豪爽、有勇少谋的人，听了刘邦的话，心头的怒火早就烟消云散了。

项羽设宴招待刘邦。宴会上，项羽和项伯坐在主位，亚父范增坐在旁边作陪。项羽举杯祝酒，席间，范增一再丢眼神示意，要项羽杀掉刘邦，项羽却只顾饮酒说话，不予理睬。范增实在忍不住了，便找个借口，到外面找到了项羽的堂弟项庄，要他进帐，佯装舞剑，伺机杀死刘邦。

项庄听了范增的话，立刻来到席间，首先给刘邦斟酒祝福，然后征得项羽的同意，便舞起剑来，寒光闪闪，不断向刘邦靠近。张良见这情形，急用眼色示意项伯，项伯马上站起来，对项羽说了一声，便拔剑与项庄对舞起来。

一个要刺杀，一个要保护，刘邦全看在眼里，惊慌万分。

张良一看形势十分紧张，便悄悄溜到营门外，找到樊哙，说明了帐里的危急情况。樊哙听了，右手提着剑，左手抱着盾牌，闯了进去，气呼呼地站在刘邦身边。

项羽按着剑问："这是什么人，到这儿干什么？"张良连忙抢着回答说："这是替沛公驾车的樊哙，前来讨赏。"

项羽说："好一个壮士！"接着就吩咐侍从的兵士赏他一杯酒，一只猪腿。樊哙一边喝酒，一边气愤地说，项羽不该听信小人挑拨，不但不奖赏刘邦，反而要杀害他。项羽听了，无话可说，只好让樊哙在刘邦身边坐下。

过了一会儿，刘邦借口上厕所，便带领随从抄小道跑回灞上。张良约莫刘邦已回到灞上，才向项羽辞行。

经过这场紧张的鸿门宴，项羽和刘邦的矛盾暂时缓和。鸿门宴之后，项羽大军进入咸阳，杀了子婴，火烧阿房宫，又自称楚霸王，大封诸侯。从此，揭开了楚汉战争的序幕。

暗度陈仓

项羽在咸阳纵兵烧杀掳掠、大封诸侯王，并与谋士范增计谋说："巴蜀汉中道路险恶，秦时流放罪犯都住在巴蜀。"范增说："当初楚怀王与众将相约，先入关破秦者为关中王。巴蜀汉中也是关中之地，将刘邦封在巴蜀，可堵天下人之口。"于是项羽封刘邦为汉王，让刘邦从富饶的关中地区迁往汉中巴蜀。并三分关中之地，立秦降将章邯、司马欣、董翳等 3 人为王，分别管理关中，以制约汉王。

当时汉中巴蜀仅有41县，地方偏僻，人口稀少，生产落后，交通闭塞。刘邦闻讯大怒，欲起兵攻打项羽。刘邦手下大将周勃、樊哙等人极力劝阻，谋士萧何规谏说："如今大王兵势不如项羽，仓促起兵，怎能不败？古人亦云：'天汉'。以汉为大王的国号，上顺天意，是很优美的名号。愿大王至汉中为王，养百姓，招贤能，收服巴蜀汉中，反过来平定关中，天下便在大王掌中了。"萧何的建议刘邦听从了。

临行前，谋士张良又向刘邦献策：公开烧毁从汉中通往关中的栈道，以向项羽表明汉王安于偏僻的汉中地区，无意东进与项羽争夺天下。而暗中在汉中招兵买马，扩大势力，积极准备东进。这一建议也为刘邦所采纳。刘邦随后率领大军进入了汉中，并放火烧掉了所经过的栈道。到达汉中后，刘邦封萧何为丞相。发布告示，安定民心，积极发展生产，招兵买马，屯集军粮，为夺取关中做准备。

栈道是在悬崖绝壁上凿孔支架木柱，上铺木板而成的窄路，在当时是汉中通往关中的主要交通道路。刘邦军中将士大多为江东或中原人士，他

中华上下五千年

秦朝

们眼见栈道随熊熊的烈火化为灰烬，以为再也无法重返故乡了，于是一个个捶胸顿足，痛哭流涕，许多人甚至偷偷开了小差。刘邦手下的粮草保管都尉韩信也加入了逃亡者的行列，在一天夜晚跨一匹快马，不辞而别投奔他乡。

韩信是江苏淮阴人，早年家境贫寒。生就体格伟岸，英姿勃发，自幼喜爱读书、习武，成年后胸怀大志，一心想成为叱咤风云、扭转乾坤的军事统帅。

秦末农民大起义爆发后，韩信投奔项梁，参加反秦斗争。项梁阵亡后他又转归项羽，任郎中，多次为项羽出谋献策，均未被采纳。刘邦受封汉王入汉中之际，韩信离开项羽来到刘邦军中，仍未受重用。不久，即因为一次失误犯罪而被判处死刑。临刑前，他仰天长叹："汉王刘邦不是想统一天下吗？可为何要斩杀豪杰壮士呢？"监斩官夏侯婴闻听此言，又见韩信相貌英武、气度不凡，便当场释放了他，并与之交谈，发现韩信确有奇才，便推荐他作了管理粮草的都尉，仍未得重用，韩信心中十分郁闷。不久，韩信与丞相萧何相识，萧何发现韩信熟读兵书，满腹韬略，是难得的军事将领，便极力向汉王推荐，仍无结果，韩信心中更加郁闷。这时正值军心涣散，许多官兵开小差，韩信感到前途渺茫，便也离开了刘邦的军队。

韩信走后不久，即有人向萧何报告了这一消息。萧何闻听，顿时焦急万分，未向汉王刘邦禀告，便亲自纵马连夜追赶。他转过一座山峰，眼前豁然开朗，远远望见在一片空旷的草地上，有一匹战马正在低头吃草，韩信坐在一旁休憩。萧何不由心中一喜，赶忙打马奔至近前，连声高叫："韩都尉，韩都尉！"韩信听出了萧何的声音，转脸注视着来人，却默不作声。萧何来到韩信身边，翻身下马，气喘吁吁地说："你我一见如故，为何不辞而别？要知道，汉王确是重视人才的，你且随我回去，如若再不得重用，你再走不迟。"萧何拉着韩信的手，婉言卑词，万般挽留，终于使韩信回心转意，同萧何返回军营。

返回汉中后，萧何极力向刘邦推荐韩信，刘邦说："好吧，既是丞相极力举荐，我就封他个将军吧。"萧何道："这还是留不住韩信啊！"刘邦沉思良久，说："好，我就拜他为大将军吧！"萧何说："拜大将军太好了。但大王应选择良辰吉日，并举行隆重的授封仪式，才能真正留住韩信啊！"

刘邦依从萧何的建议，待授封之日，汉王刘邦全身吉服，在高大的将台上，以大礼拜封韩信为大将军，总领三军，汉军上下震惊。授封仪式结束后，韩信全副大将军戎装，英姿勃发，眉宇间漾出威武、睿智的神采。他庄重地步入刘邦大帐，与汉王相对而坐，向汉王献策说："当今天下，能与大王一争天下的仅有项羽一人。项羽比您强，但这只是表面现象。首先，项羽是一猛士，他怒吼一声，威震天下。然而，他却不能任用贤人，他的勇猛便只是匹夫之勇；其次，项羽称霸天下，不占据关中的天时地利，却在千里之外的彭城建都，岂不丧失先机，做无用功！还有，项羽违背楚怀王当年之初，称霸天下，以亲疏分封诸侯，不公不平。更令人痛恨的是，他所到之处，烧杀掳掠，百姓怨声载道。所以项羽名为霸王，实则已失去民心，他的强大很容易转变为弱小的。"

韩信的一席话，听得刘邦心花怒放，连连点头称是，心中暗赞韩信果然为天下奇才。韩信继续说道："您与项羽正好相反。您入关后军纪严明，与关中百姓约法三章，深得关中百姓爱戴，所以您被分封到汉中，天下百姓都很同情。因此，假若利用军队士卒企望东归的心情，举兵东进关中，夺取关中，推翻三王统治易如反掌。"听完韩信的宏论，刘邦不胜感慨，高声说："天赐韩信与我啊！"

刘邦采纳了韩信的策略，立即着手部署东进关中。当时，从汉中通往关中的道路有两条，一条是经由栈道进入关中；另一条是走陈仓（今陕西宝鸡西）小路，那里山高路险，悬岸峭壁，野兽虫蛇出没，路途险恶，已多年无人行走。正因如此，被项羽封到关中西部地区的雍王章邯不曾派兵驻守。韩信决定采用声东击西的战术，"明修栈道，暗度陈仓"。

韩信调动大批士卒和民夫，大兴土木，日夜抢修栈道。当时正值盛夏，烈日当空，热浪滚滚，施工的士卒和民夫一个个汗流浃背，形容憔悴，叫苦连天。经过近半月的艰苦作业，仅仅修好了一小段栈道，被烧毁的栈道长达300余里，施工的士卒、民夫无不抱怨连天，纷纷怠工。韩信闻讯，立即加派人力，并派出数名手执长鞭的监工来到工地，众人敢怒不敢言，只得埋头抢修。

汉王兴师动众修复栈道的消息传到关中，雍王章邯感到十分好笑："刘邦拜胯下夫韩信为大将军，率兵修复栈道，企图东入关中，谈何容易。便是动用10万人，修上一年，也完不成。"话虽如此，章邯仍是一个有经验的军事将领，他立即加派兵员，重兵守卫栈道出口，防止刘邦大军进攻。

韩信见章邯果然中计，便于公元前206年秋天的一天深夜，与汉王刘邦率大军悄悄离开南郑，偃旗息鼓，无声无息地扑向陈仓。章邯加派了栈道的防守后，也日日派人刺探汉军虚实，所得情报都称汉军仍在大修栈道，章邯便要守卫栈道的部队注意防范，以防万一。

一天，章邯正在都城废丘（今陕西兴平东南）王宫中饮酒作乐，突然传来紧急战报："汉军已度过栈道，攻战陈仓。"章邯闻讯将信将疑，慌忙调动兵马，亲自赶往陈仓抵挡汉军。然而，归心似箭的汉军一个个出山的猛虎，排山倒海般地涌向章邯军，章邯大败，逃回废丘，闭门不出。汉军遂包围废丘，四面攻打。章邯无力支撑，不久便兵败自杀。

章邯死后，汉军攻占咸阳。关中剩下的两个大王司马欣和董翳更加孤立，先后向汉军投降。在不到3个月的时间里，韩信采用明修栈道、暗度陈仓的战术，一举从汉中返回关中，消灭了项羽为牵制刘邦而建立的三王势力，平定了关中地区，为刘邦夺取天下建立了坚实的军事基地，并奠定了丰富的人力、物力和财力基础。

汉王刘邦挥师南下，来到洛阳新城时，传来了九江王奉项羽之命杀了义帝的消息。他采用了董公的计策，第二天，便举行隆重仪式，为义帝大办了丧事。接着，他又派出使者，游说众王，伸张正义，除奸保国。这么一搞，还真起作用。各诸侯果然立即响应，纷纷派兵支援刘邦。刘邦的队伍一下子就增加到 56 万人，浩浩荡荡向楚国首府彭城杀去。这时候，项羽正率领楚军的精锐与齐国打仗，留在楚国的只是一些老弱残兵。刘邦领兵长驱直入，不费吹灰之力就攻下了楚都彭城。

项羽听到彭城失守的消息，焦急万分，再也顾不得与齐国对峙，亲率 3 万精兵，去夺取彭城。一天早晨，楚军向彭城发起了猛烈的进攻。汉王和他的将士们被打了个措手不及。中午时分，楚军攻入彭城，汉军被彻底打垮，刘邦在众将的掩护下急促奔逃。

汉军见主将奔逃，立时慌乱起来，四处溃散，逃至彭城东北的谷水和泗水时，因船少人多，抢渡不及，10 多万汉军在这里被消灭了。这一仗，汉王刘邦伤亡惨重，他的父亲刘太公和老婆吕雉也都被项羽俘虏了。

刘邦好不容易逃到荥阳、成皋一带，收集了散兵。正巧，萧何从关中发来一支兵马，韩信也带着队伍赶到荥阳。经过休整，士气又振作起来，刘邦见楚军阵容强大，先是坚守不出，然后挑选精兵，突然袭击，大败楚军。结果两军在荥阳一带，形成对峙之势。

韩信背水一战

公元前 204 年，汉楚两军在荥阳相持不下。由于一度楚占上风，魏、赵、燕、齐等依附项羽。汉王刘邦的大将、左丞相韩信，率领大军，对这些小国进行痛击。

韩信首先大破西魏兵，生俘了叛汉的魏王豹。接着又同张耳一起，一举歼灭代军，擒住代相夏说。隆冬十月，韩信率领数万大军，准备东出井陉（今河北省进陉）攻赵。赵国的国君赵歇和他的大将陈余，听说韩信就要来进攻，便集结兵力，号称20万人马，准备迎战汉军。

谋士李左车向赵军统帅、成安君陈余献计道："汉军来势凶猛，我们应该利用有利地势，用智才能取胜。请您给我3万精兵，从小道迎上去，截住他们的粮草和军需物资。您要深挖沟，高筑墙，坚守到底，形成对峙之势。让韩信他们前进，打不了仗；后退，又无退路。这时，我再出奇兵不断偷袭骚扰，让他们得不到半点接济。这样，他们就会不战自败。"

陈余是个迂腐透顶的书呆子。听了李左车的计策，不耐烦地说："兵书上说，兵力10倍于敌，就可以进行围攻；两倍于敌，就可以交战。我军数十倍于敌，敌军又远道而来，我们以逸待劳。在这种有利的条件下，我们不敢正面迎战，却要躲避起来，岂不让诸侯耻笑我陈余太软弱。他们就会轻而易举地来攻击我们。"李左车见陈余是个食古不化的书呆子，不采用自己的计策，便愤然而去。

出井陉口往东，就是南北走向的大河，叫绵蔓水。陈余根据自己的战略思想，把赵军的大本营扎在大河东岸较远的山坡上。显然，这是一个圈套：引汉军渡河，背水作战。

韩信派出的侦探悄悄溜进赵国，暗中探听到陈余没有采纳李左车的建议，赶忙回来报告了韩信。韩信听到这个消息，十分高兴，便筹划了一个以少胜多、以弱胜强的计划。

按照计划，韩信率领部队浩浩荡荡地向井陉口进军。军队过了井陉口，在离赵军30里的地方扎了营。这时已是半夜了，他挑选出2000骑兵，让每人拿一面红色的汉军旗帜，趁月色掩护，悄悄地从山间小路，绕到赵军大营的后面，埋伏在丛林里。临出发韩信为他们送行，并命令道："明晨将交战，等到我军佯败。赵军见我军溃败逃走，一定会全部出营追击我们。你们趁此机会，立刻冲进敌营，拔掉他们的旗帜，换上咱们的旗帜。"接着，又让他的副将弄一点食物给骑兵们吃。他坚定地对士兵们说："你们先随便吃点吧，等明天我们打败赵军，要大摆庆功宴。"士兵们很快地吃完饭，便悄然出发了。

韩信率主力部队，趁着月色，越过井陉口，渡过大河，在东岸面对赵军、背靠大河扎下大营，摆开阵势。将士们都觉得这样的摆阵法无异于白白送去挨打。然而大家都知道韩信神机妙算，善于用兵，虽然有怀疑，但谁也不好发问。

赵军将领望见汉军背水摆阵，不禁哈哈大笑，议论纷纷。要知道背水摆阵，是兵家大忌，等于断绝自己的退路，使自己陷于绝境，自取灭亡。陈余见韩信中了圈套，心中不仅暗喜。

第二天，天刚蒙蒙亮，汉军大营里的号角呜呜地吹响了。韩信率领一支精兵，打着帅旗，带着大将的仪仗鼓乐，大吹大擂地向赵军进攻。

陈余看到韩信亲自带领汉军来攻，笑道："韩信，你终于出来了，今天叫你有来无回！"接着，把令旗一摆，大声命令："全军立即出击！"

赵军打开营门，部队一拥而出，漫山遍野地向汉军杀来，双方展开了一场混战。战斗持续了一段时间，韩信见时机已到，便命令："全军假意溃逃！"这一来，汉军向水边阵地逃去。赵军见汉军败退，便不顾一切地向前追击。

韩信带领的部队退到河边，跟原来背水列阵的主力会合了。他回转身来，高声喊道："将士们，敌人杀过来了。现在我们后退无路，只有死里求生，立功的时候到了，杀啊！"顿时，汉军将士们发起了勇猛的冲击，在岸边展开了一场血战。这时，埋伏在山坡上的2000骑兵，发起了突然袭击，冲进了赵军大营，遍插上红色的汉军旗帜。

在水边的阵地上，韩信指挥着汉军，拼命厮杀。汉军个个精神百倍，勇猛无比。这时，赵军已经筋疲力尽，支持不住了。陈余眼看一时无法取胜，急忙下令撤退。可是回头一看，才发现大事不好，见自己的营寨，插满了汉军的红旗。这一下，赵军惊慌失措了，秩序大乱，自相践踏。这时，汉军埋伏的 2000 骑兵，也冲出赵营，左突右攻，配合着背水阵地，两面夹击，把赵军打得大败。斩杀了陈余，并活捉了赵王歇。

接着，韩信和灌婴又在齐地大败楚军，彭越也在梁地袭击楚军，断了楚军的粮道。霸王陷入进退两难之境。汉王趁机派人来讲和，条件是："霸王将刘邦的父亲太公、夫人吕氏放回；楚汉双方以鸿沟为界，以西属汉，以东为楚。"霸王同意了这种"楚河汉界"的划分，放了刘太公和吕氏，收兵东归。

秦　朝

汉　朝

　　汉朝（公元前 202~ 公元 220 年）是继秦朝而出现的强大的封建中央集权王朝。由秦末农民起义领袖刘邦建立。包括前汉和后汉，公元前 202~ 公元 8 年为前汉，因建都长安通称西汉；公元 25~220 年为后汉，因移都洛阳又称东汉。西汉最强盛时其疆域东、南到大海，西抵巴尔喀什湖、葱岭，西南至云南、广西，北达大漠。

　　汉王朝建立后，全面继承了秦朝的政治制度，但在施政方面则以秦朝灭亡为鉴，实行休养生息政策，形成了"文景之治"的稳定局面。第五代皇帝汉武帝统治时，国力空前强大，达到西汉鼎盛时期。汉武帝在各方面均有所建树，张骞出使西域，开通了驰名中外的丝绸之道，促进了汉族与周边民族的融合和汉朝与中亚各国政治、经济和文化联系。

　　汉王朝统治时期是中国统一后的第一个鼎盛时期，当时的社会环境为文化的繁荣提供了良好的土壤。西汉和东汉分别出现了两位伟大的历史学家司马迁和班固，他们所著的《史记》和《汉书》成为二十四史的开端。汉代的科学技术、文学艺术，同样取得了重要进展，蔡伦改进造纸术，张衡制造地动仪，对人类科学技术的发展做出了重要贡献。

西汉后期，统治阶级政治腐败，社会矛盾加深，外戚王莽趁机夺取政权，建立新朝，实行托古改制，然而却给社会经济带来了极大破坏，加重了人民痛苦，引发了赤眉、绿林农民大起义，推翻了王莽政权。曾参加农民起义的汉室宗亲刘秀利用农民起义力量重建汉政权，定都洛阳，又使得社会经济在战争的废墟上重新得到恢复和发展，史称"光武中兴"。

东汉中期以后，豪强地主经济发展，外戚宦官交替专权，以及连年对外用兵，国势日益衰弱。东汉末期经历了两次"党锢之祸"，使统治阶级和社会矛盾更趋激化。公元 184 年，爆发全国性黄巾大起义，东汉王朝在农民起义的冲击下及随之而来的军阀混战中名存实亡。最终于公元 220 年被魏文帝曹丕灭亡。

霸王乌江自刎

"楚汉边界"划分后，汉王见霸王退兵，也想往西回到关中去养伤。张良、陈平建议说："如今汉王已占了大半个天下，诸侯都已归附咱们。霸王兵疲粮尽，是天要灭他，若不乘此机会把他消灭，等于放虎归山，留下后患。"汉王采纳了他们的建议，撕毁和约，派兵追赶楚霸王，并且通知韩信、英布、彭越，叫他们配合作战，答应胜利之后，把临淄、淮南、大梁等几大块地盘分封给他们。

公元前 202 年岁末，汉王刘邦和韩信、英布、彭越等会师追击项羽，韩信布置十面埋伏，把项羽围困在垓（音 gāi）下（今安徽灵璧县东南）。项羽的人马少，粮食也快完了。他想带领一支人马冲杀出去。但是汉军和诸侯的人马把楚军包围得重重叠叠。

项羽没法突围，只好仍回到垓下大营，吩咐将士小心防守，准备瞅个机会再出战。

这天夜里，项羽进了营帐，愁眉不展。他身边有个宠爱的美人名叫虞姬，看见他闷闷不乐，陪伴他喝酒解闷。到了定更的时候，只听得一阵阵西风吹得呼呼直响，风声里还夹着唱歌的声音。项羽仔细一听，歌声是由汉营里传出来的，唱的都是楚人的歌子，唱的人很多。

项羽听到四面到处是楚歌声，不觉愣住了。他失神似地说："完了！难道刘邦已经打下西楚了吗？怎么汉营里有这么多的楚人呢。"项羽再也忍不住了，随口唱起一曲悲凉的歌来：

力拔山兮气盖世，

汉

朝

时不利兮骓（音 zhuī）不驰。

骓不驰兮可奈何，

虞兮虞兮奈若何？

项羽一连唱了几遍，虞姬也跟着唱起来。霸王唱着唱着，禁不住流下了眼泪。旁边的侍从也都伤心地抬不起头。为了让霸王率众顺利突围，虞姬趁霸王一转身之际，突然拔剑自刎，香消魄散。成语"四面楚歌""霸王别姬"之词，就来自这段故事。

当夜，项羽跨上乌骓马，带了 800 个子弟兵冲过汉营，马不停蹄地往前跑去。到了天蒙蒙亮，汉军才发现项羽已经突围，连忙派了 5000 骑兵紧紧追赶。项羽一路奔跑，等到他渡过淮河，跟着他的只剩下 100 多人了。又跑了一程，迷了道儿。

项羽来到一个三岔路口，瞧见一个庄稼人，就问他哪条道儿可以到彭城。那个庄稼人知道他是霸王，不愿给他指路，哄骗他说："往左边走。"

项羽和 100 多个人往左跑下去，越跑越不对头，跑到后来，只见前面是一片沼泽地带，连道儿都没有了。项羽这才知道是受了骗，赶快拉转马头，再绕出这个沼泽地，汉兵已经追上了。

项羽又往东南跑，一路上，随从的兵士死的死，伤的伤。到了东城（今安徽定远县东南），再点了点人数，只有 28 个骑兵。但是汉军的几千名追兵却密密麻麻地围了上来。

项羽料想没法脱身，但是他仍旧不肯服输，对跟随他的兵士们说："我起兵到现在已经 8 年，经历过 70 多次战斗，从来没打过一次败仗，才当上了天下霸王。今天在这里被围，这是天叫我灭亡，并不是我打不过他们啊！"

他把仅有的 28 人分为四队，对他们说："看我先斩他们一员大将，你们可以分四路跑开去，大家在东山下集合。"说着，他猛喝一声，向汉军冲过去。汉兵抵挡不住，纷纷散开，当场被项羽杀死了一名汉将。

项羽到了东山下，那四队人马也到齐了。项羽又把他们分成三队，分三处把守。汉军也分兵三路，把楚军围住。项羽来往冲杀，又杀了汉军一名都尉和几百名兵士。最后，他又把三处人马会合在一起，点了一下人数，28 名骑兵只损失了两名。

项羽带着 26 个人杀出汉兵的包围，一直往南跑去，到了乌江（在今安徽和县东北）。恰巧乌江的亭长有一条小船停在岸边。

亭长劝项羽马上渡江，说："江东虽然小，可还有 1000 多里土地，几十万人口。大王过了江，还可以在那边称王。"

项羽苦笑了一下说："我在会稽郡起兵后，带了 8000 子弟渡江。到今天他们没有一个能回去，只有我一个人回到江东。即使江东父老同情我，立我为王，我还有什么脸再见他们呢。"

他把乌骓马送给了亭长，也叫兵士们都跳下马。他和 26 个兵士都拿着短刀，跟追上来的汉兵肉搏起来。他们杀了几百名汉兵，楚兵也一个个倒下。

楚霸王一人杀死了汉军几百人后，自己也受伤 10 多处。霸王抹去糊住双眼的血液，突然看见汉军中的司马将军吕马童。他喊道："这不是我的老乡吕马童吗？"吕马童不敢正视项羽，只用手指着项羽对汉将王翳说："这位就是霸王。"项羽见状仰天长笑，说："我知道汉王用千金和万户侯的封赏来购我的头，今天我就送个人情给我的故人吧！"说完将宝剑往颈中一挥，一代雄主就此消亡。项羽死时年仅 31 岁。

楚霸王项羽一死，刘邦得了天下，正式称帝，建立汉朝，史称汉高祖。

汉高祖杀马立誓

汉五年（公元前 202 年）正月，由楚王韩信牵头，群臣共同上书，推尊刘邦称帝。刘邦看了诸侯王的上书，心里美滋滋的，表面上却故意推辞，内外臣僚再三恳请，他才答应。刘邦于二月正式做了皇帝，后世称他为汉高祖。起初在洛阳建都，后来又迁都长安，这就是历史上的汉朝。

楚汉战争初期，一些诸侯王被刘邦所灭，但由于楚强汉弱，形势于刘邦不利。刘邦为争取诸侯的支持，先后封了张耳为赵王、英布为淮南王、吴芮为长沙王、臧荼为燕王。与此同时，对部下直接带兵的大将，也采用封王的办法，加以拉拢。先封韩信为齐王，后又改封为楚王，封彭越为梁王，封韩国贵族信为韩王。这样，在楚汉战争过程中，刘邦先后封了 7 个异姓王。在当时，这一措施确实起到了笼络部下，争取支持，分化敌方，孤立项羽，最后打败项羽的积极作用。

汉高祖封这些异姓功臣为王，原是一种不得已的办法。他深知这些异姓王能征惯战，有才干，有实力，他称帝后，生怕他们的势力强大起来，会夺取他刘氏的江山。所以便寻找各种借口，一个一个地来消灭这些异姓王。

首先，他借口燕王臧荼谋反，亲自带兵征讨，俘虏了臧荼，改封与自己同一年出生的同乡、同学又是好友的卢绾做燕王。

第二年，汉高祖听说楚王韩信收留了项羽的大将钟离眜，怀疑韩信有意谋反。有心去征讨韩信，又怕自己不是韩信的对手。于是便采用了陈平的计谋，假装要去游玩楚国的名胜云梦泽，带着自己亲信的部队来到韩信的封地，准备伺机行事。

漢高祖劉邦

韩信觉察到刘邦这次来者不善。起兵反叛吧，觉得自己有功无罪，刘邦不会那么不讲情义；真的去拜谒刘邦，又怕掉进圈套，被他暗算。正当韩信犹豫不决的时候，有人为他出谋划策说："汉高祖是为钟离眜而来，你杀掉钟离眜，提着他的脑袋去朝见高祖，高祖必定喜欢，你就会平安无事了。"

韩信找钟离眜商量此事，钟离眜大骂韩信道："你这人太不够朋友了。刘邦不敢派兵进攻你，就是因为有我在这里。如果我今天死了，明天你必定灭亡。"说完，他就拔剑自杀了。韩信真的拿了钟离眜的头去拜见汉高祖。汉高祖当场叫武士把韩信捆绑起来，装进囚车带回洛阳。后来汉高祖考虑到韩信功劳很大，威望很高，谋反的事又没有确凿的证据，杀了他会有人不服，就释放了他，把他降为淮阴侯。

后来，吕后采用了萧何的计谋，把韩信骗到未央宫杀害了，并诛灭了韩信的三族。所以，后人这样评价"成也萧何，败也萧何"。

汉　朝

在韩信被杀后，刘邦以彭越谋反为借口，把他逮捕，废为庶人，流放蜀地。彭越在半路上遇到吕后，哭诉无罪。吕后答应为彭越说情，便把他带回洛阳。见了刘邦，吕后却说，放了彭越是放虎归山，不如杀了他，以绝后患。刘邦听了吕后的话，杀了彭越，并把他剁成肉酱遍赐诸王侯。

淮南王英布，得知韩信被杀，就惊恐不安，又见到彭越的肉酱，更觉得大祸就要临头，便于公元前195年，聚集了兵马，发动了武装反叛。刘邦率兵征讨，费了九牛二虎之力，才平定了叛乱，杀了英布。在战争中汉高祖被飞箭射伤，从此一病不起。

就在刘邦征讨英布那一年，燕王卢绾曾经与陈希有过秘密勾结的事暴露了。刘邦派樊哙、周勃率兵征讨。卢绾只带了几千人逃入匈奴。赵王张耳死于公元前202年，由其儿子张敖继任为王，并娶了刘邦的女儿为妻，后因赵相贯高谋反，受到牵连，被贬为宣平侯。

异姓诸侯中就只剩下长沙王吴芮了。他的封地内只有2.5万户，地少力弱，与汉中央集权的矛盾尚不尖锐。长沙王一直传位5世，到汉文帝时，才因没有子孙可传，被除国。

刘邦先后用了7年时间，削平了主要的异姓王国，解除了汉初分裂割据势力这一祸患，巩固了西汉的统一。

汉高祖刘邦在征讨英布的战争中受伤以后，便经常胸痛难忍。到高祖十二年（公元前195年）春天，病情越来越重，他知道自己不行了。一天，就带领文武大臣到太庙里去宣誓。叫手下人牵来一匹白马，亲自主持了杀马仪式。

刘邦端起一杯冒着热气的马血酒，当着祖宗的灵位，带领大家起誓说："从今以后，凡不是姓刘的人，一概不许封王；没有功劳的人，一概不许封侯。谁违反这个誓约，天下人就共同讨伐他。"起誓完毕，汉高祖把马血酒洒半杯在地上，剩余的半杯一口气喝下去。在场的人都照着他的样子，每人喝了马血酒，发誓一定永远遵守此约。

汉高祖杀马宣誓，是怕异姓王造反，抢他的刘氏天下。可是他万万没有料到，后来造反篡权的，并不都是那些封王封侯的异姓功臣，而是他的妻子吕后和吕氏子弟。

白登被围

自从在秦始皇统治时期打败匈奴以后，北方平静了 10 余年。到秦灭亡之后，中原发生了楚汉相争，匈奴就乘机一步一步向南打过来。

汉高祖的时候，匈奴的冒顿单于带领了 40 万人马包围了韩王信的封地马邑（今山西朔县）。韩王信抵挡不住匈奴的强大攻势，向冒顿求和。汉高祖得到这个消息，派使者责备韩王信。韩王信害怕汉高祖办他的罪，向匈奴投降了。

冒顿占领了马邑，又继续向南进攻，围住晋阳。汉高祖亲率汉军赶到晋阳，和匈奴对敌。

公元前 200 年冬天，天空下着大雪，气候特别冷。中原的兵士没碰到过这样冷的天气，冻伤了不少人，有的人竟冻得掉下了手指。但是，汉朝的军队和匈奴兵一接触，匈奴兵就败走。一连打赢了几阵。后来，听说冒顿单于逃到代谷（今山西代县西北）。

汉高祖进了晋阳，派出兵士去侦察，回来的人都说冒顿的部下全是一些老弱残兵，连他们的马都是挺瘦的。如果趁势打过去，准能打胜仗。汉高祖还怕这些兵士的侦察不可靠，又派刘敬到匈奴营地去刺探。

刘敬回来说："我们看到的匈奴人马的确都是些老弱残兵，但我认为冒顿一定是把精兵埋伏起来，陛下千万不能上这个当。"

汉高祖大怒，说："你胆敢胡说八道，想阻拦我进军。"说着，就把刘敬关押起来。

汉高祖率领一队人马刚到平城（今山西大同市东北），突然四周涌出无数匈奴兵来，个个人强马壮，原来的老弱残兵全不见了。汉高祖拼命杀出一条血路，退到平城东面的白登山。

冒顿单于派出40万精兵，把汉高祖围困在白登山。周围的汉军没法救援，汉高祖的一部分人马在白登，整整被围了7天，没法脱身。

陈平派了一个使者带着黄金、珠宝去见冒顿的阏氏（音 yān-zhī，就是匈奴的王后），请她在单于面前说些好话。阏氏一见这么多的礼物，心里挺高兴。

当天晚上，阏氏对冒顿说："我们占领了汉朝地方，没法长期住下来，再说，汉朝皇帝也有人会救他。咱们不如早点撤兵回去吧！"冒顿听了阏氏的话，第二天一清早，就下令将包围网撤开一角，放汉兵出去。

第二天清早，天正下着浓雾，汉高祖悄悄地撤离了白登。陈平还不放心，叫弓箭手朝着左右两旁拉满了弓，保护汉高祖下山。汉高祖提心吊胆走出了匈奴的包围圈，快马加鞭，一口气逃到广武。他定了定神，首先把刘敬放出来，说："我没听你的话，以致在白登被匈奴围了起来，险些不能和你见面了。"

汉高祖逃出了虎口，自己知道没有力量再去征服匈奴，只好回到长安。以后，匈奴一直侵犯北方，很让汉高祖担忧国家的安危。他问刘敬该怎么办？刘敬说："最好采用'和亲'的办法，两方讲和，结为亲戚，彼此可以和和平平地过日子。"

汉高祖同意刘敬的意见，派刘敬到匈奴去说亲，冒顿同意了。汉高祖挑了一个宫女所生的女儿，称作大公主，送到匈奴去，同时，又送去许多特产及粮食。冒顿就把她立为阏氏。

从那时候起，汉朝开始采取"和亲"的政策，跟匈奴的关系暂时缓和了起来。

吕后执政

汉高祖刘邦杀马立誓以后，这病一天比一天重，吕后找了一位当时很有名气的医生来给他治病。汉高祖却不想让医生治，他认为自己已经不行了。他赶紧忙着安排后事。吕后早有野心，现在见高祖就要命归西天，赶紧问："陛下百年之后，如果丞相萧何也死了，谁能接替他？"刘邦想了想说："曹参可以。"吕后又接着问："曹参以后呢？"刘邦说："王陵能接替，不过他这个人忠厚正直却有些愚笨，可以让陈平来协助他。陈平很有智谋，但他不能够独当一面。周勃他办事稳重，为人厚道，将来安定刘家天下的必定是他，可以让他做太尉。"不久，刘邦去世了。

刘邦一死，吕后就开始四处活动起来，她偷偷地和自己的亲信审食其商量要杀害功臣。有人得知这个消息以后，立即跑去告诉大将郦商。郦商对审食其说："我听说皇帝已经死去4天了，你们却打算杀害功臣，这不是给天下制造危险吗？陈平和灌婴带着10万兵马驻守在荥阳，樊哙和周勃率领20万兵马在平定燕代，如果他们听说皇帝已经去世，朝廷又想杀害他们，那他们联合起来造反不就坏事了吗？"审食其把这话转告吕后，吕后也觉得不能轻举妄动，就把太子刘盈立为皇帝，这就是汉惠帝。

汉惠帝刚满17岁，天生软弱无能，身体又不太好，这样吕后就掌握了朝中的大权。吕后本是个心肠狠毒的人。她曾经用毒计帮刘邦杀了韩信，剁了彭越，对刘邦清除异姓王起了很大作用。一旦掌握了朝中的大权，她就会开始对刘姓的子孙下起毒手。

吕后平常最恨的，就是深受高祖宠爱的戚姬，她让人剃光戚姬的头发，用铁链锁住她的双脚，关在一间潮湿阴暗破烂的屋子里，让她一天到晚舂米,舂不到一定数量的米,就不给饭吃。接着,吕后又把戚姬的儿子赵王如意从封地上召到京城里来,准备杀害他。汉惠帝听说母亲吕后把如意召来,就知道吕后想要对如意下毒手,他赶紧派人把如意接到皇宫里,吃饭睡觉都跟他待在一起。两人从小待在一起玩耍,惠帝对这个弟弟非常疼爱,所以就尽自己最大的力量保护他。吕后好几个月都没有机会对如意下手,气得咬牙切齿。这一天,汉惠帝清早起来出去打猎,如意由于睡懒觉,没起来跟着去。吕后终于找到了可乘之机,就派人送去毒酒,把如意给害死了。

汉惠帝打猎回来一看,如意口中、鼻子全部流血,变成了一具直挺挺的僵尸。惠帝抱着这位弟弟的尸体大哭了一场,只好让人给埋掉了。如意死后,吕后又让人砍掉戚夫人的手脚,挖掉眼珠,弄聋耳朵,又灌了哑药,把她叫做"人彘(音 zhì)",放在厕所里面。过了几天,吕后又叫汉惠帝来看"人彘",惠帝认出这个没了手脚、又瞎又聋又哑的"人彘"是戚夫人,他悲伤得大哭了一场,病了一年多。他在病中对吕后说:"把人折磨成这个样子,这哪里是人的行为? 我作为您的儿子,没有脸再治理这个国家了。"从此,他天天喝酒作乐,也不再管理国家大事,到他即位的第七年八月就在忧伤里死去了。

汉惠帝的张皇后一直没有生儿子,吕后让人从宫中抱来一个美人生的婴儿,并把那个美人给杀了。这个婴儿当了皇帝,历史上称为少帝。

吕后夺了朝中大权以后,想封吕家的人为王,但她又怕大臣们反对,于是就征求右丞相王陵的意见,王陵是个直心肠,他当时就表示反对,对吕后说:"不行! 高祖在世的时候,曾经杀白马订盟约,谁不遵守这个盟约,天下人共同讨伐他! 如今您要封吕家的人为王,这是违背盟约的,我不能同意!"吕后听了这话,脸上立即挂了一层霜,冷冷地看着王陵。陈平和周勃见她神色有变,两个偷偷地交换一下眼色,互相微微点头,齐声说道:"高祖皇帝平定天下,曾封子弟为王,今太后掌管朝政,分封吕氏子弟又有什么不可呢?"

吕后听了这番话后，立即转怒为喜。

不久，吕后就免掉了王陵右丞相的职务，叫他去做少帝的老师。王陵很生气，说自己有病，告假回故乡去了。吕后立即把左丞相陈平升为右丞相，把自己的亲信审食其提升为左丞相。

接着，吕后又向大臣们放出口风，极力地鼓吹自己的侄子吕台如何如何能干，大臣们顺从了吕后的意见，为吕台请封，吕后就把吕台封为吕王，把济南郡作为他的封国。不久，吕台死了，他的儿子吕嘉继为吕王。后来，吕后又封吕产为梁王，吕禄为赵王，吕台的儿子吕通为燕王，还封了6个吕家的人做列侯。

就这样，由于吕太后的专权，吕氏子侄一个个被破格提拔，吕后恐怕刘吕两姓互相争斗，就想出了一条亲上加亲的政策。她把吕禄的女儿嫁给齐王刘肥的二儿子朱虚侯刘章，又让赵王刘友、梁王刘恢娶了吕氏为妻，以为这样可以使刘吕两姓相处无事。结果，刘友的妻子到长安告密，说刘友造反，吕后立即把刘友抓住，活活地折磨死了。梁王刘恢也很快就自杀了。

少帝渐渐地长大了，懂了一点儿人情世故。他听说张皇后不是他的母亲，吕后不是他的祖母，他自己的亲生母亲已经被害死了，就愤愤不平地说："太后怎么杀了我的母亲？我现在还小，将来长大了，一定要替我母亲报仇！"这话很快就传到吕后的耳朵里，于是，她就把少帝偷偷杀害了。又找了一个名叫刘弘的小孩子来做皇帝，也称少帝。这刘弘连个年号都没有，他不过是吕后手中的玩具，朝中大权完全由吕后执掌。到这时候，吕太后和她的侄子侄孙们，已经把刘姓的天下给篡夺去了。吕后的篡权，不仅误国害民，也为吕氏家族惹来了灾祸。

周勃安刘

吕后执政以来，大权牢牢地掌握在吕氏集团手中。多年钩心斗角的朝廷纷争，让吕后的身体愈来愈虚弱，她已无力操劳更多的事情了。

高后八年（公元前180年）三月，吕后为了求福去灾，要到长安城外斋戒沐浴，那时候把这种事叫做祓祭。

祓祭这天，从未央宫到长安城外渭水南岸20多里的路上，全部由吕产指挥禁卫皇宫的南军警戒，长安四郊则由吕禄指挥北军禁卫，吕后身边由吕更始调宫中卫士护驾。一时间，戈矛斧钺，金光耀眼。路上不仅断了行人，连鸟兽也躲得远远的。

吕后身穿红色宽大的祭服，登上事先筑好的祭坛，焚香跪拜，然后步行到渭水边，蹲下用手沾了沾水，往脸上抹了抹，就算是沐浴了。随行人在吕后沐浴之后，也都依次到渭水边，学着吕后的样子沐浴，差不多用了一个小时才算礼成。

这样的迷信活动，当然不会为吕后求福去灾。她在回宫的路上，就觉得十分疲倦，昏昏欲睡。从此便卧病不起。到了夏末秋初，病情一天比一天沉重，自感不久于人世。于是她便发出诏令，封吕产为相国，吕平为未央宫卫尉，吕更始为长乐宫卫尉，又封赵王吕禄为上将军，吕种为中将。她又告诫吕产、吕禄说："你们千万要抓住兵权，守住皇宫。你们不必为我送丧，以防被人暗算。"

吕后一死，吕产在内护丧，吕禄在外巡防，防备得非常严密，到出葬那天，两人遵照遗嘱谁也没去送葬，带着南北两军，护卫宫廷。准备劫持少帝，发起叛乱，篡夺刘氏江山。陈平、周勃等人，想要乘此机会除灭诸吕，怎奈防备森严，无处下手，只好耐心等待时机。

齐王刘肥的儿子朱虚侯刘章，是吕禄的门楣，他从妻子那里，打听到吕氏要篡夺刘氏天下的阴谋。吕后一死，他赶快派密使去告诉自己的哥哥齐哀王刘襄，让他带兵从外边进攻，自己在京都做内应。齐哀王刘襄一边出兵，一边写信给诸侯王，控诉吕后一家的篡权罪行，提议联兵讨伐诸吕。

吕产等人听说齐哀王出兵打来，便派大将军灌婴带兵阻击。灌婴暗想吕家控制住了关中地区，想要篡夺刘家的天下，我如果去打齐王，这不是违背高祖杀马宣誓的行为吗？于是他把兵带到荥阳，便屯兵不动，并同齐王订了一同除掉诸吕的密约。

周勃去和丞相陈平商量除掉诸吕的办法。他们知道曲周侯郦商的儿子郦寄和吕禄是好朋友，便把在家养病的郦商软禁起来，叫郦寄去劝说吕禄交出兵权，吕产交出相印，各自回到自己的封地去。并告诉他们只有这样，大家才能过太平日子。

吕禄相信了郦寄的话，害怕遭到齐王和灌婴联军的进攻，打算把兵权交给周勃。他找吕产和吕家其他人商量此事，有的说这样做有利，有说这样做不利，争执不下，一时难以决定下来。

周勃一方面从襄平侯纪通那里弄到了进入北军的符节（相当于通行证），一方面叫郦寄去警告吕禄，叫他交出兵权。吕禄被迫交出大印，到自己封地去了。周勃拿了节符和大印，进入北军，立即下命令："现在吕家要篡夺刘家的天下，你们愿意跟着吕家的，脱下右臂的袖子；愿意帮助刘家的，脱下左臂的袖子！"将士们本来就不满吕家篡权的行为，现在听了周勃的命令，都脱掉了左臂的袖子。这样，北军就全部被周勃掌握了。

这时，吕产还把持着南军的大权不肯撒手。周勃命令刘章守住军门，又命令守卫皇宫的武官，不许相国吕产进入宫门。吕产还不知道吕禄已经交出了兵权，冒冒失失地想冲进未央宫，劫持皇帝，发动叛变。怎奈皇宫守卫不让他进去，他只好在皇宫的庭院里徘徊，焦急地思考着该如何行动。

周勃命令刘章："迅速进宫保卫皇帝，逮捕吕产！"傍晚时分，刘章率领1000精兵来到未央宫，向吕产发动攻击。在未央宫正殿大门外的广场上展开了混战。吕产抢先控制了几处有利地形，以弓箭向刘章等猛射，刘章遵照周勃的安排，采取分割包围的办法，很快地便将吕产的军队消灭。吕产匆匆忙忙地逃到郎中府的厕所里躲藏，结果还是被搜出来杀了。

第二天，周勃同其他将军、大臣们商量之后，派军队到吕禄的封地上逮捕了吕禄，把他也杀了。接着，又到各地去搜捕吕氏一族的人，不论男女老少，杀了个一干二净。这样，汉朝廷的大权又回到刘氏集团的手中，经过大臣们的商讨，迎立了代王刘恒为帝，这就是历史上有名的汉文帝。

吕氏篡权的阴谋全部破产了。周勃没有辜负汉高祖的期望，在消灭诸吕叛乱、安定刘氏天下的斗争中立下了巨大的功劳。后人把这一历史事件，叫"周勃安刘"。

汉文帝体恤民众

汉文帝刘恒是汉高祖刘邦的儿子，8岁的时候，被封为代王，24岁做了皇帝。他的母亲是汉高祖的妃子薄姬。薄姬因为害怕吕后，长期和儿子住在封地，不管朝中的事情，他们母子俩没有引起吕后的重视，所以，没有受到吕氏的陷害。

刘恒正式称帝以后，看到老百姓因为受战争残害都很穷，政府收不上来捐税。他想到首先要恢复农业生产。春耕开始的时候，他亲自带领文武百官到首都郊外去耕地、下种。他还叫皇后、皇妃在皇宫的园地里种桑养蚕，为广大农民做出榜样。

　　汉文帝知道老年人生产经验比较丰富，应当鼓励人们敬老扶幼。于是，他便下了一道命令：政府要关心无儿无女的老年人，关心没有父母的孤儿。政府借钱解决他们生活上的困难，还从政府的仓库里拨出一部分麻布和丝绵，发给他们做衣服。汉文帝实行的各项政策中，最受人欢迎的是减轻刑罚。他首先废除了一人犯法父母妻子同罪的法律，后来又规定了罚钱赎罪的法律，并且还废除了肉刑。

　　说起废除肉刑，那是汉文帝十三年（公元前167年）的事，当时，一位著名的医生，齐国太仓县的县令淳于意，因治病死了人，犯了法，被判处肉刑。那时候的肉刑有3种：在脸上刺字、割掉鼻子、砍去一只脚。因为淳于意是县令，是现任官吏，所以要到首都长安，由朝廷的司法机关来执行肉刑。

　　淳于意的小女儿缇萦跟随父亲去长安。缇萦到了长安，便托人写了一封奏章，到宫门口递给了守门人。汉文帝接到奏章，倒很重视。那奏章上写着："我叫缇萦，是太仓县令淳于意的小女儿。我父亲为官清廉，齐地人都称他是清官。

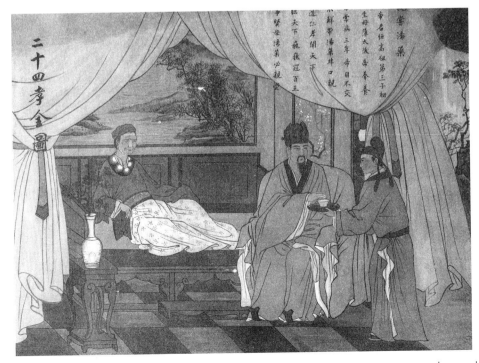

他犯罪，受到刑罚是应该的。可是，肉刑是一种可怕的刑罚，刺了字，就终生难以抹掉；割掉鼻子，就不能再安上；以后就是想改过自新，也没有办法了。我情愿给官府当奴婢，替父赎罪，好让他有个改过自新的机会。"汉文帝看了奏章，觉得小姑娘说得也很有道理，便召集制定法律的官员，要他们用别的刑罚来代替肉刑，后来就改为以打板子来代替肉刑。

有一天，汉文帝出行，浩浩荡荡的车驾队伍刚走到中渭桥，还没出长安城，忽然从桥下蹿出一个人来，这人一见是皇帝的车驾，吓得晕头转向，不但不知躲避，反而向皇帝的乘舆跑去，差一点撞到驾辕的马身上。这马吓得长嘶一声，撒开四蹄奔跑起来。这一下，车错了辙，人喊马叫，中渭桥上乱作一团。费了好大劲，卫士们才制服了那受惊的那匹马。汉文帝又惊又气，命令卫队将领将惊驾的人迅速逮捕，交廷尉去治罪。

廷尉张释之经认真审理，便到皇宫向汉文帝奏报。汉文帝见了张释之，便急切地问："那个人审得怎么样？"张释之不紧不慢地奏道："臣已经审过了，那人是一时恐慌，犯了惊动皇上车驾的罪，按照条律，应处以罚金4两。"汉文帝一听，气得大声说："这个人使我的马受了惊，幸亏这马性子柔和。否则，我不死也得受伤。你这个廷尉却只处他罚金4两。"

张释之连忙磕头，连声说："圣上息怒，圣上息怒，臣以为，法律是天下通用的，百姓共守的。处以4两罚金是法律规定的。如果当时您让人把他当场杀了，也就杀了。现在交给廷尉处理，就应按法处理。陛下圣明，请您体察是不是这么个道理？"汉文帝思忖半天，点头说："看来你是对的。"

公元前158年，匈奴起兵，侵犯上郡和云中一带。汉文帝连忙派将领率兵马去抵抗；另外，又派了3位将军带兵保卫长安。将军刘礼驻扎在灞上，徐厉驻扎在棘门，周亚夫驻扎在细柳。

有一天，汉文帝亲自到这些地方去慰劳军队，也顺便视察一下。他先到灞上，刘礼和他部下将领一听皇帝驾到，都纷纷骑着马出营迎接。护送汉文帝的车驾闯进军营，毫无阻拦。接着，他又到了棘门，也同样受到了隆重的欢送。

汉文帝慰问的第三站是细柳军。卫士们来到细柳营军门，见守门的将士们披盔带甲，弓上弦，刀出鞘，完全是大敌当前的样子。卫队的将领对守门的都尉威严地吆喝道："皇上就要驾到，赶快开门迎接！"

都尉目不侧视，朗声答道："将军有令，军中只听将令，不受天子诏。"卫队的官员正要同都尉争执，文帝的车驾已经到了。没想到守营的都尉照样拦住。汉文帝只好命令侍从拿出皇帝的符节，派人给周亚夫传话："皇上要进营劳军。"

周亚夫下令打开营门，让汉文帝的车驾进来。护送文帝的人马一进营门，守门的都尉又郑重地告诉他们："我们军中有规定：军营内不许车马奔驰。"侍从的官员都很生气，但文帝却吩咐大家放松缰绳，缓缓地前进。到了营前，只见周亚夫全身披挂，威风凛凛地站在汉文帝面前，拱拱手作个揖，说："臣盔甲在身，不能下拜，请允许我按军礼相见。"汉文帝站起来，扶着车前的横木，向周亚夫表示答礼。

汉文帝派人向全军将士传达了他的慰问，赐下了美酒牛羊，完成慰问仪式后，缓缓离营而去。

在回长安的路上，侍从们议论纷纷，认为周亚夫对皇帝的车驾太没有礼貌。但是，汉文帝却赞不绝口，认为灞上和棘门，就跟小孩闹着玩一样，如有敌人偷袭，不做俘虏才怪呢。像周亚夫这样治军，才是真正的将军，敌人怎敢侵犯他啊！

不久，便提升周亚夫为都尉，负责京城的军事。

汉文帝刘恒是中国历史上的一位贤明皇帝，汉朝在这一时期开始出现繁荣局面，与他善于用人、择善而从是分不开的。

才调无伦的贾谊

西汉初期，涌现出一大批杰出的人才，被后人称为"才调无伦"（才气、学问无人能比得上）的贾谊便是当时一个很有名的政治家和文学家。

贾谊只活了 33 岁，主要生活在汉文帝时期。贾谊的老家是洛阳，他青少年时便名气很大，18 岁时被汉文帝召到京城，任为博士，当时的博士，主管朝廷中的文献、档案等，时刻要接受皇帝关于治理国家各方面问题的询问，每次当皇帝有问题提出来的时候，朝中的博士们都想抢着回答，可总是答不好，而贾谊一说起来，却滔滔不绝，说的意见又非常准确，令同行们个个佩服，汉文帝也很欣赏贾谊的才华。

公元前 178 年，汉文帝准备进一步提拔贾谊，这事被朝廷中一些保守的老臣们知道了他们坚决反对，说贾谊言过其实，还给贾谊捏造了许多罪名，汉文帝开始疏远贾谊，贾谊感到委屈，经常发出一些牢骚话来，汉文帝听了，很不高兴，干脆把贾谊任命为长沙王吴著的太傅。

公元前 174 年，汉文帝的弟弟、淮南王刘长阴谋造反，被文帝夺去了王位，刘长绝食而死，文帝觉得对不起弟弟，又把刘长的儿子一个个加封为公侯，贾谊在长沙听到这个消息以后，给汉文帝写了一封奏章，反对汉文帝的做法，认为刘长的死是应该的，不能再让他儿子继承王位，语言相当激烈。

汉文帝接到了贾谊从远处寄来的奏章，想起了贾谊的学问很好，虽然不同意贾谊的议论，但还是决定把贾谊调到自己身边来办事，贾谊接到汉文帝的诏书，急急忙忙地从长沙赶到长安，等候皇帝的召见。

当贾谊来到长安的时候，汉文帝刚刚祭过了鬼神天地，听说贾谊到了，立即召见，两人一见面，汉文帝便问鬼神到底有没有？贾谊本来准备好了不少的主张和建议，全是关于怎样治理国家的大问题，现在听文帝问起了鬼的事情，于是他应答如流。汉文帝听了，连连点头，还不断地把座位向贾谊身边挪动，侧耳静听，一直讲到半夜，才算结束。汉文帝感叹地说："想不到贾生（指贾谊）的学问更加高深了！"便任命贾谊为自己的儿子梁王刘楫的太傅。

几年后，梁王刘揖入朝见皇帝，骑马时不小心摔到地上，流血过多而死。按当时的规矩，诸侯王年轻时，太傅对他的生活起居要负责任，梁王骑马受伤而死，贾谊觉得自己的罪过不轻，成天哭哭啼啼，忧伤过度，竟然病死了。

贾谊生命虽短，但却有很大的文学成就。贾谊的文学创作主要是政论性散文，代表作有《过秦论》《论积贮疏》《陈政事疏》（又名《治安策》）等多篇散文，都是写给汉文帝看的。《过秦论》主要讨论秦朝的错误，文章气势磅礴，表现力很强，还曲折地表达了贾谊对当时汉朝政治制度中一些缺点的批评意见。《论积贮疏》是贾谊又一篇政论文，他劝皇帝要注意发展农业生产，多积累粮食，并且指出了轻视农业生产的危害性。

《陈政事疏》（《治安策》）是一篇长达万字的政论文，把他自己对当时天下的时事见解全部写了出来，劝告皇帝和当权派们要发奋图强，要注意消除隐藏着的危机。

贾谊的政论文很多，对汉文帝制定政策也确实起了很大的作用。这些政论文一直流传到今天，具有很高的文学、艺术价值。

周亚夫平七国之乱

汉高祖刘邦在完成统一大业，国家初步稳定之后，便一一铲除韩信、彭越、英布等异姓王，分封刘姓子弟为王，那就是同姓王。同姓王起初只有几个，传到汉文帝的时候，已经增加到 20 多个，其中领地最大的有齐、楚、吴、荆、燕、淮南等。这些王国所领有的土地，合起来占西汉帝国土地的大半。皇帝直接统辖的地区，仅仅只有 15 个郡，并且这 15 郡当中，往往还有列侯和公主的领地，真正属于皇帝能管辖的地区，也就只有 10 个郡左右。

刘邦生前认为同姓王都是他的兄弟子侄，是靠得住的，可是事实上，同姓王势力大了照样也会造反，要来夺取皇位。汉景帝时的七国之乱，就是同姓王发起的一次严重叛乱。

公元前 157 年，汉文帝因病去世，皇太子刘启继位，就是汉景帝。汉景帝也像文帝一样，采用休养生息的政策，决心把国家治理好。

景帝很快把他的管家晁错提升为左内史，晁错经常向景帝提出一些建议，景帝总是言听计从。不久又提升晁错为御史大夫。

晁错升为御史大夫以后，就正式向景帝提出"削藩"，即削减诸侯王国封地的建议。他对汉景帝说："吴王有病不来朝拜天子，这种狂妄的行为，按照古代的礼法应当杀头。而且，他还违反朝廷规定，炼铜铸钱，煮海为盐，招纳天下亡命之徒，准备兴兵作乱。为了防止祸患，必须削减他的封地。"

汉景帝说："削减他的封地，他造起反来怎么办？"晁错说："他已经打定了造反的主意。削他的地，早一点反，危害小一些；不削他的地，他晚一点反，准备得更充分，危害就更大。"

汉景帝觉得晁错说得有道理，就开始实施削弱王国的措施。他先从几个较小的王国下手，先把楚国的 1 个郡、赵国的 1 个郡和胶西国的 6 个县，划归汉朝中央直接管辖。

吴王刘濞看到汉景帝已经削了 3 个王国的封地，很快就会轮到自己，就决定用武力对抗，他联合楚王、胶西王、赵王、济南王、淄川王、胶东王，于景帝三年（公元前 154 年）发动叛乱，这就是历史上有名的七国之乱。

吴楚七国起兵的名义是"清君侧"，就是要求杀掉汉景帝身边主张削弱王国的晁错。

汉景帝看叛军声势很大，有点怕了。想起了文帝临终前的嘱咐，派善于治军的周亚夫为太尉，统帅 16 个将军去讨伐叛军。

朝廷中有几个妒忌晁错的人，上奏章弹劾晁错，说他大逆不道，应当腰斩。七国起兵，完全是晁错引起的，杀了晁错，七国就会退兵。汉景帝为了保住自己的皇位，昧着良心，批准了奏章，腰斩了晁错，并派人下诏书要七国退兵。吴楚起兵，杀晁错只是个借口，当然不会退兵。汉景帝这才知道自己做错了事，但后悔已来不及了。

周亚夫领了诏命便急忙向前线奔去，领兵平叛，军队来到灞上，有个叫赵涉的拦住周亚夫的马车献计："吴王刘濞占据的地方很富饶，他招兵买马，准备造反已经很久了。这次您出兵征讨，他一定会在半路上的淆渑之间险隘之处设下埋伏。我建议将军不要走东西这条大道，而由此往南走蓝田，出武关，然后去洛阳，这样虽然绕了一点远，多走一两天，但是出吴王意料之外，他们一定没有防备，必然使敌方心惊胆战。"

赵涉的建议果然收到了出奇制胜的效果。周亚夫率领的大军很快截断了吴楚联军的粮道，便在昌邑城南深挖沟，高筑墙，扼制吴兵北进。吴兵发现不能北进，只好向西进攻睢阳。可是打了两个多月消耗战，毫无战果，军心逐渐低落。

周亚夫看准反攻的时机，立即命令全部精锐部队四路出击。只一仗，就把吴楚联军打得大败。吴王刘濞想当皇帝的美梦破灭了，便带着自己的儿子，趁夜往江南逃跑，投奔了越国。想去联合东越卷土重来，没想到，周亚夫早已悬赏 1000 斤黄金购买他的脑袋。所以东越人不但不帮助他，反而乘机杀了他，把他的脑袋献给了周亚夫。吴王的儿子刘驹，逃到了更南边的闽越去了。

楚王刘戊，见刘濞扔下自己溜掉了，气得破口大骂。他看自己的军队四散逃亡，自己无路可走，最后只好自杀了。

吴、楚两国是带头叛乱的，两国一败，其余 5 个诸侯国也很快地垮了。不到 3 个月时间，七国的叛乱就被平定了。周亚夫在平定七国之乱中，功勋卓著，被汉景帝升迁为丞相。

汉景帝灭了叛乱的七国诸侯王，仍旧封了七国后代继承王位，但是从那以后，诸侯王只能在自己的封国征收租税，不许干预地方的行政，权力大大削弱了。统一的集权制度战胜了地方割据势力。从此，汉朝才真正成为一个统一的封建帝国，社会才进一步得到安定，经济和文化的发展才有了可靠的保障。

汉武帝"尊儒"

七国之乱很快地被平定了。天下又恢复平稳安定的局面。汉景帝依旧推行减赋税、轻徭役的安民政策，大力发展农业生产，国家出现一派富裕景象。后元三年（公元前 141 年）春，景帝病逝，享年 47 岁，在位 16 年。

景帝死后，皇太子刘彻继位，这便是我国历史上被称为一代雄主的汉武帝。这时的汉朝最为繁荣和昌盛。政府里的存钱和储粮的仓库都装得满满的。武帝继位时年刚 16 岁。他一登上帝位，就要立志做一番事业。他下诏各郡县，举荐贤良方正、直言进谏的人，其中最著名的是董仲舒。

董仲舒是广川（今河北省景县境内）人，是个精通儒家学说的大学问家，在景帝时做过博士官。他根据自己的理解和当时政治上的需要，改造了由孔子创立、经孟子发展的儒家学说，并且把各家学说和阴阳五行等思想融合在一起，使儒家学说变成了一种为封建政治制度服务的，带有宗教迷信色彩的理论。他在汉武帝下诏举荐"贤良之士"的时候，向汉武帝提出了"天人三策"的建议。意思是说："天是有意志的，人世间的事物，是按天意存在和变化的。皇帝是天皇的代表，皇帝的权力是天皇授予的，人服从皇帝，就是服从天道。"他还说："诸子百家的学说妨碍皇帝的绝对权威，只有儒家学说才能保持思想上的统一。"

汉武帝认为董仲舒的建议很适合巩固封建统治的需要，想重用董仲舒。可是，他的祖母窦太后崇信"黄老学说"，极力主张清心寡欲，无为而治，武帝不敢得罪祖母，只好让董仲舒去做江都相。后来他又改任窦婴为丞相，封赵绾为御史大夫，这3个人都是儒家的支持者。

年轻的汉武帝登基不久便搜罗了这么多人才，早已为他的祖母窦氏所不满，窦氏便加紧了对朝廷政事的控制。御史大夫对武帝说："太皇太后年纪大了，身体又不好，不宜再多管朝中之事。"不料这话被窦太后知道了，便大发雷霆，立即逮捕了赵绾和王臧，二人被迫自杀。并罢免了丞相窦婴，责备武帝误用匪人，说他不孝。武帝拗不过祖母，眼睁睁地看着一班大臣遭到贬斥和杀戮，却也无计可施。

建元六年(公元前135年)，窦太后死了，21岁的汉武帝开始独立处理政事。他先后把窦太后安排的丞相、御史大夫等都罢免了。下令在政府里设置专门传授儒家学说的五经博士，在五经博士下面设置了50名弟子。规定每年进行一次考试，五经中能学通一经的就可以做官，成绩优良的还可以做大官。后来，博士弟子的人数增加到3000人。依靠儒家学说做了官的人，自然会按董仲舒那一套理论，来帮助汉武帝治理天下，用儒家学说来教育后代。从那时候起，儒家学说几乎完全统治了中国封建社会整个的思想文化领域。这便是历史上所说的"罢黜百家，独尊儒术"。

汉武帝在董仲舒的建议下，实行了"罢黜百家，独尊儒术"，在当时来说，对于加强中央集权的封建政治是有积极作用的，但是它把君权神化了，把战国以来诸子百家自由宣传学术思想和政治主张的权利剥夺了。后来，各个王朝的统治者又不断对儒家学说作了补充和发展，使它更适合维护封建统治的需要。随着社会的发展，儒家学说越来越落后于时代，成为一种顽固保守的学说。

司马相如和汉赋

赋，最初是我国古典文学中的一种表现手法，含有铺叙的意义，古人解释《诗经》说，诗有6种表现手法，即风、赋、比、兴、雅、颂。直到西汉武帝刘彻的时候，赋才发展成为既像诗歌又像散文的一种独立的文体。

创作汉赋最有成就的人是司马相如，司马相如原名长卿，出生在蜀郡成都（今四川成都），从小就很认真刻苦地读书，特别喜欢读史书，他对赵国的蔺相如特别佩服，便把自己的名字改成了相如。

司马相如年轻时候便在景帝的宫中当了个武骑常侍，但景帝不喜欢文学创作，也没发现司马相如这个人才。一次，梁孝王带着邹阳、枚乘等人来朝见景帝，枚乘早就以词赋创作而出了名，司马相如和他们很合得来，便辞去了景帝宫中的职位，到梁孝王府中去供职，梁孝王收留了司马相如，让司马相如和他的其他文士们在一起，这一段时间里，司马相如创作了不少作品，流传到今天的有一篇代表作叫《子虚赋》。

不久，梁孝王生病去世，依附在梁孝王府中的文士纷纷走散，司马相如也回到了老家，因家里很穷，便来到临邛（今四川邛崃市），过着流浪文人的生活。临邛的县令王吉对司马相如非常尊敬，听说司马相如来了，便每天去看望他，开始，司马相如还接见他，到后来，相如不耐烦了，便经常不见王吉，而王吉反而更加恭敬。王吉对司马相如的这种态度立刻惊动了地方上的一些有钱有势的人，大家见地方长官都这么尊重司马相如，其他人哪个敢不尊敬他！

在临邛这个地方，有一个最富的人家，这就是卓王孙，他家里光仆人就有800多，他很想见见司马相如是个什么样的人，便选了个日子，在家里大宴宾客，将王吉和地方上百来个有头有脸的人全部请到。客人到齐了，就缺一个司马相如，一直等到下午，司马相如还没出现，王吉见司马相如没到，便亲自去把司马相如请了来。

大家喝酒喝到最高兴的时候，王吉叫人取来一张琴，请司马相如弹一曲，司马相如也不客气，一连弹了好几支曲子，把许多宾客都听呆了，都说从来没听过这么好的音乐。

卓王孙有个女儿叫卓文君，又聪明又漂亮，精通音乐，刚结婚就死了丈夫，不得已住在家里，它听到这么美妙的琴音，也出来偷看，一下子就爱上了司马相如。后来两人通了几回信，更加增进了感情，卓文君便在一天夜里偷跑出来，和司马相如一道回到了成都老家。

回家以后，司马相如还是穷，卓文君父亲恨他丢了自己的老脸，不认这个女婿，司马相如和卓文君想了个办法，又回到临邛，在街上租了个小门面，开了个小酒菜馆，卓文君亲自卖酒，司马相如与仆人一起洗盘子刷碗，消息传到卓王孙的耳中，卓王孙气得没办法，只得把女儿原来的嫁妆全部给她送去，还拨出100多个仆人，送去100多万钱财，这样，司马相如和卓文君又过上了富裕的生活。

汉武帝刘彻当皇帝后，非常喜欢辞赋一类的文学作品。有一天，他读到了司马相如的《子虚赋》，读了一遍又一遍，喜欢得不得了，还叹气说："我怎么就没福气遇到这样的大臣！"狗监（宫廷里管猎犬的官）杨得意说："这个人是我的同乡，现在还活着，你要见他，一点不难！"武帝一听，立即传诏，要司马相如进京。司马相如见到汉武帝后，对汉武帝说："《子虚赋》只体现了诸侯王的规格，还不够皇帝家的气派，我还能写更好、气派更大的！"汉武帝很高兴，让他赶快做，不多久，司马相如写了一篇大赋叫《上林赋》，《上林赋》比《子虚赋》果然更有气派，但两篇赋的特点、内容大体上差不多，都是写皇家园林如何大，皇帝出游如何有声势，极其讲究文字的工整、节奏的和谐，并且用了许多典故词语，读起来很有气势（但今天读起来却非常难懂），赋的结尾，还很巧妙地说：气派当然要大，但皇帝如果长期陷进游乐之中，那会对国家不利，即还有一点劝告的意思。

汉代的大赋在汉武帝时期得到了繁荣，但随着时代的发展，赋逐渐被改革、简化了，到东汉时，小赋比较流行起来，小赋创作的代表人物是扬雄，创作小赋的作者非常众多，小赋也更加受到读者的喜欢。

飞将军李广

陇西人（今甘肃秦安县北）李广，是汉代著名大将。他身经百战，以高明的射术令匈奴闻风丧胆。还在汉文帝时，匈奴入侵上郡，李广就随汉军抗击匈奴，在这场战争中，好几个匈奴首领都命丧在他的射术之下，因而他被拜为武骑常侍。汉景帝时，李广又随周亚夫平定"吴楚七国之乱"，立下汗马功劳，名声更是大振。

李广由于机智勇敢，所以很受汉景帝的器重，边境上哪儿形势吃紧，就把他派到哪儿去。李广先后做过陇西、北地、雁门、云中等地的太守。他走到哪里，哪里的匈奴就望风而逃。匈奴人给李广起了个外号叫他"飞将军"。

因为李广是个难得的将才，所以朝廷也很重视他。一次有个叫孙昆邪的人不无担忧地对皇上说："李广有胆有识，天下无双，可他太自负好胜，常常硬与匈奴刘抗，这样难免会有危险，那样陛下就是一大损失。"皇上觉得这话有道理，便让李广做了上郡太守，守住京城，不再派他去边关征战。

这段时间，李广经常陪着汉景帝出去打猎，他那百发百中的箭法，每次都使皇上满载而归。皇上很高兴，他曾对李广说："可惜你生在今天，只能杀杀匈奴，陪我们打打猎，你要生在高祖那个时候，封个万户侯是不成问题的。"

景帝去世后，汉武帝继位，开始大规模地反击匈奴，李广被封为骁骑将军，重新挂帅上阵。

公元前129年，汉武帝派卫青、公孙敖、公孙贯、李广四路人马出击匈奴。李广率其中一支出了雁门，直逼匈奴营地。匈奴单于听到汉军分布的情况，心中最怵的就是李广。于是他集中了最精锐的部队屯集在雁门，并且布下伏兵，准备诱捕李广。李广率领汉兵，如猛虎下山，杀了无数匈奴兵。见匈奴向后溃退，便猛追不舍。结果，中了匈奴的埋伏，被匈奴活捉。

匈奴捉得李广，欣喜异常。这时李广身伤数处，匈奴便用绳子编了一张网，挂在两马之间，将李广横卧在网上。走了十几里路，李广躺在网上一动不动，如同死去。匈奴兵以为他伤势过重，动弹不了，便放松了警惕。李广偷偷瞧见旁边有一匈奴兵骑着一匹好马，于是乘其不备突然一跃而起，飞身上了这匹马，劈手夺过弓箭，将匈奴兵推下马去，策马往南奔驰。众匈奴兵见李广夺马而逃，便聚集数百骑随后追赶。李广一面奔驰，一面回身放箭，箭无虚发，射杀不少匈奴兵，始得脱险。

李广打了败仗，做了俘虏又逃回来，按当时的军法应当斩首。好在汉文帝从前立下了罚钱赎罪的规矩，李广才得以交钱赎罪，免去一死，回乡做了平民。又过了几年，匈奴进攻辽西郡，杀了太守，打败了汉将韩安国。汉武帝觉得还是李广能干，重新起用他，派他做了右北平太守。匈奴人听说李广来到右北平，都惊呼："汉朝飞将军来了！"纷纷躲避，好几年都不敢来骚扰。

匈奴人一逃走，边境上暂时就没有战事，敌李广常常带着将士们外出打猎。当时右北平山里有不少老虎。李广艺高人胆大，常常等老虎扑近时才射箭，而且箭无虚发，一箭就将老虎射死。

有一天，李广和将士们打猎回来，天色已经很晚，突见看见迎面的乱草丛里卧着一只斑斓猛虎，正准备向他们扑来。李广推弓搭箭，用足全身力气，一箭射出，"嗖"的一声，射个正着。那老虎一动不动。将士忙跑过去察看动静，这一看，全部人都愣住了。原来，李广射中的是一块巨石，那支箭就深深地插入石头之中，谁都无法拔出。众人都啧啧称奇，李广自己也很纳闷。他对准巨石又射出几箭，可箭头均被折断，再没一箭能够射入。飞将军李广箭能穿石的奇闻不胫而走，匈奴听到后更是心惊胆寒。

后来，汉武帝又点将对侵犯边境的匈奴大规模用兵。李广作为郎中令率领4000汉兵进击匈奴。被4万匈奴精锐骑兵团团围住。匈奴此时急于消灭李广，一时间箭如雨下。汉军一面英勇抗敌，一面组织突围。汉军的箭很快射完，而且伤亡很大。李广让士兵张弓而不射箭，他自己张开一种叫大黄的硬弓，直射匈奴的将领，一连射倒好几个，直射得匈奴兵放下弓箭不敢再动。但匈奴人仍然死死围住汉军，令汉兵难以突围。

这时，天色已黑，汉兵心中不免发怵。唯有李广神情镇定，沉着应战，士兵在李广的勇气感召下，心中恐惧顿消。第二天东方刚刚泛白，李广一声令下，汉兵齐力向外冲，这时，汉将张骞的部队终于赶到，与李广部队内外夹击，将匈奴打得大败而逃。这一仗，李广的军队几乎全军覆没。

李广、张骞回到长安，按照汉朝法令，张骞误事当斩，但因为有可用钱赎罪一说，张骞用钱赎回自己，做了平民。李广由于先败后胜，功过相抵，所以无赏可封。

李广一生做过 7 个郡的太守，前后 40 多年，廉洁奉公。凡得赏赐总是分给手下人，故一生无财产可言。他平易质朴，沉默少言，战场上身先士卒，与将士同甘共苦，深得士卒们爱戴。李广善射，百发百中，令匈奴闻之色变。他一生参战 70 多次，从未退缩，为保卫汉朝江山，立下汗马功劳。他死后，凡是听说过他姓名的人都为他哀悼，他以诚信忠厚的品行赢得了民心，真可谓"桃李不言，下自成蹊"。这句话的意思是：桃李不会自我宣传，人们自会去树下赏花摘果，树下都被踏出一条道路来。此言虽轻，但用在李将军身上，则恰如其分，喻意颇深。

卫青、霍去病威震匈奴

卫青出身低微，他的父亲在平阳侯曹寿家里当差。卫青长大以后，在平阳侯家当了一名骑奴。后来，因为卫青的姐姐卫子夫进宫，受到汉武帝的宠幸，卫青的地位才渐渐显贵起来。

就在李广在战斗中被匈奴兵俘虏后又逃回的那年，汉军四路人马，三路都失败了，只有卫青打了个胜仗，他因此被封为关内侯。以后，他又接二连三地打败匈奴兵，立了战功。

公元前 124 年，卫青率领骑兵 3 万，追敌到长城外。当时，匈奴右贤王以为汉军还离着很远，一点也没防备，在兵营里喝酒作乐，喝得酩酊大醉。卫青在夜色的掩护下，急行军六七百里，包围了右贤王。汉兵从四面八方冲进匈奴营地，打得匈奴部队四面逃窜，乱成一团。右贤王刚刚从醉意中惊醒，要抵抗已来不及了，只好带着他的几百个亲信脱身逃走。

这一仗，卫青的人马一共俘获了 15000 多个俘虏，其中匈奴的小王 10 多人。匈奴的左右贤王，只比单于低一级。这次战争，右贤王全军覆没，对匈奴单于是一个很大打击。

汉武帝得到捷报，立刻派使者拿着大将军印，送到军营，宣布卫青为大将军，连他的 3 个还没有成年的儿子也封为侯。卫青推辞说："我几次打胜仗，都是部下将士的功劳。我那 3 个孩子还都是娃娃，什么事都没干过。要是皇上封他们为侯，怎么能够勉励战士立功呢！"汉武帝经他一提醒，就封了卫青部下的 7 名将军为侯。

第二年，匈奴又来进攻。汉武帝又派卫青率领 6 个将军和大队人马去对付匈奴。卫青有一个外甥，叫霍去病，那时候才 18 岁，非常勇敢，又会骑马射箭，这次也跟着卫青一道去打匈奴。

匈奴听到汉军大批人马来进攻，立即往后逃走。卫青派四路人马分头去追赶匈奴部队，要求一定要把匈奴主力打败。卫青自己坐镇大营，等候消息。到了晚上，四路兵马都回来了，没有找到匈奴主力，有的杀了几百个敌兵，有的连一个敌人也没有找到，空着手回来了。

霍去病还是第一次出来打仗的小伙子，才做了个校尉。他带领了 800 名壮士，组成一个小队，去找匈奴部队。他们向北跑了一阵，一路上没瞧见匈奴兵士，一直赶了几百里路，才远远望见匈奴兵的营帐。他们偷偷地绕道抄过去，瞅准一个最大的帐篷，猛然冲了进去。霍去病眼明手快，一刀杀了一个匈奴贵族。他手下的壮士又活捉了两个。匈奴兵没有了头儿，四处奔逃，800 个壮士追上去又杀了两千多匈奴兵，才赶回大营。

卫青在大营正等得着急，只见霍去病提了一个人头回来，后面的兵士还押了两个俘虏。经过审问，才知道这两个俘虏，一个是单于的叔叔，一个是单于的相国，那个被霍去病杀了的还是单于爷爷一辈的王。

18 岁的霍去病第一次参加作战，就逮住了匈奴的两个将官，功劳不小，战斗一结束，就被封为冠军侯。

公元前 121 年，汉武帝又封霍去病为骠骑将军，率领一万骑兵，从陇西出发，进攻匈奴。霍去病的兵马跟匈奴接连打了 6 天，匈奴兵抵挡不住，向后败退。霍去病和他的骑兵越过了燕支山（今甘肃永昌县西），追击了1000多里地。那边还有不少是匈奴的属国，像浑邪（今甘肃省境内）、休屠（今甘肃武威县北）。汉兵到了那里，俘虏了浑邪王的王子和相国，把休屠王祭天的金人也拿来了。

汉武帝为了慰劳霍去病，要替他盖一座住宅。霍去病推辞了。他说："匈奴未灭，何以家为！"

为了根除匈奴的侵犯，到了公元前119年，汉武帝经过充分准备之后，再次派卫青、霍去病各带5万精兵，分两路合击匈奴。卫青从定襄郡出塞，穿过大沙漠，行军1000多里，匈奴的伊稚斜单于亲自率领精兵列阵对抗。

双方展开了一场大会战。激战到夜幕降临的时候，沙漠上突然刮起一阵狂风，夹着沙砾，吹得天昏地黑。卫青顶着狂风，冒着扑面的沙砾，命令骑兵分左右两翼夹攻。伊稚斜单于招架不了，带了几百骑兵向北突围逃去。卫青一直追到秩颜山下的赵信城，这时，匈奴兵已经逃走，城里贮存了不少粮草。卫青让兵士们饱餐了一顿，把多余的积粮烧了，才胜利回师。

另一路，霍去病也横越大沙漠，前进两千多里，大破匈奴左贤王的兵马，一直追到狼居胥山（今内蒙古自治区五原西北黄河北岸下），在那里立了一块石碑留作纪念。

这是汉朝规模最大、进军最远的一次追击。自那以后，匈奴撤退到大沙漠以北，沙漠南面，匈奴人就不敢来侵犯了。

张骞通西域

"丝绸之路"是汉朝开辟的一条商路。丝绸之路由谁开辟的呢？又是怎样开辟出来的呢？

汉武帝初年，汉朝日趋强盛。于是朝廷便积极策划消除匈奴贵族对北方的威胁。恰在这时，一些投降过来的匈奴说起大月氏（音 ròu zhī）国的事，引起汉武帝极大的兴趣。

月氏国是一个有着 40 万人口的小国，从前住在敦煌和祁连山之间。匈奴冒顿单于统一匈奴各部后，偷袭了月氏国，将月氏王的头砍下来，用人头骨做了一个酒杯。月氏国败了以后，被迫迁到西域。他们恨透了匈奴，与匈奴结为世仇。月氏国的情况，给了汉武帝极大的启发，他想：月氏和匈奴有这样的深仇大恨，我正好可以联合他们，共同攻打匈奴。月氏在匈奴的西边，要是月氏愿同汉朝合作，就等于斩断了匈奴的右臂，胜利便大有把握了。于是汉武帝下了一道诏书，招募精明能干的人出使西域，去联络月氏国。

月氏既然在匈奴的西边，要到月氏必须经过匈奴属地。所以没人有胆量来承担这一使命。这时宫中郎张骞勇敢地报名应征。张骞，汉中成固（今陕西南部成固县）人，性格坚毅，办事灵活而又诚实。他认为打匈奴是为了汉朝的安全，出使月氏是很有意义的事，即使冒点风险，也是应当的。看到张骞报了名，一些勇士也纷纷报名，其中有一个叫堂邑父的匈奴降将。

汉武帝建元三年（公元前 138 年），汉武帝正式任命张骞为使者，派堂邑父给他做翻译，堂邑父本是匈奴一个姓堂邑的贵族的奴隶。他又应征了 100 多人，从陇西（今甘肃省）出发前往西域，队伍随身还携带了大量的行装和礼物。

他们一出陇西，便碰上了许多匈奴人。张骞一行 100 多人全成了俘虏。单于不敢杀死使者，便把张骞等人全部软禁起来。那时候，匈奴和汉朝表面上关系还不错，单于为了留住张骞，把一个匈奴女子嫁给了他。不久，张骞有了一个儿子。

张骞一直将汉武帝交给他的出使证明偷偷保存着，时刻不忘自己的使命。如今被单于放逐到西部，离西域又近了不少路，心里倒暗自高兴。于是他每天专心放羊，等待机会逃走。渐渐地匈奴也不再过问他们。在张骞被俘的第十一年，他率领剩下的汉使，终于逃出了匈奴的魔掌，重又踏上寻找月氏国之路。在匈奴生活了11年，张骞已能说一口匈奴话，对匈奴的风情礼节也非常熟悉。因此他们一路行走并没有碰上什么麻烦，匈奴人都视他们为自己人。他们终于走出茫茫草原，进入西域的沙漠地带。他们一连走了几十天，路上尽是沙漠，找不到人家，也找不到食物和水。亏得堂邑父箭法高超，饿急了，就射些飞鸟和野兽来充饥。

最后他们到了一个热闹繁华的城市。这里的人高鼻子，蓝眼睛，满脸胡须，和他们以前见过的人都不一样。他们以为这就是月氏国，可一打听，才知这个国家是大宛。大宛国国王早就听说东南方有一个又大又富庶的汉朝，他们很渴望与大汉朝交往。张骞拿出自己的出使证明，谈了自己的遭遇后，受到他们热烈的欢迎，用上好的酒和牛羊肉招待张骞一行。张骞说明了自己出使西域的任务，希望大宛国王能派人护送他们到月氏国，答应回汉朝后，一定请汉朝皇帝用重礼酬谢。大宛王自然乐意帮助张骞。他派了骑兵和翻译，护送着张骞等人一直到康居，再请康居人护送他们的月氏国去。

几经辗转，张骞他们终于来到一个山国，这山国就是他们找了10年的月氏国。满目望去，树林郁郁葱葱，田里庄稼长势喜人，成群牛羊满山跑。张骞等人被带到月氏王的面前。张骞手执节杖，递上出使证明，对月氏王说："汉皇帝让我转达他的问候，目前，汉皇帝正在抗击匈奴，皇上派我出使贵国，是希望月氏与汉联手对敌，夹击匈奴。"张骞不知，这时的月氏国的情形与以往已大不相同了。

月氏国自国王被匈奴杀害后，大臣们拥国王的夫人做了王，西迁到大夏国境内，大夏人打不过月氏人，便向月氏人投降，两个国家便合并成一个国家，改名为大月氏国。大月氏所在的地方土地肥沃，物产丰富，他们的生活十分安乐。生活一安乐，就把报仇雪耻的事情忘了。所以张骞把他的来意说明后，国王不愿再回到几千里之外的故乡去对付匈奴。从此，月氏国王不再谈论匈奴，只是极其热情地款待张骞等人。

在月氏国，张骞与许多前来做生意的别国商人开始交往，与他们建立了很深的友谊。张骞把汉朝的情况也介绍给了西域各国。一年多过去了，张骞决定返回汉朝。他们从匈奴人足迹较少的南山向东行，沿途又走访了不少国家，使得这些国家的君主都十分向往汉朝。可是，当他们走到祁连山脚下时，又一次被匈奴逮捕。他们被软禁了一年。后来单于死了，为争夺王位，匈奴发生内乱，便无暇顾及张骞。于是在一个漆黑的夜晚，张骞带着他的匈奴妻儿以及堂邑父逃出了匈奴。

当他们重新回到首都长安时，13年已经过去。去的时候，张骞还是个年轻小伙子，如今却两鬓已经雪霜。而去时的100多人也只剩下他和堂邑父了。拜见汉武帝后，张骞谈了月氏国不肯出兵的原因，以及自己两次被俘的经过，还详细谈了西域各国的风土人情，汉武帝听得入了迷。为了表彰张骞的卓越贡献，汉武帝拜他为太中大夫，拜堂邑父为奉使君。

汉武帝得知匈奴正在内乱，便封张骞为校尉，帮助大将军卫青制定最佳行动路线和作战方案。按这个方案，卫青果然出师告捷，一举消灭了匈奴的一支主力部队。汉武帝很快将张骞提升为将军，并封他为"博望侯"。

公元前119年，汉朝与匈奴展开一场决战，给予匈奴以毁灭性的打击，最终将匈奴赶到了漠北。通往西域的道路就此通畅。过了两年，张骞建议汉武帝去结交西域的乌孙国。汉武帝派张骞做正使，带领副使和将士300多人，带去许多金银、绸缎和牛羊，再次出使西域。张骞到了乌孙后，将副使分别派往大宛、康居、大夏、安息等国，他自己留在乌孙并说明了自己的来意。乌孙王决定先派人去长安。并送给汉武帝几十匹乌孙宝马。汉武帝元鼎二年（公元前115年），张骞带着乌孙的使者回到长安。乌孙使者亲眼看到了汉朝的繁华和人民的友善，回去后便对乌孙王详实地做了汇报。乌孙王很高兴，决定跟汉朝建立友好关系，并且娶了汉朝公主。

张骞从乌孙回来的第二年便病死了。这一年，派到大宛等国去的副使陆续带着各国的使者回到长安。这些国家和乌孙一样都和汉朝建立了友好关系。

张骞和他的随从几次出使西域，到过 36 个国家，对于沟通西域和汉朝的关系做出了重大贡献。

从此以后，西域的葡萄、苜蓿、核桃、石榴和大蒜等陆续传入汉朝；汉族人先进的农业生产技术、打井和炼铁的方法，也传到了西域；西域的音乐舞蹈和乐器传到汉朝，汉族生产的丝绸等也带进西域，并由西域进一步传到欧洲和世界各国。后来，人们习惯把张骞开通的汉朝到西域的道路称为"丝绸之路"。张骞出使西域，为的是军事目的，虽然预期的目的没完成，但却为汉朝展现了一个崭新的世界。汉朝的威名也远播四海。

苏武牧羊

骠骑大将军霍去病率兵打败匈奴，使其退到大沙漠以北，但有时候匈奴派使者到汉朝来访问。为了表示友好，汉朝也派使者去回访，还送一些中原地方的土特产。可是匈奴单于很不讲信用，经常扣留汉朝派去的使者。汉朝为了报复，也扣留匈奴派来的使者。日子一久，双方互相扣留使者的事就有 10 多起了。这时，西域已经安定，汉武帝便打算给匈奴一点颜色看看。

天汉元年（公元前 100 年），匈奴放了被他们扣留的汉朝使者路充国，路充国随同匈奴的使者回到了长安。汉武帝立即召见了他，问明情况。路充国陈奏说："现在匈奴由且鞮侯继任单于，他十分怕汉朝派兵打他，自称：'我乃儿子，怎么敢对抗汉朝，汉天子是我丈人呢！'并且把原先扣留的汉使全部释放送回，奉书求和。"

汉武帝听了路充国的报告，又招来匈奴使者，让其呈上来书，展阅一番后，觉得匈奴单于且鞮侯果然还懂道理，决定与匈奴友好相处。就派中郎将苏武为正使、副中郎将张胜为副使，带着助手常惠和 100 多名士兵，以及许多金银绸缎等礼物，护送以前扣留下来的全部匈奴使者，出使匈奴。

苏武到了匈奴，把匈奴使者交还给了单于，并且送上礼物。匈奴单于见到汉朝送来那么多礼物，反而骄横起来。苏武为了维护双方的友好，尽量耐着性子跟单于打交道，准备完成任务后，好快点返回汉朝。

正在苏武准备回汉朝的时候，发生了一件意外的事情。原来，早在苏武出使匈奴之前，汉朝使者卫律就投降了匈奴，并且死心塌地地为单于出谋划策。卫律的部下有个叫虞常的人，是个忠于汉朝的血性汉子。苏武出使匈奴，虞常高兴极了。他本来认识苏武的副使张胜，就暗地和张胜商量说："卫律这个卖国贼，干尽了坏事。我决定暗地里除掉他。"张胜很赞成虞常的打算，并资助了他一些财物。但计谋被泄露，虞常被单于逮捕，交给卫律审问。

事情发生后，张胜只好把虞常跟他合计的经过告诉了苏武。苏武说："事情已经到了这般地步，你才告诉我，看来我也要受牵连了。我是汉朝使者，如果上公堂受审，等于我们汉朝受了侮辱，还不如趁早自杀为好。"说着，就拔出刀来要自杀。张胜和随员常惠眼快，夺去他手里的刀，把他劝住了。

卫律审问，虞常受尽了种种刑罚，只承认跟张胜是朋友，说过话，拼死也不承认跟他同谋。

第二天，卫律又提审虞常和张胜，叫苏武去旁听。在审问的过程中，卫律当场把虞常杀死，以此来威胁苏武。张胜害怕了，跪下投降，并承认了与虞常同谋。于是，卫律劝苏武投降，他举着宝剑对苏武说："你不投降，我就杀了你！"苏武面不改色地迎上去说："你胆敢杀了我，汉朝定会发兵荡平匈奴，你会死无葬身之地。"卫律看苏武那样镇定，知道用武吓不倒他，只好向单于报告。单于听说苏武这样坚定，就更希望他投降，便让卫律去劝苏武投降。

苏武听卫律让他投降匈奴，怒气冲冲地说："卫律你这个无耻之徒。你是汉人的儿子，作为汉朝的臣下，你厚颜无耻地做了汉奸，背叛了父母，背叛了朝廷，还有什么脸面来同我说话。"

卫律碰了一鼻子灰，只好向单于报告。单于便把苏武下了地窖，不给他饮食，想用长期折磨的办法，逼他屈服。这时候正是入冬天气，外面下着鹅毛大雪。苏武忍饥挨饿。渴了，就捧一把雪止渴；饿了，就扯一些皮带、羊皮片什么的啃着充饥。

过了几天，单于见折磨他也没用，只好把了放出来，说要封他为王，苏武说什么也不答应。单于只好又把他送到北海（今贝加尔湖一带）边去放羊，还说："等公羊生了小羊，就放你回去。"公羊怎么能生小羊？这么说无非是想把苏武长期监禁罢了。

苏武到了北海边，身旁什么人都没有，和他做伴的只有那一群公羊和那根代表汉朝的旌节。苏武拿着那根旌节从不离手，连晚上睡觉也搂在怀里，他总想着有一天，拿着旌节回到自己的国家。

北海终年白雪皑皑，荒原千里，人迹罕见。为了生存下去，回汉复命，苏武经常取野鼠洞里的草籽来充饥。岁月悠悠，北海的风雪染白了他的须发，冻饿练就了他铮铮硬骨，苏武在北海一待就是 19 个年头。

汉武帝死后，汉昭帝即位，匈奴又跟汉朝进行和议。这时昭帝年纪还小，大臣霍光掌握着朝中大权，他对匈奴使者提出要求说要放回苏武等匈奴扣押的汉朝使者。可是，匈奴人却骗汉朝大臣说苏武已死了。与苏武一同出使的副使常慧被单于流放到别处，现在也活着，他收买了匈奴兵，得到了与汉使见面的机会。常惠告诉使者苏武还活着，并出了一个主意，让汉使救苏武。

第二天，使者去见单于，提出放苏武回朝的要求。单于说："我早说过，苏武已经死了。"使者脸色一沉道："你们说想和汉朝和好，我看你们根本无诚意。苏武根本就没有死。有一天，我们皇上在上林苑里射猎，射下一只大雁，那大雁脚上系有一封信，说苏武就在北海牧羊。"单于听使者这么一说，不觉大惊。只好承认苏武还活着，并派人将苏武从北海接回。汉昭帝始元六年（公元前 81 年）的春天，苏武、常惠等 9 人才回到久别的首都长安。苏武出使的时候，是个 40 岁左右的壮年汉子，他在匈奴度过了 19 年异常艰苦的岁月，回来已经是个须发全白的老年人了。他坚强不屈，不怕磨难，永不失节的非凡事迹，轰动了朝野上下，不论是做官的，还是普通老百姓，一提起苏武的名字，没有一个不钦佩的。

司马迁写《史记》

　　司马迁是我国古代伟大的历史学家，他著的《史记》是我国第一部系统的历史著作。《史记》被后人誉为"史家之绝唱，无韵之离骚"。

　　司马迁，字子长，生活在西汉景帝、武帝时期。他出生在一个世代为史官的家庭，父亲司马谈是个很有学问的人，担任着掌管天文、历法和历史文献的太史令。司马迁的少年时代是在他的家乡——今陕西省韩城市度过的。10岁时他跟当时著名的古文经学家孔安国学过用古文字（大篆）写的先秦典籍，已能诵古文，还在儒学大师董仲舒门下学过用当时的文字（隶书）写的《公羊春秋》。

　　20岁那年，司马迁离开了家乡，到各地考察游历：曾到过会稽（今绍兴），访问韩信的故事；到过丰沛，访问萧何、曹参、樊哙的故乡；到过薛，访问孟尝君的封地；到过邹鲁，访问过孔子的故乡。此外他还北过涿鹿，登长城，南游沅湘，西至崆峒，足迹踏遍了大半个中国。

　　他沿途搜集的许多资料，补充了史书记载的不足，那些波澜壮阔的历史事件和历史人物故事深深地印在他的脑海中。

　　他的父亲司马谈在京城做太史令，他也因此到了长安，做了郎中。公元前111年，武帝平定西南夷，派遣司马迁到今川南、贵、滇一带视察，这一次大游历，为他提供了了解西南地区风土人情，搜集遗闻旧事，考察山川地理的大好机会。

就在这次出使归来，司马迁见到了垂危的父亲。父亲在弥留之际，拉着他的手，语重心长地说："我家祖先在周代就当太史，我死了以后，你一定要成为太史，身为太史，别忘了我所说的著作啊！"原来，司马谈过去曾说过：周公死后500年有了孔子，孔子死后到现在又是500年了，应该有人继承孔子，做一番著述事业。身为史官的司马谈，立志继孔子《春秋》之后修一部通史。现在，司马迁在父亲病榻前，泪如泉涌，答应了父亲的要求。

但父亲死后，司马迁没有能立即开始写作。主要忙于巡祭、封禅，跟从汉武帝先后到过泰山、长城内外诸多名山大川。到公元前108年，他做了太史令，得以充分利用朝廷收藏的图书和档案资料。在公元前104年，他正式开始了著述《史记》的浩繁工作。这时他已步入中年了。

为了尽早完成这部史书，他夜以继日地忘我写作，几乎断绝了一切往来应酬。公元前99年，正当司马迁以全部身心投入《史记》著述时，一场大

祸从天而降，这就是"李陵事件"。李陵，是号称"飞将军"李广的孙子，力大过人，善骑射。在随贰师将军李广利出兵伐匈奴时，李陵自请独当一面，迎击匈奴。他长驱直入，不料恰好遇上匈奴大军，他与部下虽奋勇战斗，但因寡不敌众，矢尽粮绝，没不到援兵，终于战败被俘，投降了匈奴。消息传到朝廷，那些平日交口赞誉李陵的朝臣一反常态，

史家之绝唱

無韻之離騷

纷纷落井下石。

司马迁深感不平，他与李陵虽无深交，但对李陵的为人一向敬佩，因而仗义执言，陈述李陵平时为人和这次孤军奋战的功劳，认为不应该过分责备李陵。结果汉武帝勃然大怒，他觉得司马迁赞扬李陵，就是贬低另一个同时出征的将军李广利。而李广利正是武帝极宠爱的李夫人的哥哥。因此，他把司马迁关进了监狱，并且判了死刑。此时，是司马迁正式开始写作《史记》的第六个年头。

按照汉朝法令，死刑有两种减免办法：一种办法是用50万钱赎罪。司马迁官小禄薄，无论如何也拿不出这笔钱来。另一种办法是"减刑一等"，受宫刑。而宫刑在当时刑罚中是最残忍、最耻辱的一种。它不仅对人体是残酷的摧残，对人格也是极大的侮辱。面对这种现实，司马迁悲痛欲绝，想一死了之。

此时此刻，他想到了《史记》的创作。这样一死，谁又来完成《史记》呢？他又想起父亲临终前的嘱托，便更不会忘记自己撰写《史记》的宏伟理想，他要以孔子作《春秋》为榜样，用自己的著述，辩善恶是非，以有益于天下。于是，他决计接受宫刑。司马迁受宫刑之后，精神受到很大打击，在极度痛苦中，又曾想到过自杀。但痛定思痛，撰写《史记》的崇高理想鼓舞着他，为完成尚未著成的《史记》，他决心顽强地活下来。

出狱后，他做了中书令，中书令就是为皇帝掌管文书、起草诏令的官。他之所以接受这个卑微的职务，也仍是为了不离开他所需要的皇家图书馆里的图书资料，为了继续完成他的伟大著作。就这样，他又忍辱发愤地度过了8年。到公元前91年，当司马迁终于完成了《史记》这部历史巨著时，已经是年近花甲的老人了。从开始阅读、整理史料，到正式写成，他一共花费了18年的时间。如果从他年轻时的游历算起，《史记》一书是他几乎用尽了毕生精力，忍受了肉体上和精神上的极大痛苦而完成的一部永远闪耀着光辉的伟大著作。

司马迁以他杰出的才华和惊人的毅力，在广泛占有材料的基础上，经过认真考辨，融会贯通，写出我国第一部纪传体通史，从而把历史学推进到了前所未有的新阶段，在中国史学史上树立了一块不朽的丰碑。司马迁和他的《史记》一起，将永垂青史，光照千秋。

霍光辅佐昭帝

汉武帝通西域，击败匈奴，保卫边疆安全，做出了令人称道的贡献。但是他生活奢侈，喜欢讲排场，连年大兴土木，耗费了大量的人力、物力。国库中文帝、景帝时候积累起来的钱财，这时已所剩无几了。

为了补充国库收入，他重用残酷的官吏，加税加捐，甚至让有钱的人可以出钱买爵位，卖官职。这些人做了官，就拼命搜刮老百姓，再加上水灾旱灾，搞得百姓日子很艰难，各地方有大批农民起来反抗官府。

汉武帝在位的最后几年，才决心停止用兵，并且提倡改良农具，改进耕种技术。他还亲自下地，做个耕种的样子，吩咐全国官吏鼓励农民增加生产。这样，国内才逐渐稳定下来。

公元前 87 年，汉武帝得病死了。即位的汉昭帝才 8 岁。按照汉武帝死前的嘱咐，由大将军霍光来辅助他。

霍光字子孟，是前骠骑将军霍去病同父异母的弟弟。霍光由哥哥带到长安后，先做郎官，逐步升为奉车都尉、光禄大夫。他为人沉着精细，公正无私，把国家大事管理得井井有条。霍光掌握了朝廷大权后，帮助汉昭帝继续采取休养生息的政策，减轻税收，减少劳役，把国家大事管理得很好。

朝廷中有几个大臣却把霍光看作眼中钉，想把他除去。左将军上官桀想把他 6 岁的孙女，嫁给汉昭帝做皇后，霍光没有同意。后来，上官桀靠汉昭帝的姐姐盖长公主的帮助，让孙女当上了皇后。上官桀和他的儿子上官安想封盖长公主的一个身边人做侯，霍光无论如何也不同意。

上官桀父子、盖长公主都把霍光看作眼中钉，他们勾结了燕王刘旦，想方设法要陷害霍光。汉昭帝14岁那年，有一次，霍光检阅羽林军（皇帝的禁卫军），并把一名校尉调到他的大将军府里。上官桀他们就抓住这两件事，假造了一封燕王的奏章，派一个心腹冒充燕王的使者，送给汉昭帝。

那封信上大意说：大将军霍光检阅羽林军的时候，坐的车马跟皇上坐的一样。他还自作主张调用校尉。这里面一定有阴谋。我愿意离开自己的封地，回到京城来保卫皇上，免得坏人作乱。汉昭帝接到那份奏章，看了又看，把它搁在一边。

第二天霍光要进宫朝见，听到燕王刘旦上书告发他的消息，吓得他不敢进宫。

汉昭帝吩咐内侍召霍光进来。霍光一进去，就脱下帽子，伏在地上请罪。汉昭帝说："大将军尽管戴好帽子，我知道有人存心陷害你。"

霍光磕了个头说："陛下是怎么知道的？"

汉昭帝说："这不是很清楚吗？大将军检阅羽林军是在长安附近，调用校尉还是最近的事，一共不到10天。燕王远在北方，怎么能知道这些事？就算知道了，马上写奏章送来，还来不及赶到这儿。再说，大将军如果真的要叛乱，也用不着靠调一个校尉。这明明是有人想陷害大将军，燕王的奏章是假造的。"霍光和别的大臣听了，没有一个不佩服少年汉昭帝的聪明。

汉昭帝把脸一沉，对大臣们说："你们得把那个送假奏章的人抓来查问。"

上官桀怕昭帝追查得紧，他们的阴谋要露馅，对汉昭帝说："这种小事情，陛下就不必再追究了。"

从这时候起，汉昭帝就对上官桀这些陷害忠良的人开始怀疑起来。

可是，上官桀等并不就此罢休，他们偷偷地商量好，由盖长公主出面，请霍光喝酒。他们布置好埋伏，准备在霍光赴宴的时候刺死他，又派人通知燕王刘旦，叫他到京师来。

上官桀还打算在杀了霍光之后再废去昭帝，由他自己来做皇帝，没想到有人早把这个秘密泄露了出去，让霍光知道了。

霍光连忙报告汉昭帝。汉昭帝命令丞相田千秋火速发兵，把上官桀等人全部逮起来处死。这样一来，国家安全多了。

汉昭帝是个不错的皇帝，但他21岁就得病死了，没有孩子。霍光听了别人的意见，把汉武帝的一个孙子、昌邑王刘贺立为皇帝。刘贺原是个浪荡子，他从昌邑（今山东巨野东南）带来了200多个亲信，天天跟他们一起吃喝玩乐，即位才27天，就做了1127件不该做的事，把皇宫闹得乌烟瘴气。像这样的人无法让他再继续做皇帝。因此霍光和大臣们一商量，联名上书，请皇太后下诏，把刘贺废了，另立汉武帝的曾孙刘询，就是汉宣帝。

汉宣帝即位的时候也只有18岁，霍光又辅佐他六七年，教他怎样做一个好皇帝。汉宣帝地节二年（公元前68年）霍光患病去世。汉宣帝和皇太后亲自为霍光主持葬礼，用十分隆重的礼仪把他安葬在汉武帝的陵墓旁边。

王昭君出塞

秦末汉初，居住在我国北方的匈奴族，拥有骑兵三四十万人，成为西汉王朝北部的重大威胁，由于当时汉朝的社会经济有待复兴，国力空虚，内部统治还不够巩固，无力与匈奴进行大规模战争，于是刘邦在公元前199年，采纳了刘敬提出的与匈奴"和亲"的建议，决定以宗室女嫁给匈奴单于，每年送去酒、肉、粮食等物，并且与匈奴单于结为兄弟。

西汉初期的这种"和亲"政策，是在当时的形势下，由西汉统治者迫不得已施行的。尽管如此，这种"和亲"政策，却带来了相对和平的局面，匈奴不再或极少侵犯西汉边境，两族人民开始了友好往来。

随着西汉初年社会经济的恢复发展，汉朝的国力逐渐强盛起来。到汉武帝时，便放弃了对匈奴单于退让的"和亲"政策，向匈奴贵族展开了大规模的反击战争，从此西汉和匈奴断绝"和亲"80多年。匈奴在汉朝军队的连续打击下，势力衰落下去，再也没有向汉朝发动进攻的力量了。于是汉朝政府与匈奴贵族之间的战争渐渐平息下去，又重新恢复了两族间的"和亲"。

汉宣帝在位的时候，汉朝又强盛了一个时期。汉宣帝五凤元年（公元前57年），匈奴内部发生了5个单于争统治权的斗争，争来争去，形成郅支单于和呼韩邪单于南北对峙的局面。最后，郅支单于打败了呼韩邪单于，呼韩邪单于带兵南移，投降了汉朝。

甘露三年（公元前51年）呼韩邪单于到长安朝见汉宣帝，呼韩邪是第一个到中原朝见的单于，汉宣帝像对待贵宾一样招待他，亲自到长安城外去迎接他，为他举行了盛大的宴会。

呼韩邪在长安住了一个月，回去的时候，汉宣帝派长乐卫尉董忠、车骑都尉韩昌等，带领1.6万名骑兵护送他回国。还派人先后送去了3.4万斛粮食接济匈奴人。

汉宣帝死了以后，他的儿子元帝即位。没几年，匈奴郅支单于侵略西域各国，还杀了汉朝派去的使者。汉朝联合西域各国，打下了郅支城，杀了郅支单于。

郅支单于一死，呼韩邪单于的地位稳定了。汉元帝竟宁元年（公元前33年）正月，呼韩邪单于又一次到长安来。他为了表示要和汉朝世世代代友好下去，请求汉元帝答应他跟汉朝结亲。汉元帝同意了他的请求。

以前，汉朝与匈奴和亲，都得选个公主或者宗室的女儿。这次，汉元帝决定挑个宫女代替公主。他吩咐太监到后宫传话："愿意到匈奴去的，皇上就把她当公主对待。"

后宫的宫女都是民间选来的。她们一进皇宫，就好像飞鸟被关进了笼子，失去了自由，都盼望有一天能把她们放出宫去。可是现在要远出塞外，嫁到匈奴去，那里天寒地冻，语言不通，生活习惯大不一样，因此，她们又都犹豫起来，不愿意报名应选。

有个叫王嫱的宫女，出身于小康家庭，幼年念过几年书，学名叫做昭君。她刚被选入宫中不久，还没见过皇帝。听说匈奴要与汉朝和亲，觉得这是关系到匈奴和汉朝友好的大事，便报名应征到匈奴去。经办这件事情的官员，禀明了元帝。元帝吩咐为王昭君准备嫁妆，并且找了匈奴女人，给王昭君讲解匈奴的生活习惯，教她学习匈奴语言，演奏琵琶、胡琴等西域地方乐器。王昭君聪明勤学，没有多久，就都学会了。

到了结婚那天，新郎呼韩邪单于按照汉朝的风俗习惯，亲自来长安迎娶新娘王昭君。新郎新娘拜见了汉元帝。汉元帝赏赐他们许多财物，并设宴为他们送行。新郎新娘离开长安去匈奴的时候，文武百官一直送到十里长亭。王昭君抱着琵琶，骑在马上，内心交织着欢乐和忧愁的情绪出发了。王昭君在马上思索了一阵，很快地就把自己这种矛盾的心情谱成了一首曲子，一边走着一边弹奏起来，人们把这首曲子称为《昭君怨》。其实，这首曲子的内容并不完全是忧愁怨恨的情绪。后来有人把王昭君叫做汉明妃，《昭君怨》

就又被人叫做《明妃曲》。

王昭君出塞到了匈奴，帮助呼韩邪发展匈奴的生产事业，改革了一些牧民的风俗习惯。从王昭君到匈奴时候起，匈奴人学会了使用从汉朝输入的农业生产工具，逐步发展了农业生产，基本上解决了粮食的自给。随着农业生产的发展，畜牧业更加发达，出现了人畜两旺的繁荣景象。

王昭君是匈奴单于的妻子，地位与汉朝的皇后差不多，出塞以后，便不能轻易回到汉朝。可是王昭君非常热爱和思念自己的父母之邦。经常派人送信回来，有时还叫单于派使者送些匈奴的土特产奉献给汉朝皇帝。汉朝皇帝也回赠一些金银珠宝和绸缎。

王昭君年老的时候立下遗嘱，要求在她死后安葬在归化（今内蒙古自治区呼和浩特市）郊外，坟墓要坐北朝南，让她能够遥望自己的父母之邦。她去世以后，她的子女们在归化郊外选了一块向阳的水草丰茂的小坡地，为她修建了坟墓。沙漠地区寒冷干燥，大多数地方只在夏季很短的一段时间才长青草。可是，据说昭君墓得天独厚，墓上的草生长期特别长，一年大部分时间都是青葱葱的。因此，后人就把昭君墓称为"青冢"。

王昭君为了汉族和匈奴族的友好，自愿远嫁匈奴。从此以后，匈奴和汉朝长期和睦相处，60多年没打仗，昭君为祖国民族大家庭的团结做出了贡献。她这种自我牺牲的精神，受到后人的称赞。

王莽篡汉改制

王昭君出塞的那一年，汉元帝得重病去世了，他活了42岁。

汉元帝去世后，他的儿子刘骜即位，史称汉成帝。汉成帝是个荒淫的皇帝，即位以后朝廷的大权逐渐落在外戚手里。成帝的母亲、皇太后王政君有8个兄弟，除一个兄弟王曼早年死去外，其他 7 个都被封为侯。其中最大的王凤还被封为大将军。

王凤掌了大权，他的几个兄弟、侄儿都十分骄横奢侈。只有他的侄儿王莽，没有那种骄奢的习气，读书也很尽力，把四书五经读得个滚瓜烂熟。他像平常的读书人一样，做事谨慎小心，生活也比较节俭。人们都说王家子弟数王莽最好。

对于担任大司马、大将军的大伯王凤，王莽像孝敬自己的父亲那样孝敬他。王凤病重的时候，王莽亲尝汤药，端屎端尿，不嫌脏，不怕累。王凤被王莽的这种行为感动了，临死以前，他向皇太后和汉成帝推荐王莽。这样，王莽才被任命为黄门郎，接着被提拔为射声校尉。

永始元年（公元前 16 年），由于叔叔王商的推荐，王莽拜为新都侯、光禄大夫。又过几年，他的叔叔、大司马骠骑将军王根年老退休，王莽就代替他做了大司马，掌握了朝政大权。

王莽是王家的第五个大司马，前四个都是他的伯伯叔叔。为了使自己的名声能够超过他的前辈，王莽恭谨勤劳，不知疲倦地工作。他还很注意招揽人才，有许多读书人慕名而来投奔他，不论地方远近，出身贵贱，他都一概收用，委以官职。为了收服人心，他把从自己封邑里收来的钱和粮，都拿出来赠送给宾客，而自己家里却过着十分俭朴的生活。这样，王莽舍己为人、克己奉公、勤俭朴素的名声就传开了。

汉成帝死后，10 年内，就换了两个皇帝——哀帝和平帝。汉平帝即位的时候，年纪才 9 岁，王政君以太皇太后身份临朝，王莽为大司马，总揽朝政。

这时的皇室中，仅有成帝、哀帝的外戚，以及王莽自己的一个叔叔王立，能够与王莽相争权。为防止他们对王莽的权力构成的潜在威胁变成现实，王莽通过逼他们自杀等各种方法，把他们一个个清除或挤走了。然后，王莽又在朝廷中安插自己的亲信，让他们做了大官。王莽还把自己的女儿嫁给汉平帝做皇后，这样，他又多了"国丈"这一身份，地位更加显赫了。

公元 2 年，中原发生了旱灾和蝗灾。由于多少年来，贵族、豪强不断兼并土地，剥削农民，逢到灾荒，老百姓没法活下去，都骚动起来。为了缓和老百姓对朝廷和官吏的愤恨，王莽建议公家节约粮食和布帛。他自己先拿出 100 万钱，30 顷地，当作救济灾民的费用。他这样一起头，有些贵族、大臣也只好拿出一些土地和钱来。王莽也因此而获得了很好的名声。

太皇太后把新野的 2 万多顷地赏给王莽，他推辞了。然后，王莽就派 8 个心腹大臣到各地方去宣扬王莽怎么怎么虚心，怎样怎样谦让。当时，中小地主都恨透了兼并土地的豪强，一听王莽连封给他的土地都不要，就觉得他是个了不起的好人。王莽越是不肯受封，越是有人要求太皇太后封他。有人还收集了各种各样的文字歌颂王莽。王莽的威望就越来越高了。

王莽的地位一天天提高，汉平帝也一年年长大了，他已经长到 14 岁了，多少懂得了一些事情。汉平帝看出王莽的野心不小，内心又是害怕，又是怨恨。

王莽也渐渐感到逐渐成年的平帝可能对自己的权力扩张构成不利，因此一直也在寻找机会杀害平帝。

有一天，大臣们给汉平帝祝寿。王莽亲自献上一杯毒酒。汉平帝没有怀疑，接过来喝了……第二天，宫里传出话来，说汉平帝得了重病，没有几天就死了。王莽还当众使劲地痛哭了一场。

汉平帝死的时候才 14 岁，当然没有儿子。王莽从刘家的宗室里找了一个两岁的幼儿为皇太子，叫做孺子婴。王莽自称"假皇帝"（"假"是代理的意思）。有些文武官员想做开国元勋，迎合王莽的心意，劝王莽即位做皇帝。一直以推让出名的王莽这会儿也不再推让了。于是，王莽向太皇太后去讨汉朝皇帝的玉玺。太皇太后这才大吃一惊，不肯把玉玺交出来。后来被逼得没法子，只好气愤地把玉玺扔在地上。

公元 8 年，王莽正式即位称皇帝。改国号叫"新"，王莽自称"新皇帝"，都城仍在长安。这样，从汉高祖称帝开始的西汉王朝，统治了210多年，到这时就结束了。

王莽做了皇帝以后，为了显示他的威德，也为了巩固统治，解决西汉末年社会上出现的各种矛盾，实行了一系列制度上的变革，这在历史上叫做"王莽改制"。

王莽改制最突出的一件事就是改变土地制度。他规定全国的土地都不允许自由买卖，而由政府按人口重新分配。这实际上是把奴隶社会时期的井田制重新又搬了回来。在奴隶制社会里实行井田制，能够促进社会生产力发展。但当时已是封建社会，如果还要实行井田制，就会限制农民生产的积极性，从而阻碍社会生产力的发展。结果，土地制度变革实施不到3年，就被王莽无奈地下令取消，土地自由买卖可照旧进行。

王莽还推行了几次货币制度变革，结果也是改来改去，甚至于把古代一度用作交易媒介的贝壳也规定作为货币使用，逼着老百姓兑换来兑换去，造成了极大的混乱。最后，钱越改越小，无形中老百姓手中的钱都被搜刮光了。商人也都不敢做买卖了。

王莽还施行了其他一些制度变革，可是到头来除了扰民以外，什么也行不通，结果更加激化了社会矛盾。王莽为了转移人民的视线，就派兵去征伐匈奴、高丽、西南夷和西域，这就又引起了各部族的反对。同时，浩大的军费开支又加重了老百姓的负担。

在王莽这些倒行逆施的反动统治下，人民生活十分痛苦。当时全国各地又普遍发生了旱灾和蝗灾。在北方由于闹饥荒，出现了人吃人的惨剧；在南方人们成群结队到沼泽地里去挖野菜来充饥。关中地方四处流亡的几十万饥民，因为得不到救济，饿死的占十分之七八。王莽又加重捐税，纵容残酷的官吏，对老百姓加重刑罚。这样，社会矛盾就进一步激化了。

绿林、赤眉起义

王莽的残酷压榨，加上一连串的天灾，逼得农民走投无路，纷纷起义。东方和南方都有大批的农民起来反抗官兵。

公元17年，南方荆州闹饥荒，老百姓不得不到沼泽地区挖野荸荠充饥。人多野荸荠少，引起了争夺。新市（今湖北京山东北）有两个有名望的人，一个叫王匡，一个叫王凤，出来给农民调解说：“我们如今这样的惨状，都是地主恶霸和王莽政权的罪恶，大家何不联合起来，与他们打呢？”这话启发了大家，受到农民的拥护。大家就公推他们当首领。

王匡、王凤就把这批饥民组织起来起义，一下子就聚集了数百人，还有不少逃亡的犯人也来投奔他们。

王匡他们占领了绿林山（今湖北大洪山）作为根据地，攻占附近的乡村。不到几个月工夫，这支起义军发展到七八千人。

在王莽地皇二年（公元21年），王莽派了两万官兵去围剿绿林军，结果被绿林军打得大败而逃。绿林军趁势攻下了几座县城，打开监狱，放出囚犯；把官家粮仓里的粮食，一部分分给当地穷人，大部分搬到绿林山。投奔绿林山的穷人越来越多，起义军增加到5万多人。

第二年，正当起义军迅速发展的时候，绿林山上不幸发生了疫病，5万人差不多死了一半。还有一半只好离开绿林山，后来分作三路人马——新市兵、平林（今湖北随县东北）兵和下江（长江在湖北西部以下叫下江）兵。这三路人马各自占领一块地盘，队伍又强大起来了。

当南方的绿林军在荆州一带打击官兵的时候，东方的起义军也壮大起来。琅琊海曲（今山东日照县）有个姓吕的老大娘，儿子是县里的一个公差，因为没肯依县官的命令毒打没钱付税的穷人，被县官杀害了。这一来激起了公愤。有上百个穷苦农民起来替吕母的儿子报仇，杀了县官，跟着吕母逃到黄海，一有机会就上岸打官兵。起义军迅速扩大到 1 万多人。这次起义历史上称吕母起义。

这时候，另一个起义领袖樊崇带领几百个人占领了泰山。吕母死后，她手下的人就投奔了樊崇起义军。不到一年工夫，就发展到一万多人，他们在青州和徐州之间来往打击官府、地主。

樊崇的起义军保持着穷苦农民的淳朴作风，很讲纪律，规定谁杀死老百姓就要被处死，谁伤害老百姓就要受罚。所以，百姓都拥护他们。

公元 22 年，王莽派太师王匡（和绿林军中的王匡是两个人）和将军廉丹率领 10 万大军去镇压樊崇起义军。樊崇做好准备，跟官兵大战。为了避免起义兵士跟王莽的兵士混杂，樊崇叫他的部下都在自己的眉毛上涂上红颜色，作为识别的记号。这样，樊崇的起义军得了一个别名，叫"赤眉军"。

王莽的军队和赤眉军打了一仗。结果，官兵打了败仗，逃散了一大半。太师王匡的大腿被樊崇扎了一枪，逃了回去；将军廉丹在乱军之中被杀了。赤眉军越打越强，发展到了 10 多万人。

绿林、赤眉两支起义大军分别在南方和东方打败王莽军的消息一传开，别的地方的农民也都活跃起来。黄河两岸的大平原上大大小小起义军有几十路。有一批没落的贵族和地主、豪强也乘机起兵，反对王莽。

南阳郡春陵（今湖南宁远北）乡的豪强刘縯（音 yǐn）、刘秀兄弟两人，因为王莽废除汉朝宗室的封号，不许刘姓人做官，心里怨恨，发动族人和宾客七八千人在春陵乡起兵。他们和绿林军三路人马联合起来，接连打败了几名王莽的大将，声势逐渐强大起来了。

绿林军的几支队伍缺乏统一的指挥。将士们认为人马多了，必须有个首领，才能统一号令。一些贵族地主出身的将军，利用当时有些人的正统观念，认为一定要找一个姓刘的人当首领，才能符合人心。绿林军里姓刘的人很多，该推谁做首领呢？春陵兵想推刘縯，可是新市和平林兵的将领怕刘縯势力太大，一定要立一个破落的贵族刘玄做皇帝。刘縯又提出等消灭了王莽、收服赤眉军以后，再立皇帝，也遭到反对。刘縯觉得自己力量不够，也只好同意了。

公元23年，绿林军各路将士就正式立刘玄做皇帝，恢复汉朝国号，年号"更始"，所以刘玄又称更始帝。更始帝拜王匡、王凤为上公，刘縯为大司徒，刘秀为太常偏将军，其他将领也各有各的封号。从那时候起，绿林军又称为汉军。

王莽见农民起义军已经成为燎原之势，他在忐忑不安中准备和汉军决一死战。

昆阳大战

更始帝刘玄即位后，派王凤、王常、刘秀进攻昆阳（今河南叶县）。他们很快地打下了昆阳，接着又打下了临近的郾城（今河南郾城县）和定陵（今河南舞阳县）。

王莽听到起义军立刘玄为皇帝，已经忐忑不安，如今连失了几座城池，更是又急又怕，立即派大将王寻、王邑率兵43万人，从洛阳出发，直奔昆阳。

为了虚张声势，王莽军物色了一个巨人，名叫巨毋霸，巨毋霸长得个子特别高，身子又像牛那样粗大。他还有一个本领，就是能够驯养老虎、豹、犀牛、大象。王莽派他为校尉，让他带了一批猛兽上阵助威。

驻守在昆阳的汉军只有八九千人。有的将领在昆阳城上望见王莽的军队人马众多，怕对付不了，主张放弃昆阳，回到原来的据点去。刘秀没有这样想，他对大家说："现在我们兵马和粮草都缺少，全靠大家同心协力打击敌人；如果大家散伙，昆阳一失守，汉军各部也被消灭。"

众位将领觉得刘秀说得有道理，但是又觉得王莽军兵力强大，死守在昆阳也不是个办法。商量的结果，就决定由王凤、王常留守昆阳，派刘秀带一支人马突围出去，到定陵和郾城去调救兵。

这天晚上，刘秀带着12个勇士，骑着快马，趁黑夜冲杀出昆阳城南门。王莽军防备不足，他们冲出了重围。

昆阳城虽然不大，但是挺坚固。王莽军凭着人多武器精，认为攻下昆阳不在话下。他们制造了一座座10多丈的楼车，在楼车上不断地向城里射箭，箭像雨点一样向城里射来。城里的人到井边打水，也不得不背着门板挡箭。王莽军又用橦（音chōng）车撞城，还挖掘地道想打进城里去。但是昆阳城里的汉军，防守得也很严密，城始终没被王莽军攻破。

刘秀到了定陵，想把定陵和郾城的人马全部调到昆阳去。但是有些汉军将领贪图财产，不愿意离开这两座城。刘秀劝他们说："现在咱们到昆阳去，把所有的人马集中起来。打败了敌人，可以成大事，立大功。要是死守在这里，敌人打来了，咱们打了败仗，连性命都保不住，还谈得上财物吗？"将领们被刘秀说服了，才带着所有人马跟着刘秀上昆阳来。

刘秀亲自带着步兵、骑兵1000多人组织一支先锋部队，赶到昆阳，他们在离王莽军四五里的地方摆开了阵势。王寻、王邑一瞧汉军人少，只派了几千兵士对付。刘秀趁敌军还没有站稳阵脚，先发制人，亲自指挥先锋部队冲杀过去，一连杀了几十个敌人。汉军前来救援的大队人马赶到，见刘秀的先锋部队打得勇猛，也鼓起了勇气，几路人马一齐赶杀过去，王寻、王邑被迫后退。汉兵乘胜猛击，越战越勇。

刘秀带着3000名敢死队，向王莽军的中坚部队冲杀过去。王寻一看汉军人少，不放在眼里。他亲自带着一万人马跟刘秀交战。但是一万人还真打不过刘秀的敢死队。打了一阵，王寻的军队开始乱了起来。汉兵越打越有劲儿，大家看准王寻，围上去乱砍乱杀，结果了王寻的性命。

昆阳城里的汉军王凤、王常，一见外面的援军打了胜仗，就打开城门冲了出来，两下夹攻，喊杀的声音震天动地。王莽军一听主将被杀，全都慌了神，乱奔乱逃，自相践踏，沿路100多里，丢下大批王莽军的尸首。

这时候，天空突然暗了下来，响起了一声大霹雳，接着狂风呼啸，大雨像倾盆一样地直倒下来。巨毋霸带来助威的猛兽，也吓得直打哆嗦，不但不往前冲，反而往后面乱窜。汉军一股劲儿往前追杀，王莽军好像决了口子的大水一样直往今河南鲁山沙河方向逃奔，兵士掉在水里淹死的成千上万，把沙河的河流也堵塞了。

大将王邑、严尤带着王莽军逃回洛阳的时候，43万大军只剩下几千人。汉军打扫战场，战场上到处都是王莽军丢下的兵器、军车、粮草。汉军搬了一个多月，都没有搬完，最后放了把火，把剩下的烧了。昆阳大战汉军大胜的消息，鼓舞了各地人民，纷纷起来响应汉军。有不少人杀了当地的官员，自称将军，等待汉军的命令。

更始帝派大将申屠建、李松率领汉军乘胜进攻长安。王莽惊慌失措，把监狱里的囚犯都放出来，拼凑成一支军队，抵抗汉军。这样的军队怎么肯替王莽打仗，还没有接触，就陆续逃散了。

攻打长安的汉军很快打到长安城下，从东北方的宣平门攻入城内。城里的居民在少年朱弟、张鱼的号召下起义，跟汉军一同围攻王莽的宫殿，放火烧掉未央宫的大门。大伙儿高声吆喝，要王莽出来投降。王莽走投无路，带了少数将士逃进了宫里的一座渐台。那座渐台，四面是水，火烧不到那里。

汉军把渐台一层层围起来，一直围上几百层，等渐台上的兵士把箭都射完了，汉兵冲上台去，其中有个对王莽改制痛恨入骨的商人杜吴，跑在最前面，一口气冲上渐台，杀死了王莽。汉军将士出于对王莽的仇恨，一块块地分割了王莽的尸体。

到此，维持了15年的王莽新朝，最终土崩瓦解了。昆阳大战王莽军的惨败，是导致其消亡的重要因素。昆阳大战中，昆阳城内外的汉军总共不过1万人，却击败了王莽的43万新军，这是中国古代史上以少胜多，以弱胜强的著名战例之一。

光武中兴

刘秀在昆阳大战中消灭王莽主力，立了大功。其兄刘缤也打下了宛城，兄弟二人的名声就越来越大了。暂时建都宛城的更始帝怕刘秀兄弟势力强大起来，会威胁自己的皇帝宝座，于是找了个借口把刘秀的哥哥刘缤杀了。

这时，刘秀正在别处，听说哥哥被刘玄杀了，内心又悲愤又恐惧。他知道自己的势力敌不过更始帝，就立刻赶到宛城，向刘玄谢罪。有人问起他昆阳大战的情形，他也一点儿不居功，说全是将士们的功劳，还把许多错误都揽在自己身上。他对刘玄也是百依百顺。

更始帝刘玄以为刘秀不记他的仇，反倒有点过意不去，拜刘秀为破虏大将军，但是仍然不敢重用。后来又把他派到河北去了。没想到，刘秀到了河北，不仅可以保全自己，免遭刘玄杀害，而且得到了一个扩大势力的机会。

王莽的新朝政权被推翻以后，黄河以北的地主势力害怕农民起义的烈火燃烧到他们那里，纷纷组织起了地主武装。他们见刘秀到来，就都前来归附。刘秀到了以后，废除了王莽时期的一些苛刻法令，释放了一些囚犯，一面消灭了一些割据势力，一面镇压河北各路起义军。这样，刘秀的势力逐渐壮大起来，在黄河以北站稳了脚跟。

公元25年，刘秀和他的随从官员认为时机成熟，就在鄗城自立为皇帝，他就是汉光武帝。而定都长安的更始帝却以为自己的江山已经坐定，整日在宫中饮酒作乐，不理朝政。赤眉军的首领樊崇眼看着更始帝不行了，就率领20万人进攻长安，推翻了更始帝。

赤眉军进入了长安，声势浩大，长安城里的老百姓扶老携幼、成群结队地来到街上表示欢迎。可是，几十万将士的口粮成了个大问题。富商和地主趁机囤积粮食，结果长安陷入一片混乱，天天都有人饿死。

正在赤眉军陷入困境之时，富有政治斗争经验的刘秀派大将邓禹一路打来，最终使赤眉军被迫投降。

刘秀镇压了农民起义军后，又消灭了割据陇右和蜀地的两个割据政权，从而结束了国家四分五裂的局面，最终统一了中国。他以洛阳为都城。因为洛阳在长安的东边，所以历史上称刘秀建立的汉朝为东汉，又叫后汉。刘秀是东汉第一个皇帝，历史上称他为汉光武帝。

连年的战事使老百姓苦不堪言，光武帝认为应当休养生息，只有这样才能兴复汉室，以保天下太平。光武帝决定缓和阶级矛盾，他调整了统治政策，来减轻百姓的压力，首先连下了九道释放奴婢和禁止残害奴婢的命令，接着废除新朝时期的苛捐杂税。

"民有嫁妻卖子，欲归父母者，恣听之。敢拘执论如律。""天地之性人为贵，其杀奴婢，不得减罪。"从建武二年和建武十一年所下的这两道诏书基本上可以看出光武帝的决心。他把主要精力放在如何处理朝政上，对于战争则尽量避免。从早到晚无闲暇，日理万机。他还和文武大臣们热烈讨论国富民强的办法及怎样兴利除弊，振兴汉朝。有的时候，他们整天整夜地研究，种种方略全是为百姓着想。公元30年，光武帝把田租从十税一恢复到西汉时期的三十税一；提倡节俭，整顿吏治，惩处贪官，这些举措得到了天下人的称赞，社会秩序明显好转。

光武帝有个儿子叫刘庄，已立皇太子，他很年轻，对于父亲不知疲倦，废寝忘食的处理朝政认为过于刻苦。有一次深夜他进宫见父亲还在伏案批束，熬得双眼通红，就劝道："父王，汉室兴复，大业显赫，应有黄帝、老子修身养性之福德，无须劳神伤体。"光武帝微微一笑道："虽济大业乐此不疲，虽见天下稍起成效，何足夸骄。国事权纲须慎重适度，不到之处尚多，岂能无视。封赏开朝功臣，使其少要参与政治，以保太平，多预谋士，三思而行，收敛兵刃，放还战马，停止武斗，方称圣贤。可明否？"一席话使刘庄深感到意外，明白了父亲中兴汉朝的雄伟胸怀，顿时暗自羞愧。

光武帝生活很俭朴，与历史上的各位帝王有所不同，他对女色看得相当淡漠，后宫只设一名皇后，几名嫔妃，而且她们的吃穿花销都有数量规定，每年的赏赐也很少。光武帝这样做，大大减轻了国家财政开支和人民的负担。但同时他也办了件错事，例如把土地随意赏赐给功臣王侯，造成官僚地主拼命抢占土地，天长日久竟然形成许多庞大的庄园，使社会分化加剧，民众普遍不满，从而留下严重的隐患，在封建社会土地集中极其正常，其主要责任并不在光武帝，但他的做法无疑助长了这种风气的蔓延。

光武帝实行中兴政策最明智的地方在于他谨慎地对待战争，有个叫卢芳的人，他依靠匈奴的势力，占据着今陕北和内蒙古一带，宣布称帝。但他打不过光武帝刘秀，先后两次投降又两次叛变，并且都是逃入匈奴避难。匈奴对东汉政权有所威胁，许多大臣乃至皇太子皆向光武帝建议讨伐匈奴。光武帝为保和平使农业生产顺利进行，坚决不采纳，战事的缓和是中兴的条件之一。

相比前朝的君主，光武帝的这种态度是十分正确的。他经历过战乱的岁月，深知百姓疾苦，也懂得王莽的覆灭是因为没有看到人民的力量，在治国之道上极力避免战争，安养民众，就这样，他所统治的10多年间，全国出现了较为安定的局面，经济恢复，人口增加。尽管如此，光武帝仍时常告诫皇太子和文武大臣，少说空话，多办实事，保持和平。这便是历史上著名的"光武中兴"。

同宗操戈

有个成语叫"同室操戈",后汉刘氏家族的人为当皇帝,同宗动刀、自相残杀的事情时常发生:刘玄怕刘缤抢他的皇位,杀了叔伯兄弟,而刘玄又被刘盆子打败惨亡,刘秀又将刘盆子降服。刘永也是皇族成员,他在建武元年刘玄势力瓦解后不久,于睢阳称帝,公开表示要与刘秀争夺天下。光武帝刘秀为保住他打下的江山就必须与刘永决一死战。

其实若按皇族支系谱来看,刘永要比刘秀更加具有当皇帝的资格。刘永也打着汉朝的旗号,占据今河南省东部、安徽省北部、山东省南部等大片土地,兵力雄厚。

光武帝于建武二年三月派虎牙大将军盖延带领数员战将率精兵浩浩荡荡,直奔睢阳,一路攻克襄邑、麻乡,进而包围睢阳城,把刘永困得动弹不得。但还没等盖延攻城,他手下有个叫苏茂的人忽然反叛,投降刘永,使汉军损失惨重。原来苏茂本是刘玄的部将,以后跟随了刘秀,可他对刘秀很有看法,这次被派来讨伐刘永他心里就非常不痛快,索性趁机反叛对付盖延。盖延气得怒火万丈,爆竹开花般破口大骂一番,坚持围城,死困睢阳。就这样过去了3个月,刘永被围得里无粮草,外无救兵,每况愈下,盖延一直没攻打城池,始终按兵不动,他将睢阳附近的麦子全部收走,断绝刘永的粮食来源。其实盖延不仅武艺高强,并且很有智谋,他猜测睢阳城内的情况必定相当困难,决定发动总攻击。

阴历六月三十半夜,汉军趁黑摸到睢阳城下,他们悄无声息运来一批梯子。慢慢往上爬。由于汉军围城3个月无战事,刘永的士兵们警戒十分松懈,再加又饿又乏的情绪,都懒得巡视,所以谁也没发现汉军,汉军登上墙头溜到城门前,拿掉铁栓,把门打开,盖延指挥手下兵将高声呐喊着冲入城内,刘永的士兵还未明白过怎么回事，就被乱刀砍死。此时刘永正在睡觉，他听见喊杀声，从梦中惊醒，知道是盖延打进来了，他慌忙携带家属和护卫由东门逃出，往虞县而去。盖延正式占领睢阳，刘永刚逃到虞县就给一伙来历不明的人拦住道路，对方二话没说，挥刀就砍，混战中刘永的妻子和老母都被杀死，刘永跑得快，幸免于难。

刘永又逃到谯县躲了起来，盖延乘胜追击，一路过关斩将，拿下薛县、萧县、彭城、浦郡各地，许多太守皆被杀，士卒投降。这时苏茂联合几员刘永的部将，率领 3 万大军赶往谯县，企图救刘永。经过与盖延一场血战，苏茂大败，伤亡惨重，只得夺路逃走。然而事情并未平息，建武三年（公元 27 年），谯阳又反了，迎接刘永入城，重整旗号，妄想东山再起，盖延气得双眼喷火，二度围城 3 个月，直到城中粮绝，刘永冒死突围，结果不是盖延的对手，兵将死伤无数，他的手下为投降保命，把他杀死，把首级奉献汉军。

刘永死了，但他的儿子刘纡逃出重围，以苏茂辅助，据守垂惠，称作梁王。他们在皖北、苏北一带活动，跟汉军战斗，极其顽强。盖延几次围剿效果不大。这时一件意外的事情发生了，平狄将军庞萌起兵叛乱，自称东平王，辅助刘纡，驻扎于桃乡以北，从前庞萌非常受刘秀的信任，所以叛乱后满朝哗然，刘秀险些气死，亲自率军讨伐庞萌。

3 万汉师围攻桃乡，但这不是刘秀的军队，刘纡也打着汉旗。刘秀带领3000 骑兵，步卒数万，赶到距桃乡 60 里外的任城。诸将军都想迅速出战，刘秀却按兵不动。

庞萌攻打桃乡 20 余日，毫无进展，伤亡惨重。刘秀从外围又调来大军，里应外合，将庞军打得人仰马翻，横尸累万。庞萌和苏茂什么都扔了，单骑去找刘纡，幸好刘纡还有几万兵力，驻扎在昌虑城中，先遣军一部分驻扎在城外 30 里的建阳县，以保护昌虑。刘秀与他们对阵良久就是不出兵，他说："昌虑、建阳均缺粮草，难以维持局面，自会退却，无需交战。"果然，5 日之后建阳军队退走。刘秀亲自指挥攻打昌虑，经过 3 天血战，终于占领全城，城内火光冲天，杀声四起，乱作一团。刘纡知道大势去矣，他疯了一般，叫手下人拼命抵抗。眼见刘秀的军兵越来越多，许多将士不愿再替刘纡作战牺牲，他们杀死刘纡，砍掉首级，向刘秀投降。可怜的刘纡，落得的下场与他父亲相差无几。

刘秀见到刘纡的首级，心中暗喜，这两个心腹之患已除，只需捉拿逃走的庞萌和苏茂了，然而他表面上没有高兴之色，又对同宗之情唏嘘一番方才作罢。庞萌逃到缯县大山里，夜晚趁黑逃亡，可终究没跑掉，被汉军追上杀死。苏茂下落不明，再无音信。

光武帝刘秀占据山东后，挺进中原，扩大势力，消灭了襄阳的秦丰，五当（今湖北十堰市东）的延岑，战到建武五年，与大将彭宠正面交锋。彭宠没能打过刘秀，拱手让出中原，从此刘秀成为中原的主人，一统天下。

董宣和郅恽

汉光武帝建立了东汉王朝以后，采取休养生息的政策。例如减轻一些捐税，释放奴婢，减少官差，还不止一次地大赦天下。因此，东汉初年，经济得到了恢复和发展。

汉光武帝懂得打天下要靠武力，治理天下还得注意法令。不过法令也只能管老百姓，要拿它去约束皇亲国戚，那就难了。

汉光武帝的大姐湖阳公主就依仗兄弟做皇帝，骄横非凡，无视法令。她的奴仆也不把朝廷的法令放在眼里。但是，当时也出了一些执法严明、敢于跟皇帝贵戚、豪强地主做斗争的官吏，他们甚至不怕丢掉自己的乌纱帽和性命，也要维护法律的尊严。外号叫做"强项令"的洛阳令董宣就是其中的一个。

湖阳公主有一个家奴仗势行凶杀了人。凶手躲在公主府里不出来。董宣不能进公主府去搜查，就天天派人在公主府门口守着，只等那个凶手出来。一天，湖阳公主坐着车马外出，跟随着她的正是那个杀人凶手。董宣得到了消息，就亲自带衙役赶来，拦住湖阳公主的车。

湖阳公主认为董宣触犯了她的尊严，沉下脸来说："好大胆的洛阳令，竟敢拦阻我的车马？"董宣可没有被吓倒，他当面责备湖阳公主不该放纵家奴犯法杀人。他不管公主阻挠，吩咐衙役把凶手逮起来，当场就把他处决了。湖阳公主气得赶到宫里，向汉光武帝哭诉董宣怎样欺负她。

汉光武帝听了，十分恼怒，立刻召董宣进宫，吩咐内侍当着湖阳公主的面，责打董宣，想替公主消气。董宣说："先别打我，让我说完了话，我情愿死。"汉光武帝怒气冲冲地问："你还有什么话可说的？"

董宣说："陛下是一个中兴的皇帝，应该注重法令。现在陛下让公主放纵奴仆杀人，还能治理天下吗？用不着打，我自杀就是了。"说罢，她挺起头就向柱子撞去。

汉光武帝连忙吩咐内侍把他拉住，董宣已经撞得血流满面了。汉光武帝知道董宣说得有理，也觉得不该责打他。但是为了顾全湖阳公主的面子，要董宣给公主磕个头赔个礼。

董宣宁愿把自己的头砍下来，怎么也不肯磕这个头。内侍把他的脑袋往地下摁，可是董宣用两手使劲撑住地，挺着脖子，不让把他的头摁下去。内侍知道汉光武帝并不想把董宣治罪，可又得给汉光武帝下个台阶，就大声地说："回陛下的话，董宣的脖子太硬，摁不下去。"汉光武帝也只好笑了笑，下命令说："把这个硬脖子撵出去！"

湖阳公主见汉光武帝放了董宣，心里很气，对汉光武帝说："陛下从前做平民的时候，还收留过逃亡的和犯死罪的人，官吏不敢上咱家来搜查。现在做了天子，怎么反而对付不了小小的洛阳令？"汉光武帝说："正因为我做了天子，就不能再像做平民时候那么干了。"汉光武帝不但没办董宣的罪，还赏给他30万钱，奖励他执法严明。董宣回到官府把这笔钱全分给了他手下的官员。以后，董宣继续打击不法的豪门贵族。洛阳的土豪听到他的名声都吓得发抖。人们都称他是"卧虎令"。

当时，敢于执法的官员除了董宣以外，还有一个管洛阳城门的小官，名叫郅恽。别看郅恽官职低，这老头可倔得很。郅恽的耿直早在30年前王莽篡政的时候就已名满天下。刘秀做皇帝后，听说过他的学问和品德，本想重用，见他年老体弱，认为没多大用处，就让他做了个管城门的小官，他也不推辞，干得挺认真。

有一次，汉光武帝带了一批人，到洛阳郊外去打了一天猎，回城的时候，已经是深夜。皇帝的车驾到了上东门，城门早已关了。随从打猎的侍从叫管城门的开门，郅恽拒绝了。

过了一会儿，汉光武帝亲自策马立到桥边，吩咐郅恽开门。不料郅恽说："夜里看不清楚，不管是谁要进城，还是按朝廷的规矩不能随便开门。"汉光武帝只好绕道到东中门进城。

第二天，汉光武帝正想找郅恽责问，不想郅恽的奏章已经送上来了。奏章上说："陛下跑到遥远的山林里去打猎，白天还不够，直到深夜才回来。这样下去，国家大事怎么办？"汉光武帝看了奏章，肚子里的气就没有了，连声说："这倔老头子果然有胆量、有见识！"于是，命人赏给郅恽100匹布，把那个管东中门的官员降了职。

光武帝能够做到这一步已很不容易了，他不愧为一个豁达贤明的皇帝。

老将马援

汉光武帝靠武力夺取了天下，他手下有批出身豪强地主的大将、谋臣，他们都是帮光武帝打天下立过功的，其中功劳最大的有28个。汉光武帝死后，他的儿子汉明帝刘庄把28人的肖像画在南宫的云台上，称为"云台二十八将"。

但是在28将之外，还有一名大将，他的名字虽然没有留在云台上，在历史上却很有名气。他就是老当益壮的马援。

马援在王莽统治的时候，做过扶风郡（治所在今陕西兴平东南）的督邮。有一次，郡太守派他送犯人到长安。半路上，他看犯人哭得挺伤心，就把他们放走了，自己也只好丢了官，逃亡到北地郡躲起来。后来在那边搞起畜牧业和农业来。

不到几年工夫，马援成了一个大畜牧主，有了牛羊几千头，还积蓄了几万斛粮食。

但是马援并不想一直留在那里过富裕的生活。他把自己积贮的财产牛羊，分送给他的兄弟朋友。他说："一个人做个守财奴，太没有出息了。"

他还说："男子汉大丈夫，应该有远大志向。越穷越坚强，越老越健壮。"（文言叫做"穷当益坚，老当益壮"）

王莽失败后，马援投奔了汉光武帝，立了很多战功。

公元 44 年秋天，马援从外面打仗回来，有人劝他说："您已经够辛苦的了。还是在家里休养休养吧。"

马援豪迈地说："不行，现在匈奴和乌桓还在骚乱，我正要向皇上请求保卫北方。男子汉大丈夫，死应该死在边疆上，让别人用马革裹着尸首送回来埋葬。怎么能老待在家里跟妻子儿女过日子呢。"

不久，匈奴和乌桓果然接连侵犯北方。汉光武帝派他去守襄国（今河北邢台西南）。匈奴和乌桓跟汉兵打了几仗，没能取胜，就逃走了。

北方平定下来不久，南边五溪（今湖南、贵州交界的地方）有一个部族，打到了临沅县，汉光武帝两次派兵征讨，都被五溪部族打败。

汉光武帝为了这件事很担忧。那时候马援已经 62 了，但还是请求让他带兵去打仗。汉光武帝瞧了瞧马援，见他的胡子都白了，说："将军老了，还是别去吧！"

可是马援不服老，就在殿前穿上铠甲，跨上战马，雄赳赳地来回跑了一圈。汉光武帝不禁赞叹说："好硬朗的老人家！"就派他带领马武、耿舒两名将军和 4 万人马去攻打五溪。

马援的军队到了五溪，因为不适应南方的气候，有好些兵士中暑死去，马援自己也得了病。有人向汉光武帝挑拨是非，说是马援指挥错误。汉光武帝就派中郎将梁松去责问马援，并且去监督马援的军队。

梁松是汉光武帝的女婿，一向骄横自大。梁松的父亲原来是马援的朋友。马援看不惯梁松那股骄横劲儿，曾经批评过他，梁松从此记恨起马援。

梁松到了五溪，马援已经害病死了。但是梁松还不肯罢休，向汉光武帝告了一状，说马援不但指挥作战犯了错误，而且上次在南方的时候，私下里搜刮了大批珍珠。跟马援一起的马武也跟着一起诬陷，说马援回家时确实装了整整一车珍珠。

这回，汉光武帝真的相信了，下令革了马援的爵位（马援本来封新息侯），还要追查马援的罪责。

等到马援的棺材运到家里，他妻子马夫人不敢报丧，偷偷地把棺材埋在城外，连以前跟马援要好的朋友和宾客也不敢上马家吊丧。

马夫人亲自到宫里向汉光武帝去请罪，汉光武帝怒气冲冲地把梁松的奏章扔给她。马夫人一看到奏章，才知道她丈夫受了天大的冤屈。原来马援在南方的时候，害了风湿症。有人告诉他，当地出产的薏苡（音 yì yǐ，又叫米仁）可以治风湿。马援吃了一点，果然见效，回家的时候，叫人买了一批颗粒大的薏苡，用车装了带回来。梁松、马武偷眼看到过这些东西，就捕风捉影，把薏苡说成珍珠，告了马援一状，害得马援革了爵位，坏了名誉。

马夫人一连 6 次向汉光武帝上奏章申诉。还有一个名叫朱勃的人，听到马援的冤屈，也大胆地上了奏章替马援申冤。

汉光武帝看了马夫人和朱勃的奏章，才准许马家把马援安葬，也不再追查马援的罪。

马援"马革裹尸"的故事，一直流传至今，他用行动实现了他的豪言壮语。

班超投笔从戎

班超是东汉人，著名史学家班固的弟弟。他的父亲班彪曾为光武帝整理西汉历史。班超为促进中西经济和文化的交流做出了杰出贡献，献出了毕生精力。

班超是个胸有大志、勤奋好学的人。在少年时代，他读了不少古代书籍，其中深深感染了他的是张骞通西域的故事。班超非常仰慕西汉的张骞，他立志要像张骞那样为国为民干出一番事业来。

班彪死了以后，汉明帝叫班固做兰台令史，继续完成其父亲所编写的《汉书》，这是一部记载西汉历史的书。班超就跟着哥哥做抄写工作。但他时刻向往着能在战场上报效国家。

当时，住在蒙古高原的北匈奴贵族经常带兵进攻东汉北方郡县，焚烧城邑，抢人、抢牲口；还控制了西域各族政权，强行征收贡赋，断绝了西域与东汉之间的交通。西域是指甘肃玉门关和阳关以西，葱岭以东，新疆天山南北等地区。西域有大大小小几十个政权。西域方面曾多次派使者到洛阳，请求东汉政府派兵驱逐匈奴的势力。

汉明帝时，国力强盛，汉朝决心解除北匈奴的威胁，扫除西域和东汉之间交通的障碍。消息传到洛阳，班超慨然扔下手中的笔，感叹道："大丈夫没有别的志愿和谋划，还是应当以张骞为榜样，立大志，在异域建立功勋，争取封侯，怎能长期生活在笔砚之间呢？"从此他毅然投笔从军。

公元 73 年，东汉政府派窦固带领军队，分道出塞，攻打北匈奴统治者，班超跟随窦固出征。在这次战争中，班超初露头角，他以假（即代理）司马的军职带领一支队伍，出击伊吾卢（哈密附近），大战于蒲类海，建立了赫赫战功。

窦固很赏识班超的才能。不久，东汉政府为了恢复和西域各国的交往，决定派官吏前往。窦固便派班超出使西域。

班超奉命出使。他率领 36 名随从首先到达西域的鄯善（今新疆若羌）。起初，鄯善王热情地款待班超一行人。可是过了几天，鄯善王的态度忽然变得疏远起来。班超心中犯疑，心想其中必有缘故。后来他从侍者口中了解到，原来是匈奴的使者带兵到鄯善已经 3 天了，正在鄯善进行活动。鄯善王迫于匈奴人的威胁，不敢再与汉朝的使者亲近了。班超立即召集随行的 36 人商量对策。他分析了他们当时的处境，说："假如鄯善王把我们交给匈奴人，那将死无葬身之地，不入虎穴，焉得虎子，现在只有以死相拼。咱们乘夜杀了匈奴人，这样才能逢凶化吉。"

当晚，夜深之后，班超率领 36 名随从向匈奴营舍发动了袭击。他命令 10 名士兵带着军鼓，潜伏到匈奴营舍后面；其余的人带着刀弓箭弩，来到营舍前面。看到时机成熟，班超命令士兵沿着营舍周围点火。当天恰巧狂风骤起，又是顺风放火，风借火势，火借风威，整个营舍顿时燃烧起来。营舍后面的 10 名士兵立即拼命击鼓，大声喊叫，以张声势。匈奴使者从梦中惊醒，惊慌失措，四散奔逃。班超等人乘乱斩杀匈奴使者，班超亲手杀了 3 个，随从们杀了匈奴使者及随从 30 多人，剩下的 100 多人全部被烧死了。

天一放亮，班超带领随从提着匈奴使者的人头去见鄯善王。这一果断的行动粉碎了匈奴使者的阴谋，也使鄯善王下决心与匈奴决裂，一心与东汉复通和好。

班超的智勇双全，深得东汉政府的赏识。朝廷又命班超作为汉朝使者继续西行到达于阗。这次班超早有思想准备，他以鄯善国为例，先打消了于阗王的顾虑，争取了于阗王。于阗王主动杀了匈奴贵族派在那里的"监护"使者，与东汉和好。

西域的另一古国龟兹，国王在匈奴贵族的支持下，仗势欺负疏勒国，派人把疏勒国王杀死，另立龟兹人兜题为王。公元 74 年，班超到达疏勒，他派部下杀了兜题，平息了疏勒的政变，随后召集文武大臣，重新扶立原来疏勒王室的人为王，班超的举动，赢得了疏勒人的拥护，使班超在西域获得了很高威望。

经过班超的努力，西域大部分地区与东汉重新建立了互相信赖的友好关系。西域各国从王莽执政时期起，跟汉朝不相往来已经有 65 个年头了。到了这时候，才恢复张骞通西域时双方通商的局面。

公元 75 年，匈奴又大举进攻西域，东汉政府命班超从西域撤回，但西域人民都不愿他离开。疏勒人听说班超要回汉朝，举国忧恐；于阗王侯大臣也极力挽留他，抱着班超坐骑前腿哭泣着不放他走，班超只得又留下来，回到了疏勒。

从公元 73 年到公元 102 年的近 30 年中，班超始终留在遥远的西域。尽管东汉政府派兵几次打败匈奴的进攻，但当时匈奴贵族的势力仍很大，经常对西域各小国进行威胁煽动，使这些小国的态度变化无常，而班超的处境则既困难又危险。但班超有勇有谋，能言善辩，恩威并举，他注意团结弱小，依靠主张与汉和好的于阗、疏勒等小国，打击为匈奴贵族效力的龟兹等国的上层分子，使西域各国纷纷归汉，加强了中原地区与西域各国的交往，通往西方的、中西文化、经济交流的要道——丝绸之路，重新畅通。班超因功被任命为西域都护，封"定远侯"。

班超在西域整整活动了近 30 个年头。公元 102 年，71 岁的班超上书汉帝，"但愿生入玉门关"，请求回归中原。当年秋，班超回到了都城洛阳，拜为射声校尉，病卒在洛阳。

刘庄开拓中兴之路

建武三十年，光武帝中兴的理想基本实现了。有大臣建议他去泰山封禅。封禅是一种祭拜天地典礼。光武帝认为封禅劳民伤财，过于炫耀，所以没有去。直到建武三十二年，光武帝无意读到一本书，上面写着黄帝登泰山封禅后成了神仙，他便动了心。光武帝是个挺迷信的人，前思后想许久，也终于决定到泰山去，封禅归来，光武帝为讨吉利，改年号为中元，并且修了许多礼堂、观象台、天文台。他还下令屯田和开垦荒地，重新统一度量衡，光武帝的晚年依然为中国文化与经济的发展而努力奋斗。直到中元二年二月，一代英豪光武帝刘秀逝世，终年 63 岁。

光武帝在位 34 个春秋，政绩醒目，特别是光武中兴的历史，影响千秋万代。他临终之前下令说，丧事从简，节约费用，各地的官员不许到京城奔丧，要坚守职位。从这一点看来，光武帝是个比较务实的皇帝，不追求铺张，值得称道。

三月，光武帝被安葬于洛阳郊区的原陵，原陵很小，边长才360步，中间坟丘高约6丈，作为开国之君的陵墓，实在是相当俭朴了。

光武帝去世的当天，他儿子刘庄继承大统，后世称之为明帝。这是刘庄死后追谥的庙号。刘庄建立年号称之为永平。那年他已经30岁了，该如何治理国家，他心中很清楚。刘庄基本上继承了其父亲刘秀的遗志，以中兴为主，实行安邦之道。永平元年的新年，刘庄率领大臣公卿朝拜原陵，怀念先帝的丰功伟绩。随后刘庄便颁布了对农民的政策：各地方官员要顺应时节，不许搅扰农业生产，要增加生产力度；假如逃亡者或触犯律法者赎罪返回，可以从轻发落。这一系列的措施非常有利于农业生产，应该说明帝基本上在光武帝创造的条件下，继续恢复和发展了经济。

刘庄的麻烦事也不少，光武帝刚刚去世，西北地区羌族就发动了叛乱，与汉政府为敌，进犯陇西。在陇西金城郡，烧当羌族与地方的军队发生了激战，汉军被打得大败。刘庄接到传报，深感为难，如果这件事处理不好，他将毫无威信可言。幸好刘庄的头脑很冷静，迅速下诏："赦免陇西囚徒，每人减罪一等，免收当年租税。"这一举措无疑稳定了陇西的民心。

光武中兴，避免战事，刘庄也极力避开战争，但目前的特殊情况只有依靠武力来解决了。他派谒者张鸿出兵金城郡。张鸿由于轻敌，不久就被打败。刘庄认为敌兵太强大，决定派王牌军出征，由中郎将窦固和捕虏将军马成前去平剿烧当羌族。窦固很会打仗，又有马成做助手，经过几个月的战斗，终于讨伐成功，稳定住局面，打败羌族。

有一天，刘庄的三妹馆陶公主忽然来拜见他。馆陶公主极其客气地直接说道："陛下，大统中兴，万民之福。如今陛下已登基，请勿忘同胞，膝下一子，年龄16，可否封侯？"刘庄一听有些不知所措。原来馆陶公主的意思是给儿子讨个官位做，既然是公主的儿子，总不能随随便便封个官算了，而光武帝在世的时候，尽量避免亲戚参与政事，也轻易不肯把权力重大的职位交给亲戚。刘庄对此也很敏感，于是他学着父亲的经验做出决定：他婉言拒绝了馆陶公主的要求，赐钱千万，算是补偿。从这两件事来看，刘庄治理国家还是有能力的。

刘庄为表示自己重视农业生产，永平三年春天，他亲登灵台观测天象，永平四年，他又到洛阳东郊皇家籍田参加耕种，尽管这只是一种象征式的劳动，却表明刘庄对农业极其关注，要走中兴之路，此环节至关重要。

明帝刘庄的各项治国举措是光武帝政策的一种延续，他也提倡节俭，反对厚葬，即使自己的陵墓也不例外，比光武帝的还小很多。经过10余年的发展，后汉时期的经济状况良好，社会太平，连年丰收，人口逐渐增加，一片兴盛的景象。

明帝信仰佛教，他曾郑重其事地派郎中蔡愔（音 yīn）和博士弟子秦景等人，带了上等丝绸，到天竺国（印度）去取经求佛。

东汉的时候，由于生产的发展，各地之间的交通比西汉时候方便得多了。蔡愔、秦景和他们的随从，经过艰苦的长途旅行，终于到了天竺国，并且找到了佛教大师，向他们介绍了汉朝的情况，转达了汉明帝想要取经求佛的虔诚愿望。佛教的大师们认为汉明帝不远万里地派人来取经求佛，确是出于虔诚的心情，就决定派遣竺法兰和迦叶摩腾两位大师，带着许多写在贝多罗树叶上的佛经，跟随蔡愔、秦景等人到中国来。

两位大师到了中国，朝见了汉明帝，向汉明帝讲解了佛教的教义。汉明帝认为佛教的教义很符合他加强封建专制统治的需要，就请他们把带来的贝叶经翻译成为汉文。于是，佛教就在中国广泛地传播开了。

奇人王景治水

自古以来，黄河就在中原大地上不断地决口和改道，给中原人民带来了数不清的灾难和痛苦。

黄河泛滥不止，汉政府几次堵决口都不成功，黄河还有个支流，从荥阳附近分出，叫做汴渠。发大水时，汴渠便被冲得一塌糊涂，汉明帝即位之前，黄河两岸的百姓受水害已经长达60余年了。到明帝刘庄在位时，出现一位叫王景的能人，他在治水方面颇有成果。

王景是中国历史上有名的水利专家，是东浪郡人。东浪郡即今朝鲜的平壤市。当年，王景的父亲王闳杀死了东浪郡的官员，拥护汉朝，欢迎汉太守接管东浪郡。他的这一做法受到了光武帝的嘉奖，封王闳为列侯，王闳很客气，没有接受。光武帝便召他进京，然而王闳在上京路上就病死了。王景长大后，由于他自小好学，精通《周易》，懂得数学，对天文也很有研究，才华横溢，被司空伏恭看中，收于门下。

后来王景修整浚仪渠，显示出治水的才能，所以于公于私，刘庄都很信任王景。他把王景召到殿前问道："先帝听取浚仪县令的意见，不修汴渠无大损失，你认为如何？"王景道："陛下请想，汴渠流域接近洛阳，对京城威胁甚大，附近十几个县，产粮丰富，不可不顾，虽然经费巨大，役使的民众成千累万，必有怨言，但修成之后受益的仍是民众与国家，尤其洛阳。"刘庄觉得王景说得很正确,赏赐给他《禹贡图》《山海经》《史记·河渠书》等许多有关水利方面、地理方面的书籍以及钱帛，命他治水。永平十三年夏天，王景到黄河边视察过几次后，整治汴渠的工程开始了。这件事可不容易干，汴渠决口后在中原大地上形成了宽广的水泽，流经山东省、江苏省几个县注入淮河，特殊的地势环境，使灾害频繁，王景经过认真测算，决定重新改变汴渠的出口路线，让河道从今山东梁山县、平阳县、长青县、济南市、济阳县、高青县、博兴县流经，然后入海。这与今日的黄河流向十分接近。从前的流向比这更为曲折。而汴渠中最大的难题便是荥阳渠口，此处为分流点，需要有闸门控制进入汴渠的水量。王景往坝上加石头，与黄河河堤相连，留下一丈多宽的豁口，用厚木板卡住，这就是水闸。水多时闸门打开，水少时就关住，再按山地落差选择路线，保持水流尽可能平稳，避免自然破坏，特别在急转弯之处，都要修上石堤，再将淤塞的地方挖开，分出支流，以灌溉土地。这几种做法，大大缓解了黄河自身的压力。

治水工程耗资数目惊人，总费用达到上百亿，汉政府负担相当沉重，王景处处节省，十分辛劳。永平十四年四月，汴渠终于完工了。这一年的苦战中有几十万人为之挥汗如雨，由于意外事故，还有许多人献出了生命。放水以后，滚滚黄河顺利流入汴渠，灌溉两岸田地，老百姓纷纷赞扬。刘庄也高兴地来到荥阳，巡视汴渠，他看到王景设计的水闸门时深感佩服，说了很多鼓励的话。"黄河两岸土地与贫者耕种，官和豪门不得干涉搅扰。"刘庄下诏，再次鼓舞士气，振兴农业。从此，黄河下游两岸被淹过的几十个县的土地都变成了良田，使汉政府增加了许多收入，国库也得以充实。王景因此被称为"治水奇人"，民众对他十分尊敬，刘庄也非常信任他。从世界水利史上看，在生产力很落后的情况下，治理黄河这样大的工程，能如此圆满地成功，不能不称之为奇迹，王景也无愧于"治水奇人"的称号。

王充与《论衡》

汉明帝刘庄和汉章帝刘炟在位的 30 多年间，是东汉社会比较稳定的时期，文化教育也发达起来了。当时读书人的思想比较活跃，汉明帝决心统一大家的思想，并在公元 59 年亲自在太学里讲经。汉章帝继续效仿他父亲的做法，建初四年，在白虎观召开了一次儒生大会，并让史学家班固将会议内容写成一本《白虎通义》的书。

和班固差不多同期，有一个和白虎观会议的要求唱反调的人，他就是王充。

王充是东汉前期著名的唯物论思想家，他写了一部为世瞩目的巨著《论衡》。王充出身贫寒，在他还很小的时候，父亲就去世了。他勤奋好学，后来，他到了洛阳入太学，从师于著名的历史学家班彪。

王充曾担任过几任州、县的中等官吏，后来因为与上司不合，就辞官回乡了。他在家闭门谢客，深入思索，不参加任何社会活动，窗旁壁上放置笔砚，以毕生精力著书论说。王充一生著了不少书，但至今只有《论衡》一书被保存下来。这部书是他历时 30 多年，倾注毕生心血写成的。全书共 30 卷 85 篇 20 多万字。在《论衡》一书中，王充广泛吸收了当时的自然科学成果，总结和发展了古代朴素唯物主义的思想，向当时的宗教迷信和儒家经学勇敢地进行了挑战。

在《论衡》中，王充坚持唯物主义观点，否定了上天创造万物、主宰人类社会的说教。在《论衡》中，王充指出，天地万物是由一种"气"组成的，而自然界的一切异常现象都是"气"变化的结果。天没有意识性活动，不可能有目的地创造万物，日食、月食、打雷、下雨都是自然现象。由此可见，天只是一种自然的存在，所谓天子"君权神授"根本不存在。

王充在《论衡》中对于人的生命现象给予了唯物主义的解释，对封建的鬼神迷信思想给予了尖锐的批判。在神体关系上，他提出了新看法。他认为人们通常所说的灵魂就是"精神"，人的精神依附于人的"形体"而存在，没有脱离肉体而独立存在的灵魂。如果人的肉体死了，形体腐朽，变成灰土，精神则随之消亡，灵魂也就不复存在，更不可能变成所谓的"鬼"。至于"死人为鬼，能害人"的说法，王充给予了断然的否定。他指出，人同自然万物一样，有生有死，花草树木，鱼虫猫狗死后不为鬼，为什么唯独人死后会变成鬼？所谓"鬼"的说法是无稽之谈，根本不存在，这是人为地制造出来的。

在认识论方面，王充不承认有"生而知之"、先知先觉的圣人，他批判了神秘的先验主义，强调要通过实证检验知识的真伪。

他认为人的认识主要来源于人的眼、耳、口、鼻、身等感观对外界事物的接触，即使是"圣人"，他所感知的外界也同常人一样，绝没有什么先知先觉，因此也就不存在什么生而知之的圣人。在《论衡·知实》篇里，王充举了不少例子，以证明先知和圣人是不存在的。例如：孔子周游列国，他跑了那么多国家，人家都不用他，他既是圣人，与凡人相比能够做到先知先觉，那他早该预测出人家不会用他，他何苦白跑腿呢？王充的证据有力地证明了唯心论、先验论纯粹是谬论。

在《论衡》一书中，王充充分阐明了他的唯物主义自然观、认识论和历史观。《论衡》这部书，可以说是公元1世纪时一盏智慧之光的明灯，它的光芒刺破了中国封建社会的黑暗。王充不愧为杰出的唯物主义思想家。

历史功过说窦宪

在世界史上，有着欧洲和北非的民族举国迁徙大事，那是因为匈奴人的铁蹄踏上了欧洲大陆，他们所向无敌，烧杀抢掠，纵横世界。然而这些匈奴人并非真的无敌，他们打不过东汉将军窦宪，伤亡惨重，不得已逃往西方，几百年后出现在欧洲的土地上，才再次称雄。

窦宪的父亲窦勋是建武老将窦融的孙子，而窦勋的女儿则嫁给章帝，做了皇后。窦宪借助皇帝很快便飞黄腾达。他与他的弟弟窦笃都得到章帝的赏识。他们拥有大量的土地与钱财，非常骄横。由于他们权势太重，满朝文武无人敢惹。

窦皇后善于搬弄是非，嫉妒心又特强，她曾施毒计逼死了章帝宠幸的宋贵人姐妹。而对窦宪的无法无天，她视而不见。章帝因惧怕窦家强大的势力，也无可奈何。

一次，窦宪强行低价从章帝姐姐沁阳公主那里买下块庄园，沁阳公主畏惧窦宪的权势，只得忍让。章帝知道这件事后，十分生气，怒斥窦宪，但看在窦皇后的面子上，没有处罚他，同时也再没有交给他重任。

章帝贪恋酒色，虽然未及中年，身体却虚弱下来，所以每日都要吃很多补药补品，但身体始终不见强壮，这样就严重影响到他处理政务，没办法，有些国家大事还得依靠窦家兄弟，而窦家也趁机继续扩张势力，收买人心。有个叫郑弘的老臣冒死上书，与窦宪做对，终被窦宪所谋害。窦宪心胸狭窄，有仇必报。一点点小过节他也不放过，当年他父亲窦勋因受贿，让明帝抓住把柄，入狱而死，他将参与审讯问案的谒者韩纡之子杀死，祭拜其父墓，而当时窦勋已经死了20多年了。此事过后更无人敢招惹窦宪了。这年，章帝驾崩归天。

章帝死时只有32岁，他10岁的儿子太子刘肇继承帝位，史称和帝，那位由贵人爬上皇后宝座的窦娘娘摇身一变，成为皇太后，窦太后临朝听政，由窦宪辅助，这样实权就落到窦家兄弟手中，不久，齐王刘寅的后代刘畅来吊唁章帝，窦宪怕其夺权，将他暗杀，后被查出，窦太后只得将兄长软禁于内宫。

同年，北匈奴发生饥荒，南匈奴要求朝廷征讨。南匈奴归附汉朝，北匈奴则与汉朝为敌。窦太后借此机会，让窦宪为帅，车骑将军耿秉为副帅，伐北匈奴。窦宪因刘畅事件正坐立不安时，闻听此讯，满心欢喜。窦家兄妹力排反战忠臣老将，于永元元年出兵讨伐北匈奴。

与匈奴这一战，窦宪打得很漂亮，汉军在今蒙古人民共和国境内的稽落山，大败北匈奴，斩首3000级，北单于逃走，其部20余万投降，窦宪凯旋而归，封为武阳侯，食邑两万，威震朝廷。回京后，窦太后又封窦宪冠军侯。窦宪坚持不受封，率兵出镇凉州，第二年，汉军再次击败北匈奴，彻底打垮了匈奴的战斗力。北匈奴往西方逃去，几百年后踏上欧洲大陆，从而改变了世界的历史。北匈奴的逃走，解除了中国北部边境长达几百年的大患。从这一点看，窦宪是一个为整个中华民族做出永久贡献的伟大人物。但是，窦宪个性古怪，残忍狠毒，心术不正，为达目的不择手段，他依仗权势欺压百姓，他家的下人更无法无天，强奸民女，强夺民财，横行霸道，无恶不作。特别是窦宪的亲友多在朝中为官，关系网络复杂，许多大臣被他收买，成为他的爪牙。尚书仆射乐权冒死上书，要求窦太后改变现状，被窦宪杀死。

小皇帝渐渐长大，渐渐懂得事理，14岁时就能办公了，而此时窦宪的权势正是春风得意之际，刘肇对他威胁越来越重，他对刘肇就起了杀心，伺机杀害小皇帝。

和帝虽只有14岁，却也看出这位舅舅没安好心，暗中与他展开斗争。和帝知道自己身边的人都是窦宪的亲信，他很谨慎，终日沉默无语，慢慢寻找可以信赖的臣子。

经过细心观察，和帝选中宦官钩盾令郑众，郑众从不与窦宪的爪牙们来往，对皇室极其忠诚。和帝秘密见他，诉说了夺权的想法。郑众看待问题很深远，他低声说："陛下，现在窦宪不在京城，切勿动手，要等他回来，以免他在外作乱，至于他的党羽，必须诛杀。"

时机也渐渐成熟，郑众已准备完毕，只等皇令。又过3天，和帝忽然来到北宫，紧急诏令御林军及五校卫兵马司包围南宫和北宫，捉拿窦宪的女婿郭举和其父郭璜，以及邓磊等爪牙，就地斩杀。

窦宪万万没料到和帝这么快就动刀了，他想逃出皇宫，起兵叛乱，但还没跑出宫门，便被活捉，打个半死。几日后窦宪、窦笃、窦景三兄弟在和帝派人逼迫下自尽。窦宪的一生也就这样的结束了。纵观窦宪的平生历史，功过共存。永元十一年，窦太后死，窦家势力崩溃瓦解。

蔡伦的造纸术

王充写《论衡》的时候，虽然已经有了粗糙的麻纸，这种纸是用大麻和苎麻等原料制成，纸的质地比较粗糙，纤维组织分布不均匀，还不适宜于写字，他的书是写在竹简木牍上的。王充去世后不久，蔡伦改进了造纸术，造出了适宜于写字的纸。

蔡伦字敬仲，是东汉和帝刘肇至安帝刘祜时的一位宦官。他为人正直，敢于给皇帝提意见，很得汉和帝的信任。蔡伦又是善于发明创造的人。他看到写字用的简牍太笨重，绢帛太昂贵，就下决心要造出一种既便宜又便于写字的纸来。

汉

朝

蔡伦先仔细研究了前人造纸的经验，知道了制造麻纸的原理就是把麻的纤维捣烂，压成薄片。因为工艺很简单，造出来的纸就很粗糙。蔡伦想，如果把工艺搞得精细些，造出来的纸也许就会细腻而便于写字了。于是他开始把麻捣得很烂，压成很薄的纸。这样做，纸是比较细腻些了，但是还不够理想，因为麻里面还有不少粗纤维捣不烂，所以做成的纸仍然不适宜于写字。

蔡伦进一步想，麻能造纸，是因为它有纤维，那么破布、树皮等不值钱的东西，也都含有纤维，是不是也能用来造纸呢？于是他又动手去做试验。他把破布、树皮等东西收集起来，先泡在水里，洗去污垢，再放在石臼里捣烂成浆，然后压成片，做成了纸。这样用不值钱的东西做原料造纸，纸造成了，成本也降低了。但是先前的缺点还存在，仍有一些捣不烂的纤维混在里面，做成的纸还不够光洁。

为了把纤维捣得更烂，使造出来的纸更加细腻光洁，蔡伦又在造纸用的破布、树皮、麻头等原料中加进了带腐蚀性的石灰等东西，一起放在石臼中舂捣。结果，不但原料捣得更烂了，并且还意外地出现了漂白的作用，使得捣成的纸浆变成了白色。可是用这样的纸浆直接压制成的纸，仍然不能除掉那些粗纤维，并且由于放了石灰，做成的纸又出现了许多细小的颗粒。

蔡伦又接着做试验。他把捣烂了的纸浆兑上水调稀，放在一个大木槽里，然后用细帘子去捞那浮在上面较细的纸浆。等细帘子结了一层薄薄而又均匀的纸浆以后，把它晾干，揭下来就成了一张洁白细腻的纸。这样蔡伦改进造纸术的试验终于成功了，造出了便于写字用的纸。这时候是汉和帝元兴元年（公元 105 年）。

蔡伦把自己改进造纸术的经过上奏汉和帝。汉和帝听了很高兴，叫蔡伦继续改进，扩大造纸的规模，造出更多更好的纸来。蔡伦果然造出了更多更好的纸。蔡伦在汉安帝的时候被封为龙亭侯，所以人们就把蔡伦造的纸叫做"蔡侯纸"。

蔡伦改进造纸术时试验成功的那一套操作过程，后来的人又不断地加以改进和完善，造出来的纸越来越精美。造纸用的原料，也因为各地方的出产不同，又有所扩大，如出产藤的地方，用藤皮作造纸原料。

造纸术的改进，对笔、墨、砚的要求提高了，使得笔、墨、砚也不断地有所改进，文房四宝之间形成了十分密切的关系。造纸术的改进，写字容易了，著书写文章的人越来越多，文化更加飞速地发展起来。造纸术的改进，对于中国的书法艺术和绘画艺术也产生了极大的促进作用。

在我国古代人民已经普遍用纸时，欧洲的国家还在用昂贵的羊皮做书写材料，埃及在用"纸草"写字，在当时除中国外，世界其他地方还没有纸，在书写材料上非常落后。

蔡伦改进的造纸术，到了公元 7 世纪传到东邻朝鲜，又由朝鲜再传到日本。大约在唐朝的时候，造纸术通过西域传往欧洲，最后传入美洲，中国四大发明之一的造纸术，终于传遍了全世界，为世界文化的发展做出了重大的贡献。

张衡发明地动仪

蔡伦在研究如何改进造纸法时，有一位 20 多岁的青年科学家在进行另外一项有重大意义的科学研究工作，他想要探索天体运行和地震的规律，这位科学家就是张衡。张衡字平子，南阳（今河南南阳市）人。是东汉时的学者、文学家、我国古代杰出的科学家及世界上最早的伟大天文学家之一。

张衡幼年时家境贫困，经常要靠亲友接济度日。艰苦的生活更激发了他发奋学习、立志成才的斗志。他在可能的条件下，博览群书，无论天文、地理、文学、数学，只要是能找到的书，他都读。这种读书习惯一直伴随了张衡一生。

34 岁那年，张衡被推荐到洛阳，做了朝廷的郎中。由于工作比较清闲，他利用工作之便又看了不少书。其中他最受启发的是一本西汉学者扬雄写的《太玄经》。这本书里谈到许多天文和数学方面的问题。因此，张衡对天文和数学发生了浓厚的兴趣。事情凑巧，公元 115 年时，汉安帝刘祜听说张衡学识渊博，把 37 岁的张衡调任太史令，主管天文、历算，专为朝廷观测、记录天文，选择"黄道吉日"，记载全国各地发生的某些自然现象，其中很重要的是各地发生的自然灾害。这项工作为张衡钻研天文、历法创造了方便条件，他以毕生精力钻研这门科学，对我国、对世界的天文学发展，做出了巨大的贡献。

东汉时候，我国经常不断地发生地震。根据历史记载：从汉和帝永元八年（公元 96 年）到汉安帝延光四年（公元 125 年）的 30 年中，我国几乎连年发生地震。在那个封建迷信的时代，一切天灾人祸人们都认为是触犯了上天，触犯了鬼神。张衡是唯物论者，他不信什么上天，更不信鬼神，他认为地震与刮风下雨、雷声电闪一样，只不过是一种比较可怕的自然现象，人们重要的是研究和掌握地震的规律，以至能够预测或尽早了解地震发生的地区，以减轻地震带给人类的灾难和损失。

张衡下决心要在地震研究方面有所突破。他为了掌握地震的情报，得到比较完整的准确的地震记录，经过多次试验，终于在公元 132 年，发明并制造出了我国也是世界上第一架测报地震的仪器——"地动仪"。

这架地震仪用精铜铸成，直径 8 尺，形状像个大酒坛，坛顶上有个突出的盖子，可以打开，坛下部雕刻着山龟鸟兽的花纹。坛内部有一个中枢机械"都柱"——一根上粗下细的柱子。柱子紧挨着 8 道机关，和 8 道机关相连接的是仪器外围镶着的 8 条头朝下的龙，8 条龙的龙头分别对准东、东北、北、西北、西、西南、南、东南 8 个方向。每个龙头的嘴里都衔着一个铜球。对准龙嘴蹲着 8 个铜蛤蟆，昂着头，张着嘴，像期待着什么。如果什么地方发生了地震，仪器中间的立柱就倒向震区所在的方向，随即触动那个方向的机关，连接在那个机关上的龙头就张开嘴巴，吐出铜球，铜球即掉进蛤蟆的嘴里，并发出"当啷"的响声，给管理人员报信，告知震源的方向。

张衡研制的这台地动仪，相当灵敏、准确。公元 138 年的一天，地动仪西北方向的龙嘴突然张开，铜球准确无误地落到了蛤蟆嘴里，管理人员随即报告"西北发生地震"。但当时住在洛阳的人丝毫没有感觉到，人们开始表示怀疑。但是没过几天，便有人从陇西赶来报告，说那里发生地震。经核对，时间正是龙头吐球之时，人们这才信服了地震仪，赞叹它的灵敏，千里之外发生地震，居然能感知如此准确！

张衡发明地动仪，是世界上最早的测定地震方法的仪器，欧洲在公元 1880 年才制造出类似的用水银溢流记录地震的仪器，比张衡晚了 1700 多年。张衡发明的地动仪，也是人类历史上用科学方法观测地震的开始，它揭开了地震科学的新纪元。

班固与《汉书》

班固是东汉著名的史学家、文学家。字孟坚，扶风安陵人。班固一家两代人都是历史上杰出的人物。

班固的父亲班彪很会写作，早年间，皇帝刘玄败北时，他投靠隗嚣，后跟随了窦融，因文采出众被光武帝封为徐县县令。

班彪很想写一部延续前汉司马迁《史记》的作品，计划写65篇前汉时代的历史著作，但没写完就于建武三十年去世了。班固打算完成父亲的夙愿，于是开始漫长的创作过程。

班固写了很多的史作，不料却在明帝永平五年，也即班彪去世后的第十一年被人诬告私改国史，被关入洛阳监狱，其手稿也被查抄。查抄的手稿呈交后，明帝亲自阅读，很快他就被班固的文章吸引住，觉得写得很好，观点正确，并没有私改国史，许多地方是在唱汉朝的颂歌，使他颇为赞叹。正在这时，班固的弟弟班超托人奏疏，替兄申冤，表明班固只是编写史书，并无异心。明帝感觉班家的人都很有意思，就召见了班超，与他谈论，班超举止大方，措辞得当，讲话有条有理，令明帝很欣赏。

事后不久，明帝又召见了班固，他发现这个人气度不凡，很有才能，看待问题的见解很独特，善于思考，便赦他无罪，还让他当了兰台令史。后来又提升为典校秘书郎。从此，班固就在后汉宫廷藏书处潜心研究，查阅大量的图书资料，准备写作史书。

当时有一件事情在朝中争论得很激烈，有些老臣要求迁都长安，而许多官员不同意，形成两派，相互攻击。班固反对迁都，以避免费资及动乱。为此他写了《两都赋》这篇文章，显示立场，明帝看后，坚定决心，没有迁都。

《两都赋》写得的确不同凡响，使班固名声大振，明帝对他愈加信任。班固经常到后宫去陪明帝读书，明帝出去巡狩，也让他跟随，凡有重大问题，班固可参加与公卿的辩论，同年，班固升为玄武司马。

明帝驾崩，章帝继位，章帝在白虎观举行讲论经义的大会，此会规模极大，学术研讨达两月之久，会后，班固根据会议精神整理出来《白虎通义》这本书，可他还没来得及休息，班超便单骑找到他，说母亲去世了，班固按汉朝惯例，辞官归乡服丧，基本上他再没有什么负担，就一心一意写《汉书》。

这一写就是 20 余年，班固以他卓越的文学才华，精心创作，完成了《汉书》的大部分稿件和章节提纲，《汉书》是我国第一部纪传体的断代史。《汉书》供 100 篇，80 万言，主要记叙了从汉高祖元年（公元前 206 年）到王莽地皇四年（公元 23 年）230 年间史实。全书分 12 纪 11 表 10 志 70 传。《汉书》还没写完，当时就有很多人传抄，颇受欢迎。

窦宪也非常欣赏班固，相当器重他。和帝登基不久，汉朝与北匈奴发生战事，窦宪因刘畅之案，弄得十分被动，但他是个精明强干的人，抓住时机，要求出征。走时，他召班固到军营中，班固还穿着丧服。窦宪封他做护，即参谋之职，参与讨论作战。班固答应了。

窦宪获胜，班固在燕然山为他刻石碑记录功绩，碑文写道"陵高阙，下鸡鹿，经碛卤，绝大漠"，又写道："骁骑三万，元戎轻武。"充分赞

扬汉军的英勇无畏及窦宪的战斗作风。

窦宪率兵出镇凉州时，北匈奴单于派储王等要求拜见窦宪，窦宪就派班固和司马梁枫去迎接，没有接到，这件事充分证明班固的地位。

可班固倒霉就倒霉在窦宪身上。窦宪被逼死后，班固也被免官，这时是永平四年（公元92年），和帝刚刚消灭窦家的势力。班固意识到大祸临头，果然，一伙差人闯进班家，将班固五花大绑抓入洛阳监狱。

洛阳令叫种兢，他跟班家的过节相当深，窦宪掌握重权时，他不敢惹班固，窦宪这棵大树一倒，他立刻把班固逮捕，关进监狱。几次审问，班固沉默无语，种兢竟然下令拷打。

班固被打得血肉模糊，伤势很重，仍不讲话。他受刑后，总坐在墙角里顺铁窗仰望星空，谁也不知道他在想什么。他两条腿上的鲜血已干滞结成糊片。

班家人想方设法救班固出狱，没能成功，班固也没有写完《汉书》。永平四年，一代历史学家于洛阳狱中去世了，成为统治阶级内部斗争的牺牲品，终年61岁。

班固死后，他所撰写的《汉书》的11表和天文志遗稿散乱，还没有最后完成。汉和帝又命班固的妹妹班昭和马续共同续写这两部分内容，这才最后成书。

史学巾帼班昭

班固去世了，而《汉书》尚未完成，和帝觉得这是汉朝政府的重大损失，他阅读完班固的遗稿，分外惋惜。他对种兢的做法很是气愤，但为时已晚，便命令皇宫近侍郑众寻找能写此书的人。很快，郑众拿着推荐班昭的奏折来找和帝。和帝应准让班固的妹妹入宫修史。

于是，班昭来到洛阳，进宫读书，那时她已经40多岁了，班昭生活在一个具有浓厚文化传统的家庭，她在家排行最小，班彪特别疼爱她，精心指导她读书，班昭受传统思想教育很深，14岁嫁给曹寿为妻，婚后仍旧刻苦学习，勤练手笔。曹寿没活多少年，早早地便去世了，班昭一直守寡，再没嫁人。她进宫后住在东观，潜心研究汉史。

班固的手稿未经过任何修改，全是草稿，写得很乱，那时还没发明纸张，汉字是一个一个刻到木简上的，班昭十分细致地阅读，修改，续写，每晚都工作到深夜，辛苦极了，由于不是原作者，所以遇到的困难也很多，需要查阅大量资料，班昭终日泡在书堆里。

班昭的字很漂亮，班固计划写的八表和天文志没能动笔，班昭将八表工工整整写在绢上，读起来令人赏心悦目。经过几年的努力，班昭完成了兄长的遗稿，使《汉书》成为一部完整的史学著作，和帝看后很满意，下令传抄，收藏于东观与兰台等处。

班昭续完《汉书》，受到宫廷的尊敬，她时常被召入宫室，教皇后和贵人学习，并为皇家写些赋文和颂德文章。

元兴元年（公元105年），和帝驾崩，一岁的婴儿皇帝刘隆继位，史称殇帝，邓太后临朝，邓太后当皇后时就曾向班昭学过书，成为太后后还多次请班昭来讨论政事，非常器重她。

《汉书》是我国伟大的历史著作《史记》之后的一部断代体巨著，它与《史记》不同之处也正是这一点，《史记》是通史。

《汉书》没能超过《史记》，它只写到了前汉一个朝代229年的历史事件，除断代体写法外，无新创造。它采用了《史记》的笔法，又增加许多有关刑法、地理、文艺、密职等篇章，对后世研究有相当大的帮助。然而班氏父子兄弟都生活在儒学推广的时代，他们以儒家的观点来从事历史著作，这使得《汉书》在进步性上逊色于《史记》。

班昭年届 5 旬时，又奉诏主持宫廷女学，从皇后到诸贵人都跟从班昭学习儒家学说。掌握汉朝政权 17 年的邓太后也是班昭的学生。班昭协助邓太后襄理政务、筹划大计，举办宫廷小学和幼儿学校，为东汉王朝的长治久安精心培育人才。

班昭年逾花甲之时，又写了 7 篇《女戒》，讲述女子的道德规范、礼仪标准，当然这是封建社会的产物。班昭把自己一生对女子在封建家庭中责任和义务的切身体验注入了这篇妇女教育的经典中，使它增添了亲切感和感染力。

班昭是中国历史学家中少有的奇女子，许多人慕名都想拜在她的门下，但这是很困难的。她活到 70 余岁去世的时候，仍享有崇高的威望，邓太后亲自为她素服举哀，为痛失一位良师益友而伤心落泪。

邓后力挽狂澜

和帝于永元十四年得了一场大病，整整 3 年，始终没好。永元十七年他病得愈加厉害。卧床不起，为讨吉利，于榻上改年号为元兴。可惜新年未过，27 岁的和帝就死掉了。和帝没有子嗣，因为他生前嫔妃贵人斗争激烈，谁若生下男孩就会遭到毒手，一些生育男婴的贵人便把孩子秘密送出宫，由民间百姓抚养，刘隆便是其中之一。他的母亲（非亲生）是当朝邓氏皇后。

邓后叫邓绥，永元七年入宫。和帝去世那年，邓后才 25 岁。年轻的邓后临朝听政，总揽大权。和帝在世时邓后对自己要求很严格，也很会为人处事，但她和所有高层封建统治者一样，不许任何势力阻碍自己的权力，她依靠兄长邓骘与宦官郑众、蔡伦等强大的关系网络控制朝廷。幸好邓后办事果断，赏罚分明，政策措施公正，又会收买人心，所以暂时相安太平。

一日深夜，邓后正在批阅奏章，忽然慌慌张张跑来个宫女，说小皇帝突发高烧，病得甚是厉害。邓后平日忙于公务，很少关心这个并非亲生的儿子，然而她知道小皇帝如有不测，自己必有灾祸，她急匆匆来到寝宫，远远便听见"哇哇"的哭声。"陛下所得何病？"邓后进门问道。几位太医紧皱眉头地站在龙床周围，见礼后其中一位说："皇帝恐怕是受了风，且让臣等想些医法。"

邓后用手抚摸婴儿额头，犹似触炭，显然这病非同小可，她命令太医道："你们须全力治愈陛下。"但是一切努力都没有任何转机和作用，小皇帝连哭带喊了两天两夜，最后一命呜呼。邓后知道小皇帝一死，皇位争斗必然残酷无比，可目前只能先着手料理后事。延平元年（公元106年），中国历史上最小的皇帝刘隆入土安葬，后被追谥为殇帝。而邓后所要面对的压力和困难也便更加巨大了。

殇帝死后，皇位之争甚是激烈。大臣周章官拜光禄勋之职，掌握满朝大夫、中郎将的生死大权，势力庞大。以他为首的众大夫和中郎将们竭力推举和帝长子刘胜继承皇位，借此削弱邓后的力量，企图把持朝政。

邓后清楚周章一伙的打算，她也知道倘若立刘胜为帝，等刘胜长大成人后很有可能同周章联手废掉自己，毕竟刘胜已11岁了，而且不是自己亲生。邓后决心立清河王刘庆之子刘祜做皇帝，也借此机会巩固个人权势，竭力压制周章诸臣。她对周章一伙早就心怀不满，准备先下手，一一收拾他们，以绝后患。

次日上朝，周章首先跪下，口气十分生硬地问道："臣闻太后欲立清河王刘庆之子为帝，可有此事？"邓后冷冷地说："不错，我是要刘祜继承皇位，先帝早弃天子，幼帝又不幸夭折，刘祜系属皇族，性情宽厚，知书达理，勤于学习，有雄伟志向，可做继承人。而平原王刘胜患有痼疾，精神恍惚，恐难担此重任。"

周章道："刘祜并非庆子，又不是封王，恐难服众。"

邓后冷笑道："周大人勿须担忧，明日崇德殿我便封刘祜为侯，你且退下。"

周章无奈地退下去了，第二天，邓后派她的哥哥邓骘亲自到清河王府用王青盖车接刘祜入宫。沉稳冷静的邓后等在崇德殿中，文武百官身着礼装相陪，周章神色颇为难看，大家都明白，刘祜继位已势在必行了。

刘祜进殿，被邓后封为长安侯。公元106年，刘祜正式接受皇帝玺绶，登上了皇帝宝座，后世称之为安帝，定年号为永初。虽然刘祜当了皇帝，但仍由邓后临朝听政，把持政权。由于周章重权在身，邓后也担心他图谋不轨，便以宽怀为策，封周章做司空，即宰相之职，此职虽高却并无实权。不久，周章同王尊叔、元茂策划政变，因惧怕后果，3人皆自尽而死。

安帝掌权后，邓太后首先做出一项明智之举。她下诏告诫百官道："我朝律法公正严谨，绝无私情，有胆敢试身者处罚不贷，尤其是皇亲国戚，更无例外。倘若皇族族人及其宾客亲信触犯律法，包括邓氏亲属，誓不宽容。"这样从根本上杜绝了皇帝利用特权逍遥法外的事情发生，可见邓太后的统治方式和观念还是比较开明的。

有一次，邓太后病了，适逢年底，按惯例要搞规模庞大的驱除恶鬼、消逐瘟端的仪式。很多大臣表态，为使太后尽早恢复健康，越隆重越好。以往此项活动耗费人力物力财力无数，而实用与结果却可想而知。邓太后想了想说："我看不可，今年气候异常，百姓收成甚差，国库空虚，举行此仪式花费巨大，并且边关燃起狼烟，怎能再劳民伤财呢，按半即可。"

作为一个封建统治者，邓太后能这样想这样尽心，实在难得。更难得的是她于永初二年亲自视察洛阳监狱，检查律法实施情况。在后汉历史上几乎没有哪位高层统治者视察过监狱。邓太后提倡节俭，常对下人讲："光武大帝中兴汉室尚知节俭，况我辈乎？"她明令禁止的进贡食物有20多种，邓太后生活非常俭朴，她的花费相当节省，也严格管理侍女、宦官、大臣们的开销数目。上行下效，她以身作则，文武官员无人敢奢侈浪费，节约下来的费用都用于救济灾民上。

邓太后这样做并非没有原因，此时汉朝国力已大为空虚，连续10年的水灾旱灾，边关少数民族不断反叛，中原农民起义接二连三，加上对匈奴旷日持久的战争，情况已经非常危险复杂了。此种形势使她忧心忡忡，处理朝政到深夜也不休息，才30多岁身体便垮了下来，神色中透出无尽的憔悴。偏偏这个时候又发生一件令她非常不快的事情，中郎将任尚因犯谋逆之罪被抄家灭门，其间搜到一封密信，是邓骘的儿子邓凤写给任尚的，信的内容已干涉到朝政，应按律治罪才对。但邓太后考虑兄长邓骘是她的主要依靠力量时，又很难对凤儿这少年进行惩罚，因此颇是苦恼。谁知一日深夜，车骑将军邓骘拖着五花大绑、被剃光头发的儿子来见邓太后。

邓骘要求重罚儿子，邓凤哭着求饶。邓太后长吁一声道："兄自明利害，此事作罢。以后要对凤儿严加管教。不可再犯。"她没有难为邓骘，从这一点来看是很明智的，既打击了外戚涉政的势力，又团结了国骑将军邓骘，避免流血事件再次发生。

邓太后体谅民间的疾苦，鼓励农业生产，尽量减轻农民的负担，连皇族的土地也分给贫农耕种，经过她的努力，到元初五年，风调雨顺，粮产丰收，天下比较安定，这是在极其困难的情况下取得的治国业绩。

永宁二年（公元121年）三月，执政20年的一代圣后邓绥，在重病中痛苦地闭上了双眼，死时她才40岁。邓太后为汉王朝操劳了大半生，她力挽狂澜，却未能安排好后事。邓太后刚刚入土安葬，后汉王朝的皇宫里就又展开了一场你死我活的皇权斗争。

十九太监除奸

自从邓太后归天，27岁的安帝加紧巩固他的政权，然而他的身体状况却衰落下来，一日不如一日，令他十分苦恼。

当朝皇后名叫阎姬，这位皇后也是贵人出身，但比起邓太后来，简直天壤之别，她心狠手辣，为达目的不择手段。阎皇后受宠两年多来始终未能生育，她很着急，偏偏有位李贵人生下个皇子，取名刘保。这使阎皇后忧虑重重，担心自己的处境会十分危险，暗生杀机，想秘密除掉李贵人。她让兄长阎显弄来些剧烈的毒药，偷偷投入李贵人的饭菜中，将李氏害死。

不幸的是，一晃 7 年，阎后仍旧没有生育，元初七年，安帝只好立刘保做太子，改年号为永宁。其实安帝特别讨厌刘保的言谈举止，总瞅这孩子不顺眼。小刘保也很惧怕父皇，在他面前表现得恭恭敬敬，话语极少。

刘保被立为太子气坏了阎后和阎显，他们联手害死刘保的乳妈王南和亲信邴吉，企图逼死刘保。当时刘保只有 10 岁，却聪明懂事，他知道阎家人要害自己，处处忍让躲避，一退再退。然而阎后他们怎能轻易放过他。阎后在安帝枕边连连说刘保的坏话，甚至编造谎言，加以陷害。阎家人在朝中的帮凶在阎显的安排下多次奏书，说刘保性情古怪，狡猾心狠，列举一些无中生有的罪证，给安帝施加压力，公元 124 年，安帝终于废掉太子，贬刘保为济阴王。

公元 125 年，32 岁的安帝打算活动活动筋骨，于是由阎后相陪南巡狩猎。谁知刚到宛县城围，安帝忽得重病，车队急忙掉头往回赶，没到洛阳安帝便浑身抽搐，口吐白沫，一命呜呼了。阎后吓得脸色大变，呆怔半晌，但她心计颇多，又转念一想，觉得不能声张，悄悄叫来同行护卫大将军阎显。阎显进到车舆中一看安帝断气了，骇出一身冷汗，对妹妹说：“济阴王刘保在京中呢，他的同党若得知陛下驾崩，必定立那小子为帝，这对我们不利，首先封锁消息，一切如常，快速回京。”

随行大臣们谁也不知道皇帝已死，只见每日饭菜按时送入车内，听阎显说陛下病得很厉害而已，全部匆匆赶路，连行 4 天 4 夜，车队顺利赶回京城洛阳宫中，当夜便向社稷坛处告天，宣布安帝归天，开始发丧。阎后成为皇太后，立即把持政权，封阎显做车骑将军，管理三司，由她几个兄弟阎景、阎耀、阎晏控制朝廷，再迎接济北惠王刘寿之子刘义进宫，先封为北乡侯，后继皇帝位。

济阴王刘保因为被废，不得上殿拜棺，他连哭了 3 天，水米未进，官员们见此状很受感动，可是谁也没有办法，只有太监们陪伴着他。

阎氏兄弟掌握大权，对与他们结怨的群臣大下杀手，连当他们帮凶的将军耿宝、樊丰等人也全都被贬入狱，秘密杀害。中郎将谢恽、侍中周广等人也被下狱，受刑而死，阎家人已经彻底辖制了全朝。

不料，刚继位不足 200 天的幼年皇帝北乡侯刘义忽生大病，怎么也不见好。太监孙程听说此事，急忙暗中联系其他几位太监说道："刘保乃先帝亲子，虽然被废，其实受冤，只要北乡侯一死我们便应设法扶助济阴王称帝。"太监们表示赞成，紧密地团结在一起。这样以孙程为首的宦官们准备与外戚势力相抗衡。

果然，没过几日，北乡侯一命归天，由于继位时间短，没有年号和庙号，生年与年纪皆不详，所以中国历史不承认这位皇帝。北乡侯死了，阎太后和阎显四处物色适合继位的人选，打算再立个小皇帝，他们也怕出现意外，关闭宫门，调动军队，秘不发丧。

与此同时，孙程得到大长秋（官名，掌管皇后居所事务）江京在章台门宫内与亲信开会的消息，他立刻带领 18 名太监悄悄来到章台门，闯进门去，乱刀砍死江京等 3 人，只剩下老臣李岩，孙程没有杀他。半个时辰后，孙程召来文武百官，调集到部分禁军，拥护刘保称帝，11 岁的刘保当上了皇帝，史称顺帝。

阎太后和阎显闻听此事大惊失色，想反抗已晚，他们被禁军抓住，关入监狱，次日阎家兄弟全被处死，亲属流放，阎太后被贬入冷宫，至此，以孙程为首的 19 太监集团在此次与外戚争夺政权的斗争中，取得了完全的胜利。

这 19 太监在王室动荡的危急关头，能拧成一股绳除奸斩贼，立刘保称帝，此义举为后人称道。

无法无天的梁冀

公元 125 年，东汉第七个皇帝汉顺帝即位，汉顺帝虽是靠"十九太监"的义举登上皇位，但仍未摆脱外戚专权的局面。梁皇后的父亲梁商、兄弟梁冀先后做了大将军。

梁冀是一个十分骄横的家伙，他胡作非为，公开勒索，全不把皇帝放在眼里。同时，梁冀的野心很大。

汉顺帝死去的时候，接替他的冲帝才两岁，过了半年也死了。梁冀就在皇族中找了一个 8 岁的孩子接替，就是汉质帝。

汉质帝虽然年纪小，还真聪明伶俐。他对梁冀的蛮横霸道看不惯。有一次，他在朝堂上当着文武百官的面朝着梁冀说："真是个跋扈将军！"梁冀听了，气得要命。他当面不好发作。背后一想，这孩子这么小小年纪就那么厉害，长大了还了得，就暗暗把毒药放在煎饼里，送给质帝吃。汉质帝哪儿知道饼里有毒，吃了饼，马上觉得肚子不舒服。他叫内侍把太尉李固叫进来。李固看见他十分难受的样子，问他是怎么回事。

质帝说："刚刚吃了饼，只觉得肚子难过，嘴里发干，想喝点水。"梁冀在旁边连忙说："不，不能喝，喝了水就要呕吐。"

梁冀的话还没说完，这个 8 岁的孩子已经倒在地上，滚了几滚，断了气。梁冀害死了质帝，又从皇族里挑了一个 15 岁的刘志接替皇帝，这就是汉桓帝。

汉桓帝即位后，梁皇后成了梁太后，朝政全落在梁冀手里，梁冀更加飞扬跋扈。他为了自己享受，把洛阳近郊的民田都霸占下来，作为梁家的私人花园。里面亭台楼阁，应有尽有。他爱养兔子，在河南城西造了一个兔苑，命令各地交纳兔子。他还在兔子身上烙上记号，谁要是伤害梁家兔苑里的兔子，谁就犯死罪。有个西域到洛阳来的商人不知道这个禁令，打死了一只兔子。为了这件案子，屈死了10多个人。

梁冀把几千个良家子女抓来作为奴婢，把这种奴婢称做"自卖人"。意思就是说，他们都是"自愿"卖给梁家的。他还派人去调查有钱的人家，把富人抓来，随便给他定一个罪名，叫他拿出钱来赎罪，出钱少的就办死罪。有个叫孙奋的人很有钱财。梁冀送给他一匹马，向他借钱5000万。孙奋被他逼得没办法，给了他3000万。梁冀火冒三丈，他吩咐官府把孙奋抓去，孙奋被官府活活打死，财产全给没收了。

元嘉元年，梁冀挟持桓帝赐封自己特殊待遇，见到皇帝可以不下跪，桓帝忍气吞声答应了。梁家先后7人封侯，3女成皇后，6女做贵人，娶公主3位，7女得封城君，57人为朝廷名官，其权势达到巅峰的程度。

梁冀这样无法无天地掌了将近20年大权，最后跟汉桓帝也闹起矛盾来。梁冀派人暗杀桓帝宠爱的梁贵人的母亲。汉桓帝忍受不了，就秘密联络了单超等5个跟梁冀有怨仇的宦官，趁梁冀不防备，发动羽林军1000多人，突然包围了梁冀的住宅。

梁冀知道自己作孽太多，活不成了，只好吃毒药自杀。梁家和梁冀妻子孙家的亲戚全都到了穷途末路，有的被处死刑，有的被撤了职。朝廷上下，梁冀的爪牙心腹600多人全撤了职。朝廷上的官员差不多一下子全空了。

梁家倒台，天下百姓纷纷奔走相告，欢庆了好几天。汉桓帝没收了梁冀家的家产，总计30多亿，这笔钱相当于当时全国一年租税的半数。被梁家占用作兔苑的民田，仍旧给农民耕种。

汉桓帝论功行赏，把单超等5个宦官都封为侯，称做"五侯"。从那时候起，东汉政权又从外戚手里转到宦官手里了。

"党锢"事件

外戚梁冀专权的局面终于结束了，宦官单超等5人立了功，同一天都被封侯，掌握了朝政大权，号称"五侯专权"。从此，又出现了宦官当权的局面。

宦官当权以后，为非作歹，比外戚更甚。他们把皇帝控制在自己手中，把持朝政，卖官卖爵，从朝廷到全国郡县，到处都是他们的亲信。国库里的钱，他们拿来大肆挥霍。东汉朝廷的钱粮税收，都落入了他们的腰包。他们榨取民脂民膏，使得整个国家出现了田野空、朝廷空、国库空的三空局面。他们把社会搞得黑暗不堪。

宦官集团的黑暗统治，遭到广大劳动人民的强烈反对。当时一些贵族地主出身的官员，也不满宦官掌权，主张罢斥宦官。另外，还有一批中小地主出身的太学生，他们批评朝政，对掌权的宦官和附和宦官的人深恶痛绝，强烈要求社会改革。

太学是汉光武帝刘秀创办的最高学府，是专门培养官吏的地方。自从宦官掌权以来，只有宦官的亲信才能做官，因此做官只要有门路、会拍马屁就行，不再需要什么学问。这样，在太学里念书的中小地主的子弟们就没有了做官的途径。因此他们都恨透了宦官，在太学里展开反宦官的斗争。他们经常在太学里公开揭露和抨击宦官的罪恶，号召大家团结起来，打倒宦官。

包括外戚在内的世家豪族，看到以太学生为代表的中小地主起来反对宦官，自然很是高兴。他们赶快也来配合行动，壮大反宦官斗争的声势。

公元165年，世家豪族出身的陈蕃做了太尉，名士李膺做了司隶校尉。他们跟太学生领袖郭泰、贾彪等结成了好朋友。他们互相标榜，互相称誉，逐渐形成了一个反宦官的党派。在太学里流传着"天下楷模李元礼（李膺），不畏强御陈仲举（陈蕃）"的歌谣。太学生们都拥护他们，把他们视为模范人物。

李膺当了司隶校尉后，有人告发宦官张让的兄弟张朔贪污勒索。李膺要查办张朔，张朔逃到洛阳，躲进他哥哥张让家中。李膺亲自带领公差到张让家搜查，终于在张让家的夹墙中搜出了张朔。李膺命令把张朔逮捕。张让赶快走关系，托人情。但是李膺已经迅速地把案子审理完毕，把罪犯张朔依法给杀了。

张让气得不得了，马上向汉桓帝哭诉。桓帝知道张朔确实有罪后，也没有难为李膺。这样一来，李膺的名望就更大了。此后，外戚官僚与太学生联合反对宦官的声势更为浩大，对把持朝政的宦官形成严重威胁。于是宦官集团伺机进行反击。

第二年，即汉桓帝延熹九年（公元166年），有个叫张成的人，跟宦官势力有勾结，并搞迷信占卜活动。他预卜到皇帝将要进行大赦，就唆使他的儿子去杀人。不料这件杀人案落到了李膺手中。李膺知道张成跟宦官有勾结，但他一点儿也不客气。调查了案情，掌握了充分的证据后，李膺命令把张成的儿子抓来，准备法办。

果然，第二天，皇帝的大赦令下来，张成得意地对众人说："诏书下来了，司隶校尉不敢不放我儿子。"这话传到李膺耳朵里，李膺火冒三丈。他愤慨地说："张成预先知道大赦，故意教儿子杀人，大赦就不该轮到他儿子身上。"

李膺公开审理了这个案子，公布了罪犯的罪状，并立即斩首示众。张成见儿子被杀，十分气愤。他哪里肯就此罢休。他们商量了一个鬼主意，叫张成的弟子牢修向桓帝告了李膺一状，说："李膺等人在太学里结交各地来的太学生，组织秘密党派，诽谤朝廷，败坏风俗，有谋反的嫌疑。"

桓帝听后，通令各地逮捕"党人"。李膺等200多个党人均被收押。有些党人闻风而逃，桓帝就派人四出查找，悬赏捉拿。太尉陈蕃上书替李膺等人辩解，请皇帝停止捕人，结果被免了职。被捕的党人在监狱里，遭到了宦官残酷的折磨。他们的头、颈、手、脚都被上了刑具，叫做"三木"，然后被蒙住头一个挨一个地拷打，就这样关了一年多。

李膺等人虽然被捕，斗争并没有结束。在审讯这件案子的过程中，李膺慷慨陈词，当众揭发宦官集团的各种罪恶，把宦官集团搞得很是被动。

一年后，有个太学生贾彪，了解到桓帝窦皇后的父亲窦武想利用党人的力量打击宦官，把朝政大权从宦官手中重新夺回来。于是，他冒着被捕的危险，化了妆，在夜里偷偷地回到洛阳，见了窦武，请他在桓帝面前替李膺等党人申诉。窦武答应了贾彪的要求。

这时，狱中的李膺也采取了以攻为守的方法，故意招出了好些宦官的子弟，说他们也是党人，使宦官们极为害怕。他们对桓帝说："现在天时不正常，应当大赦天下了。"于是，桓帝就下令赦免了李膺等200多个党人，但把他们驱逐回乡，禁锢终身，所谓"锢"就是终生不许做官。这就是第一次"党锢之祸"。

李膺等人虽然被驱逐、禁锢，但是他们由于反对宦官而出了名，受到了社会上广大群众的拥护。桓帝的岳父窦武也获得了正直的声誉，受到了反对宦官的党人和广大群众的拥护。以太学生为代表的中小地主，跟以外戚为代表的世家豪族，在反宦官专权的口号下联成一气，展开了声势更加浩大的反宦官斗争。

永康元年（公元167年），汉桓帝死了。桓帝没有儿子，窦皇后和父亲窦武商量，从皇族中找了一个12岁的孩子刘宏（桓帝的侄子）来继承皇位。这就是后来腐败出了名的汉灵帝。

灵帝刚即位的时候，窦太后临朝，外戚窦武为大将军，把持朝政，他与太傅陈蕃免除对党人的禁锢令，把李膺等几个为首的党人请出来做官。

陈蕃又对窦武说："不消灭宦官，天下没法太平。我已经是80岁的人了，还贪图什么？我留在这里，只是想为朝廷除害，帮助将军立功。"

窦武早就有这个意思。两人经过一番商议，打算消灭宦官势力。然而机事不密消息走漏，宦官曹节、王甫来了个先下手为强。他们把窦太后软禁起来，又用灵帝的名义，宣布窦武、陈蕃谋反，宣布他们为死罪。窦武当然不甘心屈服，利用大将军的职权，发动驻守京城的北军，起兵讨伐宦官。而宦官则指挥防卫宫廷的虎贲军和羽林军抵抗。结果，北军被打败了，窦武被包围后自杀，陈蕃也被宦官杀害。

然后宦官集团又通过灵帝大肆搜捕和杀害党人六七百人。所有党人和党人的学生、父子、兄弟，凡是做着官的都一律免职，驱逐回乡，禁锢终身，永远不许做官。

这就是第二次"党锢之祸"，前后延续10多年。

经过这两次"党锢之祸"，朝廷里比较耿直的官员遭到沉重打击，大小官职差不多都由宦官和他们的门徒包下来了。东汉的政权又一次完全被宦官集团所控制，政治越来越腐败了。

小昏君误国殃民

延熹十年（公元167年）正月，36岁的桓帝病死了。桓帝没有儿子，当朝窦皇后让河间王刘开的儿子刘宏进京，继承皇位。公元168年初，刘宏登基，史称灵帝，年方12岁，由窦太后临朝听政。

窦太后跟宦官们明争暗斗了5年多，终被宦官所败，贬进冷宫，忧郁而死。灵帝对此丝毫也不关心，只知道玩乐，对于政事他全盘托给宦官去办，就这样昏昏沉沉度过了10年时光，一事无成。

灵帝都玩些什么呢？他对少数民族衣服、食物、装饰极感兴趣。于是，在宫中乱修胡房穿胡衣跳胡舞，折腾个没完没了。

灵帝又觉得皇家苑囿太小，打算扩建，但由于耗资太大、国库空虚，朝廷承受不起，所以他很发愁。太监们给他出了个卖官的主意。灵帝有点犹豫。太监们说："当年邓太后也曾卖过官，以便渡过财政困难，陛下何不效仿。"

灵帝想来想去终于同意了，他开始出卖官爵，官位越大价钱越贵。买的人很多，有钱者做官后再压榨百姓，大肆搜刮，十倍百倍地往回捞，令百姓们叫苦不迭，生活日愈艰难。卖官收入的钱极其丰厚，灵帝命人在洛阳宣平门外修建宫殿苑囿，扩大规模，筑上青青假山，碧绿水池，平整的钓鱼台，非常豪华。

小昏君在新苑中玩了几天就够了，他忽然又对马产生了兴趣，然而他瞧着马有些害怕，不敢骑，太监们又给他弄来4头老实的小毛驴，驾上辆小车，给灵帝驾车玩。没过多久，灵帝对驴车又失去了兴趣。太监们苦思几天，弄到一只会杂耍的猴子，送给灵帝。

再过数日，灵帝对猴子也没了兴趣，他很想出宫瞧瞧，这可把太监们吓得不轻，他们生怕皇帝发现他们在民间干的坏事，便劝灵帝说："陛下千万不可出宫，外面匪盗杀人放火，无所不为，甚是危险。""那我不去了。"灵帝被吓住，没敢出宫。

灵帝仍向往外面的世界，众太监想出个法子，在宫院内仿造民间街市。灵帝赶来一看，只见宫女侍从们扮成小商贩们叫买叫卖，往返穿梭，热闹非凡，尽管全是假装的，却很相像。灵帝游逛半晌，颇为尽兴。可几日后他又厌烦了。

灵帝昏庸无耻，贪财好色，宠幸宦官，使得宦官集团弄权朝政，后汉王朝渐渐腐朽堕落，贫苦百姓生活在水深火热之中，灵帝对此丝毫也不了解，更不关心。有首民谣唱道："发如韭，剪复生；头如鸡，割复鸣；吏不必可畏，小民从来不可轻。"表达了人民的愤怒情绪。

后汉统治阶级并没有意识到这一点，依然挥霍奢侈，榨取民财，赋税徭役不断。周边少数民族又发动反叛战争，为镇压他们，东汉政府耗费了大量的人力物力，弄得国库空虚，兵源枯竭。等待后汉王朝的将是一场疾风骤雨般的农民大起义。

汉末黄巾起义

东汉末年，宦官和外戚争权夺利，使得社会不安定，加深了人民的痛苦。而且，从汉和帝刘肇的时候起，全国各地接连不断地闹水灾、旱灾和蝗灾。农民实在没有活路了，只好离开家乡，四处逃亡，形成了一群一群的流民。流民四处乞讨，风餐露宿，饿死冻死的很多，连首都洛阳的街头，也经常可以看到冻饿而死的流民的尸体。当农民被逼得走投无路的时候，他们终于被迫打出了造反的旗号，开始聚众起义。

从汉安帝刘祜在位的时候起，小规模的农民起义已时有发生。到昏庸透顶的汉灵帝刘宏在位的时候，终于爆发了一次波澜壮阔的黄巾大起义。

黄巾大起义是张角领导的。张角是巨鹿（今河北省平乡县西南）人，太平道的首领。太平道是道教的一派，他们信奉中黄太一之神，以道家秘作《太平清领书》作为他们的经典，宣传"黄天太平"思想，认为只有到了太平的时代，人们才能不愁吃穿，过无忧无虑的日子。张角本人懂点医道，常常免费给农民治病，病治好了，他就劝人家参加太平道。穷苦农民为了摆脱眼前困苦的生活，把张角看成是自己的救星，都纷纷信奉太平道，张角的信徒越来越多。在青、徐、幽、冀、荆、扬、兖、豫 8 州（即今山东、河北、河南、湖北、湖南、江西、安徽、江苏一带），太平道的信徒很快就发展到几十万人。

张角派弟子去把信徒们组织起来，把 8 个州的信徒组织成为 36 方，大方

东汉末年，宦官与外戚争权夺利，社会动荡。巨鹿人张角领导的农民头裹黄巾在宗教掩护下，以"苍天已死，黄天当立，岁在甲子，天下大吉"为口号，发动了有组织有准备的农民战争。

黄巾义旗

一万多人，小方六七千人，每一方都指派一名首领去领导，叫做渠帅。36 个渠帅都听张角统一指挥。张角还制定了"苍天已死，黄天当立，岁在甲子，天下大吉"的 16 字起义口号。"苍天"是指东汉，"黄天"是指起义军创造的天下，甲子是年号，就是汉灵帝中平元年（公元 184 年）。他们预定在这一年的三月五日，8 个州同时发动起义。张角还叫人在首都洛阳地方州郡官府的门上，用白土写上"甲子"二字，标明这些官府衙门到时候都将改变主人，借以鼓舞人心。

张角手下最得力的弟子是大方渠帅之一的马元义。他经常到首都洛阳联系，传达张角的命令。张角叫他先把荆州、扬州两地的信徒几万人调到邺城（今河南省安阳市北）集中，作为起义军的主力，以便配合首都附近各州郡的起义军进攻洛阳。

在预定的起义日期前一个月，济南的起义军中出了一个名叫唐周的叛徒，他写信给政府告密。起义的消息泄露了。东汉政府建捕了马元义，在洛阳当众把他杀害。在洛阳受牵连被害的有 1000 多人，起义者的鲜血染红了洛阳街头。东汉政府还下令搜捕张角。张角得知消息以后，连夜派人去通知各地的信徒，叫他们立即发动起义。

叛徒的告密虽然打乱了起义的日程，使得起义军牺牲了一个重要领袖和

1000 多名战士，但是并不能扑灭起义的烈火。各地的太平道信徒早已组织起来，有了充分的准备。接到张角的命令以后，36 方立即同时发动起义。起义军用黄巾裹头，作为"黄天"的标志，因此被称为黄巾军。张角自己称为天公将军，他的两个弟弟张宝和张梁称为地公将军和人公将军。他们 3 个人共同指挥起义军的战斗。

起义军每打到一个地方，就焚烧当地官府衙门，攻打豪强地主的坞堡，捕杀为非作恶的官吏和地主。地方州郡的长官和大地主吓得纷纷逃窜。10 多天工夫，封建统治的秩序就被打乱了。

东汉朝廷十分惊慌，派重兵守住洛阳和附近的关口，又派皇甫嵩为左中郎将，朱隽为右中郎将，率领 4 万多名精兵来镇压黄巾起义军。颍川的黄巾军首领波才打败了皇甫嵩，把他围困在长社（今河南省长葛市东）。官军看到黄巾军作战勇敢，声势浩大，都十分害怕。老奸巨猾的皇甫嵩，却看出了黄巾军缺乏作战经验的弱点。他召集自己的部下说："打仗要用计谋，不在乎人数多少。我看黄巾军结草为营，一定害怕火攻。如果我们乘着月黑风紧的夜晚去偷袭，放火烧他们的营寨，准能取得胜利。"在一个刮风的夜晚，皇甫嵩命令官军偷袭黄巾军，放火焚烧波才的军营。波才梦中惊醒，赶快整顿队伍，奋勇抵抗，可是已经迟了。黄甫嵩、朱隽和骑兵都尉曹操率领官军，包围了他们，乘乱砍杀了成千上万的黄巾军战士。汝南、陈留两地的黄巾军闻讯赶来援救，也被打败。波才没有办法，只好退住阳翟。

北方由张角兄弟亲自率领的黄巾军打了胜仗，打败了东汉官军的北中郎将卢植和工中郎将董卓。汉灵帝赶快命令皇甫嵩从河南北上，夹击黄巾军。张角派张梁迎战皇甫嵩，两军在广宗（今河北省威县东）地方大战。张梁作战很英勇，他率领黄巾军奋勇冲杀，打得皇甫嵩招架不住，只好紧闭营门，躲藏起来。就在战局十分紧张的时候，张角却得病死了。张梁因为料理哥哥的后事，放松了警惕。皇甫嵩乘机向黄巾军反扑。他命令官军连夜准备。天刚蒙蒙亮就发动进攻，攻破了黄巾军的大营。张梁率领部下奋勇抵抗，他和

3万多名黄巾军壮烈牺牲。皇甫嵩居然劈开张角的棺材，砍下他的脑袋，送到京城里去请功。接着，皇甫嵩又去进攻张宝率领的黄巾军。张宝势孤力单，在下曲阳（今河北省晋州市南）战死。

黄巾军的主力被东汉政府镇压下去了。但是各地黄巾军仍然在战斗，沉重地打击东汉朝廷的统治。在黄巾军影响下的各地各族农民起义军，也纷纷起来跟地主阶级斗争。直到汉灵帝的儿子献帝刘协的时候，农民起义的浪潮还没有平息下去。

汉

朝

三　　国

公元 220 年东汉灭亡，进入三国时期。三国是继东汉出现的时代称号，由于魏、蜀、吴三国割据鼎立而得名。三国从公元 220 年魏国曹丕代汉称帝起至公元 265 年晋国代魏止。但曹操、刘备、孙权三个政治集团，是在东汉末年的军阀混战中形成的，所以历史学家习惯上将东汉末年 30 年（公元 190 年至公元 220 年）的历史归入三国时期。

东汉末年黄巾起义失败后，各地军阀割据一方，在激烈的混战中，曹操的势力发展最快，公元 203 年，他挟持汉献帝迁都许昌，挟天子以令诸侯，政治上取得巨大优势。官渡之战后，曹操统一了中国北方。208 年，曹操亲率大军长驱南下，企图一举消灭刘备、孙权等势力。孙刘结盟，在赤壁之战中大败曹军，迫使曹操退回北方。

公元 220 年，曹操去世，其子曹丕称帝，建都洛阳。221 年刘备在成都称帝，国号汉，世称蜀。229 年孙权在武昌称帝，建立吴国。

此后南北之间战争不断，但由于蜀吴联盟，力量平衡，三国鼎足之势维持了40余年。

　　公元263年，魏国大军兵至成都，后主刘禅投降，蜀亡。历二主，43年。265年，魏国司马炎废魏帝曹奂，建立晋朝，魏亡。280年晋军大举伐吴，吴国灭亡，共历4帝，52年。东汉末年出现的割据局面结束。

三

国

袁绍杀宦官

张角领导的黄巾大起义失败了，但是东汉王朝也保不住了，各地的军阀乘机大量地招兵买马，扩充了自己的势力。在都城，东汉王朝本来已经摇摇欲坠，到汉灵帝一死，外戚和宦官两个集团更是水火难容，更加速了东汉王朝的崩溃。

公元189年，年才14岁的皇子刘辩即位，这就是汉少帝。按照惯例，由何太后临朝，外戚大将军何进掌权。宦官蹇硕，原是禁卫军头目，想谋杀何进，没有成功。何进掌权以后，把蹇硕抓起来杀了。

何进手下有个中军校尉袁绍，是个大士族的后代。他家祖上四代都做过三公（太尉、司徒、司空）一级的大官，许多朝廷和州郡的官员都是袁家的门生或者部下，所以势力特别大。蹇硕被杀以后，袁绍劝何进抓住机会，把宦官势力彻底除掉。何进不敢做主，去跟太后商量。何太后说什么也不答应。袁绍又替何进出谋划策，劝何进秘密召集各地的兵马进京，迫使太后同意除宦官。何进觉得这是个好办法，决定召各地兵马来威胁太后。

何进的主簿陈琳听了，连忙阻拦说："将军手里有的是兵马，要消灭几个宦官，还不容易。如果召外兵进京城，这好比拿刀把子交给别人，不闹出乱子来才怪呢。"何进不听陈琳的劝告。他想起各州人马中数并州（今山西大部、内蒙古、河北的一部分）牧董卓的兵力雄厚，准备找他帮忙，就派人给董卓送了一封信，叫他迅速带兵进洛阳。

这个消息，很快让宦官知道了。几个宦官商量后，决定先动手。他们就在皇宫里埋伏了几十个武士，假传太后的命令，召何进进宫。何进一进宫，就被宦官围住杀了。

袁绍得知何进被杀的消息，立刻派他弟弟袁术攻打皇宫。袁术干脆放了一把火，把皇宫的大门烧了。大批的兵士冲进宫里，不分青红皂白，见了宦官就杀。有的人不是宦官，只是因为没有胡须，也被错认为宦官杀了。

经过这场火并，外戚和宦官两败俱伤。何进召来的董卓却带兵进了洛阳。董卓本来是凉州（约当今甘肃、宁夏和青海、内蒙古一部）的豪强，在凉州结交了一批羌族豪强，称霸一方。黄巾起义以后，他又靠镇压起义军，升到并州（约当今山西大部和内蒙古、河北的一部）牧的职位。他本来有侵占中原的野心。这次趁何进征召的机会，就急急忙忙带了3000人马来了。

董卓进了洛阳，就想掌握大权。可是人马太少，仅3000人怕压不住洛阳的官兵。他就玩弄了一个花招，在夜深人静的时候，把人马悄悄地开到城外去。到了第二天白天，再让这支人马大张旗鼓地开进来。这样一连几次进出，洛阳的人都闹不清董卓到底调来多少兵马。原来属何进手下的将士看到董卓势力大，也纷纷投靠董卓。这样一来，洛阳的兵权就全落到了董卓的手里。

为了独揽大权，董卓决定废掉汉少帝，另立少帝的弟弟陈留王刘协。他知道洛阳城里的士族官员数袁家的势力大，就请袁绍来商量这件事。

董卓说："我看陈留王比现在的皇帝强，我打算立他为帝，您看怎么样？"袁绍回答说："皇上年纪轻，刚刚即位，也没有听到有什么过失。您要废他，只怕天下的人不服。"董卓把手按着剑把，威胁着说："大权在我手里。我要这样做，谁敢反对？难道你以为我董卓的刀不够快吗？"

袁绍不甘示弱地说："天下的好汉难道只有你姓董的一个人！"一面说，一面拔出佩刀，走了出去。他怕董卓不会放过他，就匆匆奔往冀州。袁绍的弟弟袁术听到消息，也逃出洛阳，出奔南阳。

袁绍兄弟走了以后，董卓又用钱财买通了有勇无德的吕布，让他杀了长官丁原，管理洛阳治安的吕布原是丁原的部将。之后，董卓就召集文武百官，宣布废立的决定。刘协即了皇位，这就是汉献帝。董卓自己当了相国。

董卓为人极其残忍。他担任相国之后，纵容兵士残杀无辜的百姓。有一次，洛阳附近的阳城（今河南登封东南）举行庙会。百姓齐集在那里赶集。董卓派兵到那里，竟把集上的男子都杀死，还把掳掠到的妇女和财物，用百姓的牛车装载着，耀武扬威地回到洛阳。一路上高呼万岁，说打了大胜仗回来啦。

董卓的倒行逆施，造成洛阳城一片混乱。一些有见识的官员纷纷离开洛阳，其中包括洛阳的典军校尉曹操。董卓怕黄巾军的余部威胁洛阳，听从谋士的主意，决定迁都长安。当时，他并不怕各地的军阀，不把袁绍、孙坚等人放在眼里。

迁都的时候，董卓派好多军队把洛阳及其附近200里的老百姓上百万人编成小队，每一小队由一队士兵押送，有谁敢反抗，便就地处死。这许许多多小队在一片哭声、骂声中，向西押去。为了断绝人们重返家园的念头，董卓派人把宫殿、房屋全部烧光。

洛阳是当时全世界最繁华的城市，一座好端端的城市就这样被毁灭了。

曹操起兵

曹操，字孟德，小名阿瞒，沛国谯县（今安徽亳县）人。他的父亲曹嵩本来姓夏侯，叫夏侯嵩，后来过继给大宦官、中常侍曹腾做养子，才改姓曹。他曾经在东汉朝廷担任过司隶校尉和大司农。

曹操自幼接受封建教育。可是他却更喜欢驾鹰驱狗、骑马射箭。他从小就爱写诗，以诗来表达自己想治理国家的志向和敢于奋争的气魄。他看了许多书，尤其爱读兵书。他将各家兵法汇集成《摘要》一书，还给我国著名的《孙子兵法》作了注解。年纪轻轻的曹操很快有了名声，就连汉末大名士乔玄也当面赞扬他是"可以安定天下的能人"。

曹操20岁时就被举为孝廉，担任了皇宫的侍从官。不久，他被调任洛阳北部尉，负责洛阳北部的治安工作。"尉"这个官职挺小，曹操却有很大的决心，要整顿好京都的秩序。当时的洛阳，外戚、宦官仗势欺人，弄得乌烟瘴气。曹操命令部下将20多根用五种颜色油漆的大棒挂在衙门口左右，公开声明说，有谁敢违反他颁布的"夜禁令"，就用五色棒惩罚他。

有一天晚上，曹操亲自带着一队士兵出去巡逻，检查"夜禁令"的执行情况。当时已经很晚了，四下里静悄悄的。曹操巡逻了一会儿，迎面碰上了宦官蹇硕的叔叔——人称蹇叔的恶霸。他平时依仗侄儿的势力，为非作歹。这天晚上他又想去干坏事，结果给曹操碰上了。曹操早就想惩罚一下这个恶霸，这下可有了借口，他大喝一声："来人！抓住这批歹徒！"巡逻队一拥而上，把这帮人带回了衙门。他们将蹇叔按倒在地上，用五色棒狠狠地揍了他一顿。消息像风一样传向了四面八方，那些坏人再也不敢到曹操的属地胡作非为。曹操的名声也随着大了起来。

宦官们对曹操怀恨在心，总想找个办法治治他。正巧，曹操的堂妹夫得罪了宦官。他们利用这件事，将曹操也罢了职。但曹操一直不屈服，坚持和他们斗争。后来他复了官，当上了议郎。黄巾起义时，曹操任骑都尉。因为他有功，又被封为济南相（相当于济南的郡守），于是曹操又到济南上任去了。

济南是个大郡，属下有10多个县。大多数县令都倚仗宦官权势，勾结地方豪强，贪赃枉法。而且他们还修了许多寺庙，借以骗取百姓的钱财。曹操一上任，就免掉了8个县令的职，接着又下令拆毁全部祠堂。这样，济南的贪官大大减少了，封建迷信活动也有所收敛。

董卓进洛阳的时候，曹操正担任典军校尉的职务。董卓想拉他入伙，任命他为骁骑校尉，董卓越信任曹操，曹操心中越是不安。具有政治头脑的曹操早就看清了董卓的面目。别看董卓现在百官都不敢得罪他，但他的倒行逆施必然会使他遭到失败。曹操不但不想投靠董卓，反而下了反对董卓的决心。因此，曹操改换衣服，更换姓名，带着几名随从，骑着快马，从洛阳跑了出来。

曹操离开洛阳后，没日没夜地跑了500多里，一直跑到了陈留。陈留一带从上到下都反对董卓。而且曹嵩在这儿有一定的根基，积累了一部分财产，很快，曹操就招募了 5000 义兵。他开始有了自己的一支队伍，便公开打出了讨伐董卓的旗帜。曹操的威信使很多有才干的人来投靠他。例如曹仁、曹洪和夏侯惇、夏侯渊两对兄弟。曹仁、曹洪是曹操的叔伯兄弟，都有一身好武艺。夏侯惇、夏侯渊不仅是曹操的同乡，而且还是同族兄弟。曹操的队伍越来越大。

公元 190 年，他带兵参加了以袁绍为盟主的关东军，讨伐董卓。关东军虽然打着反董的旗号，实际上却按兵不动，对董卓的迁都不加制止。曹操对此十分气愤。在一次关东军诸将领的集会上，他慷慨陈词，并分析了此时进军的好处。尽管他讲得义正词严，头头是道，但袁绍却不予理睬，其他将领更是无动于衷。曹操实在忍不住了，就独自带着部队从酸枣向西进军了。

董卓迁都长安后，仍在洛阳驻兵。他听说曹操独自带着人马来了，根本不放在眼里，派大将徐荣堵在汴水（今河南省荥阳市北）。等到曹操带着军队赶到汴水时，徐荣早就布好了阵势。曹操同敌人奋战到天黑，却终不是对手。曹操拨转马头就跑，徐荣在后面紧紧追赶，箭像雨一样射过来，曹操的肩膀被射中了。

当他带着箭伤回到营地时，其他将领正在饮酒作乐。曹操激动地说："各位将军如此不图进取，难道不怕天下人笑话吗？"大家根本不理他，仍然吃着喝着。只有陈留太守张邈说了一句："孟德呀！还是先养好你的箭伤吧！"

曹操经过这次讨伐战斗，觉得跟这些人在一起根本成不了大事，就带着部队到了兖州，有曹仁、曹洪和夏侯惇兄弟辅佐，兵不多将却强。他在兖州的势力有了飞速的发展。曹操在东郡得到了一位大谋士荀彧（音 yù）。荀彧帮曹操出主意说："董卓的暴虐到了极点，他必定会在动乱中丧命。"他建议曹操专心在兖州方面扩张。曹操接受了他的意见。

此时，青州的黄巾军有了很大的发展。他们浩浩荡荡地从青州涌入兖州，杀死了兖州刺史刘岱。可是黄巾军只会流动作战，不懂得把兖州作为自己的根据地。刘岱死后，兖州就群龙无首。消息传到濮阳，东郡太守曹操就派出谋士陈宫去说服兖州官员。这样，曹操不费一兵一卒，轻易地当上了兖州牧。

曹操深知，若想称霸四方，最重要的是必须有强大的军事力量，他派兵和青州黄巾军作战，打了几场胜仗，黄巾军一遇挫折，就给曹操写来一封信。信中说：“以前您在担任济南相时，毁掉了 600 多座邪神祠庙，得到老百姓的拥护。您应该看出汉朝的气运已尽，黄天当立，这是天意，不是您的才力所能挽回的。”曹操从黄巾军的来信中看出他们没有斗志，而且对自己还挺钦佩。于是，他以军事进攻为主，以诱降为辅。青州黄巾军缺乏能干的统帅，于是放下武器投降了。曹操从这支农民军中挑选出青壮年 30 万人，称为“青州军”。从此，青州兵就成了曹军的骨干。

从东郡太守到兖州牧，从将多兵少到收编了 30 万青州兵，曹操成了一个势力超群的大军阀。投靠他的谋士良将越来越多。他不仅脱离了袁绍，成为一支独立的势力，而且也渐渐敢于和袁绍较量了。

公元 196 年，曹操把逃难洛阳的汉献帝迎到了许昌，打那时候起，许昌成了东汉临时的都城，因此称为许都。

曹操在许都给汉献帝建立了宫殿，让献帝上朝理政。曹操自封为大将军，开始用汉献帝的名义向各地州郡豪强发号施令。

曹操用皇帝的名义号令天下，又采用屯田办法，解决了军粮问题，还吸收了荀攸、郭嘉、满宠等一批有才能的谋士，他的实力就更加强大起来了。

王允设计除董卓

董卓迁都长安以后，认为可以凭借天险，进则收复洛阳，退则回老家凉州，可谓收发自如。他根本不理会百姓的怨言，照样过着奢侈的生活。同时又费巨资在郿修建“万岁坞”，又称郿坞。此坞靠山而建，城墙又高又厚，易守难攻。而且内存大量粮食、兵器以及金银珠宝，足可支持20年。宫殿富丽堂皇，美女不计其数。自此，董卓更加残暴狂妄，自称尚父。

一天，董卓在宫中设宴。酒酣耳热之际，董卓把吕布叫到身边耳语几句。吕布听后抓起正在喝酒的司空张温便走出殿外。不一会儿，又托了一个木盘进来。盘内装的竟是张温的人头。董卓见百官目瞪口呆，大笑着说："张温私通袁术，想杀我。谁敢对我有二心，张温就是你们的下场！"众官急忙跪地称是。因为他们知道，稍有不慎便会招来杀身之祸。

董卓的所作所为深深激怒了司徒王允。一方面王允千方百计地接近董卓，骗取信任；另一方面，又积极策划设法除掉董卓。王允知道要想除掉董卓，同他寸步不离的吕布是最大的障碍，于是决定，从吕布入手，离间两人。回到府中后，一条妙计已经被王允想好。但是他仍然装作愁眉苦脸的样子，等待离间计的主角——貂蝉主动上钩。

貂蝉从小无父无母，被王允收养。因她聪明美丽，便被王允收为义女。

貂蝉见义父一连几日唉声叹气的，于是上前问道："义父有何难事，不知女儿能不能分担？"谁料王允听后"扑通"竟跪倒在地。貂蝉吓得急忙回拜说："义父，有什么事您尽管说，这样可折煞女儿了。"王允见时机成熟，就把貂蝉带到密室说："朝中董贼当政，废汉篡位是迟早的事。大臣们一怕他手中的兵权，二怕那个助纣为虐、武艺高强的吕布，全都无计可施。所以我准备把你先嫁给吕布，后献给董卓，然后你见机行事，离间两人，设法让吕布杀死董卓。"貂蝉说："女儿的命是父亲给的，无论做什么，女儿万死不辞，女儿守口如瓶。"王允这才放心。

第二天，王允派人送给吕布大量珠宝，并邀吕布到司徒府做客。吕布受宠若惊，以为王允有求于己，便兴冲冲地来到王允府中。王允随即差人摆酒设宴，和吕布推杯换盏，吕布不知不觉多喝了几杯。朦胧间，吕布见一少女翩翩而来，似天女下凡一般来到身边。不禁看呆了。王允微微一笑说："这是小女貂蝉，从小仰慕英雄。听说将军要来，这不，非争着给您倒酒不可。"

吕布问:"不知此女嫁未嫁人?"王允说:"还没有。不过我想把她嫁给吕将军,不知您愿不愿意?"吕布大喜,急忙叩头拜谢。王允接着说道:"等我选个良辰吉日再把女儿亲送府上,今天太晚了,将军先请回吧。"

就这样,王允打发走了吕布。又过了几天,王允又用同样的计策将貂蝉献给了董卓,不过这次是真送,而且让董卓把貂蝉带回董府。吕布听说后,提戟找到王允说:"你既已把女儿许配给我,为何又献给我义父董卓?"王允装作无可奈何的样子说:"董卓看好了小女,我哪敢说个不字呀。"吕布只好作罢。

第二天一早,吕布来到董卓的卧房。正好遇见貂蝉梳头。只见貂蝉紧皱着眉头,眼泪"吧嗒""吧嗒"地往下掉,并用手指了指自己的心,又指了指吕布的心,吕布看见心上人如此,立刻心如刀绞。董卓一翻身,正撞见吕布目不转睛地盯着貂蝉,大为恼怒。差人将吕布赶出卧房。从此不再用吕布作贴身侍卫。

吕布被疏远,很难再看见貂蝉,但他总是设法接近貂蝉。一天,吕布看见董卓正和汉献帝交谈,便直奔相府去找貂蝉。貂蝉领着吕布去了后花园凤仪亭。然后哭着说:"我心中只有将军一人,曾发誓非将军不嫁。可是如今已被董卓占有,无脸再面对将军。"说完就要往荷花池里跳。吕布一把抱住貂蝉说:"只要我活着就一定娶你为妻。"

董卓正和献帝交谈,突然不见吕布,顿时起了疑心。匆匆辞别献帝后便跑回相府。正巧遇见吕布抱着貂蝉。董卓气得大喊一声拔剑就刺,吕布仓皇逃窜。貂蝉委屈地说:"我正在赏花,谁知你那义子竟然污辱我,我要跳水寻死以保清白之身,无奈他死死将妾抱住脱身不得。"董卓大怒道:"非杀了吕布不可!"

王允见吕布、董卓翻脸,于是把吕布找至府中密谈一番,吕布稍作迟疑后又连连点头。

王允派人到郿坞,通告皇上有病,请太师回朝议事。董卓回到长安,仍让吕布紧随保护。他还穿上厚厚的铁甲，以防万一。当他带领卫队要进北掖门时，由于门的宽度，他只能带少数亲信通过。只听吕布大喊一声："奉旨讨贼！"接着一戟穿透了董卓的咽喉。蛮横一世的董卓就这样结束了可耻的一生。国贼董卓一死，老百姓太高兴了，长安城一片欢腾。

董卓死后，东汉王朝的分裂割据局面并没有结束。大大小小的军阀仍然混战不停，弄得田地荒芜，一片凄凉。

桃园结义

正当曹操的势力日益扩大的时候，刘备的势力也渐渐发展起来。刘备是涿郡（今河北省涿州市）人，字玄德，据说是西汉皇帝的本家中山靖王刘胜的后代。不过传到他这一代的时候，家境已经很贫苦，只能靠和母亲一起编卖草席、麻鞋过日子。后来，靠同族人的帮助，才拜老师读了一点书。可是他不大爱读书，却喜欢结交豪杰。

东汉灵帝末年，社会发生动乱，刘备得到中山（今河北省定县）富商张世平、苏双的帮助，招募义兵，组织地主自卫武装。关羽、张飞前来应募。

张飞字翼德，是刘备的同乡。他性情暴躁，但为人直率，有什么就说什么。他有一身武艺，好见义勇为。

关羽字云长，是河东解县（今山西省运城）人，年轻的时候好打抱不平，常常招惹是非。有一回，他因出于义愤杀了一恶霸，背迫离家逃出潼关。关羽过了潼关，东行到涿郡，结识了张飞。恰好刘备招兵，他俩就去报名了。刘备看他们武艺高强，很有才干，对他们特别亲切。就和他们在花红叶绿的桃园里结拜为兄弟。刘备是老大，关羽是老二，张飞最小。他们对天发誓，表示要同心协力，干出一番事业。这就是历史上有名的"桃园结义"的故事。

　　刘、关、张桃园结义后，一边招兵买马，一边打制兵器，扩充自己的武装力量。他们3个带着招募来的士兵，因镇压黄巾起义有功，东汉政府就派刘备做安喜县（今河北省定县）县尉，主管一县的军事。

　　刘备刚刚上任几个月，代表郡守督察下属各县官吏的督邮就来到安喜。这位督邮大人贪赃成性。刘备没给他送礼，督邮因此拒绝见他。刘备火气大，决定辞官不干，就带上关羽、张飞，拿着县尉的大印，到督邮的住处去了。

　　督邮以为刘备送礼来了，很高兴地出来见他。结果看到刘备两手空空，脸色当时就变了，轻蔑地问他："你是什么出身？"刘备毫不含糊地说："我是汉朝宗室，中山靖王的后代，因为平定黄巾有功被任为安喜县尉。"督邮大怒，说："刘备，你敢冒称宗室，冒领战功！我这次就是受朝廷之命来查处你这种人的！"刘备更不客气，他让张飞冲上去，不由分说地揪住督邮就打。直到刘备看差不多了，才让住手。

　　刘备带着关羽、张飞去投奔公孙瓒。他们在公孙瓒那儿讨伐了叛乱称帝的张纯、张举，立下战功。朝廷不但免了刘备打督邮的罪，反而任命他为别部司马。后来，又任命他为平原相，关羽、张飞为别部司马。

　　刘备3兄弟带上赵云，一起去上任了。赵云，字子龙，常山郡真定（今河北省正定县）人。他身强体壮，武艺超群，为人正派。他和刘备哥仨情同手足。一天，他们收到陶谦的求援信。陶谦是徐州牧，他的部将张闿贪图钱财，抢走了曹操父亲的全部财宝，并杀了曹家老小。曹操恨得咬牙切齿，当即下令，三军戴孝出征，立誓要杀死陶谦。陶谦抵挡不住，便求救于刘备。于是刘备带领3000人马前去援救，逼走了曹操。

陶谦对刘备感激不尽。他认为刘备确是个人才，就给刘备4000人马，请他留下来帮助自己。刘备感到陶谦非常诚恳，而平原又没什么可留恋的，就答应了。陶谦立刘备为豫州刺史，请刘备驻扎在小沛。从此刘备就以小沛为基地，平时注意发展生产，整顿治安，操练兵马。后来，陶谦死了，刘备继任徐州牧。被曹操打败的吕布、陈宫前来投奔刘备。刘备让吕布屯兵小沛。

不久，袁术为了扩充地盘，发兵徐州。刘备安排张飞和下邳相曹豹镇守下邳，自己同关羽进军到盱眙（音xū yí）迎战。袁术和刘备交战一个多月，不能取胜，就以20万斛军粮、500匹战马为交换，约请吕布袭击徐州，同灭刘备。吕布本来就是个反复无常的人，看到有利可图，就接受了袁术的条件，乘着张飞酒醉，攻占了下邳。张飞带着少数人去找刘备、关羽。

袁术也是个言而无信的人，他并不是真要给吕布军粮、战马。吕布便与刘备讲和。只不过他们互相换了一个位子，吕布占了徐州，刘备到了下邳。袁术看到吕刘讲和，对自己占领徐州不利，就故技重演，多方拉拢吕布，与其结成儿女亲家，挑拨吕刘关系。吕布听信了袁术，带兵去打刘备。

刘备已经兵损将折，敌不过吕布，就带着关羽、张飞，以及一些亲属官员，连夜逃到许都，投奔曹操，曹操热情地收留了他们。刘备住在曹操那里，心里老想着发展自己的势力，他知道曹操对他放心不下，便装出庸庸碌碌的样子，他从不关心天下大事，整天只知道浇水种菜。关羽、张飞不理解刘备为什么变成这样，十分不满。

有一天，刘备正在菜园里浇水，曹操的部将许褚来找他，说曹公有请，让他这就去。刘备不知发生了什么事，心里有些害怕，但还是硬着头皮去了。

曹操拉着刘备走到后花园，坐在一个小亭里，一边吃青梅酒，一边畅谈。

曹操问道："玄德，您周游四方，见多识广，请问，谁称得上是当代的英雄？"原来曹操是想在酒后，套刘备的实话，看他是不是也有称霸天下的野心。刘备对此早有防备，故意说："我哪配谈英雄！"曹操说："你不要谦虚，就说说吧。"

刘备只好说："淮南的袁术，已经称帝，可以算作英雄吧！"曹操笑笑，说："他呀，不过是坟中的枯骨！"刘备又说："河北的袁绍，占领了 4 个州，手下谋士多，武将勇，可以算作英雄吧！"曹操又笑了笑，说："袁绍表面厉害，胆子却很小；虽然善于谋划，关键时刻却犹豫不决。可算不上是英雄。"刘备又说："刘表坐镇荆州，被列为'八俊'之首，可以算作英雄吗？"曹操不屑地说："刘表徒有虚名而已，也算不上英雄！"刘备接着又说："孙策血气方刚，已经成为江东领袖，是英雄吧！"曹操摇摇头说："孙策是凭着他父亲孙坚的名望，算不得英雄。"刘备又举了一些割据一方的军阀，但曹操都不放在眼中，刘备无奈地说："我孤陋寡闻，除了这些人，可实在不知道还有谁配称英雄了。"

曹操指指自己，又指指刘备，说："现在天下称得上英雄的，只有您和我两人呀！"刘备吓了一跳，手一松，筷子掉在地上。与此同时，骤然电闪雷鸣，下起了大雨。刘备赶紧弯腰捡起筷子，谎称："好响的雷呀！把我吓了一大跳！"曹操见打个雷就把刘备吓成这样子，以为他是个胆小鬼，禁不住哈哈大笑起来。

刘备见曹操对自己有戒心，就想找个脱身机会，正巧曹操准备派人往徐州截堵袁术，他就借口自己熟悉那儿的地形，骗得曹操放他出了许都。为了监视和牵制刘备，曹操派了许灵、路招两位将军同行。刘备大军一到徐州，正赶上袁术的军队抵达下邳。刘备指挥大军一路杀过去。袁术大败而归，不久就吐血身亡。于是刘备打发许灵、路招回去报信，实际上把他们支走，以免受其监视。刘备乘胜进攻徐州。他们直抵下邳城，把驻守的车胄骗出城，并将其围杀，进而顺利地占领了徐州。

曹操听说以后十分气愤，决定马上出兵讨伐。刘备无力抵抗，只得去投靠袁绍。盘踞在北方广大地区的袁绍，经济力量和军事力量都很雄厚，是当时势力最大的军阀。可是曹操占据着中原部分地区，用皇帝的名义发号施令，实力发展也很快。两强对峙，必然要发生尖锐的冲突。

官渡之战

汉献帝建安五年（公元200年）二月，袁绍任命沮授为监军，统率10万大军，从邺城（今河南安阳北）出发，进攻许昌。袁绍亲率10余万冀州精兵到黄河北岸的黎阳（今河南浚县东北）建立自己的指挥部。相隔曹操的驻地官渡（今河南中牟县东北）已不远，袁绍企图一举消灭曹军。

曹操当时是东汉献帝时期的丞相，他挟天子以令诸侯，巧用计谋，先后打败了吕布、袁术和张绣等军阀。这时北方仅剩的大军阀就是袁绍。他据有冀、青、幽、并4州，兵多将广，谋士很多，粮食充足。他见曹操势力日强，一直想进攻许昌，与曹军决战。曹操则把袁绍视为统一北方的最大障碍，决心要铲除他。双方虎视眈眈，秣马厉兵，寻求机会开战。

曹操在打败袁术以后，在一次议事会上向谋士们询问讨伐袁绍的良策。

著名谋士郭嘉说："袁绍虽然兵多，但他不会用兵，而且军纪松懈，战斗力不强；谋士虽多，但互相忌嫉；袁绍任人唯亲，爱听谗言，优柔寡断，多谋少决，是非不分。"他认为袁军有这么多不利因素，兵将虽多，但没有什么可怕。与此相反，他认为曹操治军严明，唯才是用，多谋善断，雷厉风行，用兵如神，兵力虽少，定能以少胜多，打败袁军。

谋士们的分析与曹操的估计完全一致，袁绍在曹操心目中早有定论。他在不久前与刘备煮酒论英雄时，就认为"袁绍色厉内荏，优柔寡断，缺少谋略，大事怕死，小利拼命，不是英雄"。

曹操真是料敌如神，以后的事变进程，完全和他与其谋士们料定的那样：袁绍拥兵数十万，但不会选择战机；谋士虽多，互相忌嫉，袁绍不辨是非，拒纳良策。

当曹操在此以前用 20 万兵力攻打徐州时，刘备被困在小沛，派孙乾向袁绍求救，谋士田丰力主趁曹操后方空虚时，发兵突袭许昌，以解徐州之围。但袁绍却以小儿患病，无心过问战事为由，对他的计谋漠然置之不理，气得田丰直跺脚叹气说："看到别人危难而不顾，心里只有儿子，多好的战机失掉了！"

刘备被曹操打败以后来投袁绍，他一时高兴，便要出兵攻打曹操。田丰认为时机不合适，他冒险进谏说："现在曹操刚刚胜利，士气正旺，不能现在和他打，应该等待时机出兵。"

袁绍决意不听，田丰急得跪在地上叩头说："主公如果不听我的话，肯定出师不利！"袁绍听他这样说，勃然大怒，怪他扰乱军心和民心，竟要杀他，经刘备说情，才改为囚禁。

袁军在和曹军作战中，互有胜负，最后，袁绍集中 70 万大军攻打官渡，企图从这里突破，去攻取许昌。曹操亲自率 7 万精兵来与他决战。田丰在狱中知道消息以后，又致函袁绍，希望他不要轻易动兵，要等待时机，以免失利。这封信被一个与田丰作对的谋士逢纪看见，他冷言冷语挑唆说："主人顺应天意伐曹是正义之师，田丰为何说不吉利的话？"袁绍听了，更厌恶田丰，又要杀他，经部下劝阻才罢。他恨恨地说："等我打败了曹操，回来再治他的罪。"

袁军和曹军在官渡对峙达两月之久，初期战斗，互有死伤。袁军曾在城下筑起土山，居高临下，向城中士兵放箭，曹军一度很惊慌，军士们每天被迫躺在地上用挡箭牌防箭，以减少伤亡。曹军有个谋士叫刘晔，他设计了一种"发石车"，又叫"霹雳车"，只要对方一射箭，这里就用发石车对付他们。一声号令，拽动石车，炮石腾空飞起，准确地落在土山上，巨石如雨，把弓箭手砸伤或砸死，吓得袁军士兵以后不敢再利用土山射箭了。

大军作战，粮草先行。双方对峙，从八月到九月底，日期一长，粮草供应异常紧张。曹军渐渐感到疲乏，特别是粮食调运困难，不易及时保证供应。曹操一度想从官渡撤军回许昌，但事关重大，他一时下不了决心，便写信去征询谋士荀彧的意见。

荀彧（音 hū）很快回信，力主曹操坚持下去，不能撤军。他在信中说："我军与袁军的对阵，形势有点像当年楚、汉相争的局面，现在正是寻找战机的时候，千万不能退军！"

曹操觉得信中的话说到他心里去了，他命令全军将士一定要死守阵地，他再也不提撤兵了。就在这个时候，曹操的部将徐晃抓到了袁军一个侦探，他供认一个重要消息："袁绍派大将军韩猛运军粮来了，派我先来探路。"曹操的谋士荀攸知道以后，要曹操派兵劫住袁军运粮车，全部予以烧毁。

袁绍的谋士审配知道粮车被劫烧以后，对他说："打仗以粮食为重，乌巢是屯放粮草重地，必须派重兵把守。"袁绍立即派大将淳于琼率领两万精兵加强乌巢护粮兵力。但淳于琼是个酒鬼，脾气暴躁，动则鞭笞士兵。他到乌巢以后，每日酗酒，将士们怕他，无人敢劝。袁绍派贪酒将军护粮，结果误了大事。

袁绍帐下谋士许攸，是曹操的旧友，他截获了曹操送给许昌荀彧的密信，信中说："军中粮草已经用完，望速运粮来。"跑去对袁绍说："曹操军粮用尽，他的精兵尽在官渡，许昌必然空虚。主公派支军队袭击许昌，曹操老巢即可捣毁。"但袁绍不信任许攸，因为他刚得到审配从邺城发来的文书，其中揭发许攸在冀州任职时受人贿赂，他听许攸献计以后，不但不给予嘉奖，反而怒冲冲地斥责他："你的行为不端，有什么脸面向我献计？你与曹操是旧交，想为曹贼行骗吗？退下，以后不许见我。"

许攸满以为可以邀功，想不到袁绍给他当头一棒，他退出帐外，仰天长叹："天啦！忠言逆耳啊！"他反复考虑，觉得袁绍昏庸无能，迟早必败，不值得为他效忠，当晚就潜出营去投曹操。

夜深人静，曹操正躺在床上无法入睡，为军中缺粮发愁，他听说许攸深夜求见，高兴得连鞋子也来不及穿，光脚出帐迎接，挽着他的臂膀走入大帐，然后朝他拜伏在地上叩头不已。许攸慌忙扶起曹操说："您是汉朝丞相，我不过是一个平民百姓，您何必这样谦恭？"曹操说："我们是故友，何必分官职上下尊卑呢？"许攸异常感动："唉，我不会择主，在袁绍手下谋事，言不听，计不从，今天特来投奔您啊！"

曹操说："您肯来我这里，我的事业就成功了，请您教我破袁绍的计谋。"许攸说："我有一计，可使袁绍百万之众不战自灭。"他告诉曹操"袁绍的军粮辎重都积存在乌巢，由一个酒鬼将军防守，只要派一支精兵，伪装成袁军蒋奇部去乌巢护粮，就可乘机烧掉袁绍军粮。袁军无粮，不战自溃。"

曹操十分高兴，立即亲选5000精兵，伪装袁军，连夜赶往乌巢烧粮。沿途哨兵查问时，他们一律回答说"蒋奇将军奉命去乌巢护粮"，没有遇到任何怀疑和阻拦，顺利通过警戒。曹军在报晓时分到达乌巢，立即击鼓冲入粮仓营寨放火。霎时火光冲天，寨内大乱。守将淳于琼这时正醉倒在床上酣睡，被吵醒后他正要出去查问，立即被曹军捉获。曹军横冲直撞，见粮囤就烧，见袁兵就杀；乌巢粮仓顷刻化为灰烬，护粮军士非死即逃。

袁绍见曹军去乌巢烧粮，估计曹营空虚，便派兵去劫寨，但被曹操预先安排好的伏兵杀得大败而归。袁绍70万大军没有了粮食，立时大乱。袁军内部发生分裂，大将张郃、高览率所属部队投降曹操。曹军趁机发起总攻，把袁军杀得落花流水，袁绍父子仅带800骑兵逃回河北。

官渡之战创造了以少胜多的军事奇迹，为曹操日后统一北方奠定了基础。官渡之战后不久，袁绍便气急病死，曹操成为北方首屈一指的领袖人物。

孙策占据江东

曹操和袁绍在北方争雄称霸的时候，孙氏兄弟也逐渐在江东形成了自己的地盘，而且权势也一天天壮大起来，建立了政权。孙氏兄弟在江东的政权是由哥哥孙策打下基础的。又在弟弟孙权的手中得到了巩固。

孙策和孙权的父亲是袁术的部下孙坚。孙坚在年少时就表现出非凡的才能，成名后他为朝廷立下了不少战功。献帝初平三年（公元 192 年），袁术派孙坚去攻打荆州的刘表。刘表派部将黄祖迎战。不料孙坚却在岘（音 xiàn）山（今湖北省襄阳城外）中了黄祖的埋伏，被乱箭射中，战死在沙场上，年仅 37 岁。当时，孙坚的长子孙策只有 17 岁，他只能投靠父亲的上司袁术，袁术失去爱将，很是伤心，又见孙策少年英俊，心里很是喜欢。

就在孙策投靠袁术后不久，扬州刺史刘繇（音 yóu）以优势兵力侵占孙策舅舅吴景管理的丹阳，情况很是危急。孙策就要求袁术借兵给他去讨伐刘繇，帮助舅舅解脱困境。袁术也认为刘繇的行为损害了自己在江东的利益，于是就借给孙策 1000 人马。

孙策就在进军江东的途中不断招兵买马，他又得到了好朋友周瑜的援助，补充了粮食及其他必备的物资，加强了自己的力量。在进攻刘繇的过程中，他在牛渚（今安徽省当涂县采石矶）打败了刘繇的部将张英；又在秣陵打败了笮（音 zé）融；最后终于赶走了刘繇，解救了处境困难的舅舅吴景，并且控制了江东的一大块地盘。为了争取民心，取悦于江东人民，他严格了部队纪律，不许士兵抢劫百姓的财物，也不许虐待俘虏。10 多天的工夫，就有两万多人投奔孙策。孙策在江东人民的鼓励和支持下，乘胜攻下了吴郡，占领了会稽和其他 4 个郡，自任会稽太守。从此，他就与袁术断绝了一切联系，开始在江东称霸。

年轻有为的孙策是不满足于仅仅占领江东六郡的，他想要渡江与曹操争夺地盘。吴郡太守许贡看出了孙策的心思，就悄悄地派人给曹操通风报信，不料，送信人在渡江的时候被孙策的士兵查出来了，孙策得到报告以后，就想了个办法把许贡骗了来，拉出去杀了，许贡的家属和奴仆慌忙逃命，更是一心想报仇雪恨。

一天，孙策带了一些士兵在丹徒（今江苏省镇江市）郊外打猎，忽然，他看见一只鹿在前面跑，就赶快催马追了上去。追到树林的深处，却看见了3个持枪带弓箭的人等在那里。孙策正想开口盘问他们，其中一个已经举枪刺杀过来。孙策赶快挥剑应付，砍倒了他，却不防脸颊中了另一个人一箭。那个人大声地叫道："为我们的主人许贡报仇！"当孙策的卫兵赶来杀死了刺客时，孙策已满面流血，伤势严重。

由于刺客的箭头上涂了毒药，所以孙策的伤势越来越重起来，他也知道活不了多久了。一天，他把弟弟孙权、长史张昭叫到跟前，吩咐后事。他对弟弟孙权说："我大概活不多久了，江东的事业以后就由你来掌握了，你应该时时想起父亲和我创业的艰难，一定要多依靠张昭、周瑜，遇到什么大事情一定要常常与他们商量。一定要重用有才干、有能力的人，不要在强暴面前屈服，千万要记住我们创业的艰辛，要用一切力量保住江东的势力！"说完，他用手示意将印绶挂在孙权的脖子上，孙权强忍巨大的悲痛，劝慰着哥哥。

在孙策死后，年仅19岁的孙权，在长史张昭的帮助下逐渐开始掌握起军政大权。不几天，孙策的好朋友周瑜也从巴丘赶回吴郡，来辅佐年轻的孙权。当时，周瑜正担任守护军、江夏太守，兵权在握，是一个很有实力的人物。周瑜见孙权是一个年轻而又不骄傲自满的人，很是高兴。他认为孙权很可能是个大有作为的人，他谦虚了一番，又向孙权推荐了临淮东城人鲁肃，说他相当有才能。孙权就赶忙派周瑜把鲁肃请来，于是孙权的身边又添了一个出谋划策的帮手。

孙权开始掌握江东政权的时候，江东刚刚经过战乱，政局却不很稳定，百姓也不相信这个年轻的首领，所以人心惶惶，这对孙权来说确是一个严峻的考验。江东许多有名望的人都对孙权持观望态度，有人怀疑他的统治能否长久，甚至有人进行了公开的反叛。庐江太守李术就是公开反叛的人之一。在这个紧要的危急关头，孙权迅速调动了军队，一举消灭了李术，把李术部下的3万多人全部置于自己的控制之下，灭掉李术这件事使大家看出孙权的气魄、胆略和决策的果断。于是江东的局势就稳定下来了。

汉献帝建安七年（公元202年），曹操派使者到江东，要孙权送一个儿子到许昌去做人质，以表示两家和好。孙权召集文武官员商议。长史张昭是个文官，很害怕打仗，他主张把人送过去。但周瑜反对他的意见，就说："如果按照长史的意见，送人质到许昌去，那么我们就成为曹操的附庸，就受他控制了。"他顿了顿，转脸对孙权说："您哥哥也曾说过不要向任何强暴屈服，才能完成称霸江东的大业。现在，如果我们送去人质，就违背了你哥哥的遗愿，我们称霸江东的大业也要断送了。现在我们占有江东六郡，这里物产丰富，兵粮充足，而且人心稳定，我们有什么理由要给曹操送人质呢？"孙权也同意周瑜的观点，他认为不应当在曹操的威胁之下屈服，周瑜这一番话，更加坚定了他的信心，他坚决拒绝了曹操的要求。

在这些文官武将的精诚辅佐下，孙权用心管理政事，努力增强军事实力。从此，由孙策开创的称霸江东大业，在孙权的手中逐渐得到了巩固。

诸葛亮隆中对策

官渡大战以后，刘备逃到荆州，投奔刘表。刘表拨给他一些人马，让他驻在新野（今河南新野县）。

刘备在荆州住了几年，刘表一直把他当上等宾客来招待。但是刘备是一个雄心勃勃的人，因为自己的抱负没有能够实现，心里总是闷闷不乐。刘备心里总在考虑着长远的打算。为了这个，他想寻找个好助手，帮他完成大业。

他听说襄阳地方有个名士叫司马徽，就特地去拜访。司马徽很客气地接待了他，问他的来意。刘备说："不瞒先生说，我是专诚来向您请教天下大势的。"司马徽听了，呵呵大笑起来，说："像我这样平凡的人，懂得什么天下大势。要谈天下大势，得靠有才能的俊杰。这一带有卧龙，还有凤雏，您能请到其中一位，就可以平定天下了。"刘备急着问卧龙、凤雏是谁，司马徽告诉他：卧龙名叫诸葛亮，字孔明；凤雏名叫庞统，字士元。

刘备向司马徽道了谢，回到新野。正好有一个读书人来见他。刘备一看他举止大方，以为他不是卧龙，就是凤雏，热情地接待了他。经过一番谈话，才知道这个人名叫徐庶，也是当地一位名士，因为听到刘备正在招请人才，特地来投奔他。刘备很高兴，就把徐庶留在部下当谋士。

徐庶告诉刘备说："我有个老朋友诸葛孔明，人们称他卧龙，将军是不是愿意见见他呢？"

刘备从徐庶那里知道了诸葛亮的情况，原来诸葛亮不是本地人，他的老家在琅琊郡阳都县（今山东沂水县南）。他少年的时候，父亲死了。他叔父诸葛玄跟刘表是朋友，就带着他到荆州来。不久，他叔父也死了，他就在隆中（今湖北襄阳西）定居下来，搭个茅屋，一面耕地种庄稼，一面读书，过着他恬淡的生活。那时，他年纪只有 27 岁，但是学问渊博，见识丰富，朋友们都很钦佩他。

刘备先后听到司马徽、徐庶这样推重诸葛亮，知道诸葛亮一定是个了不起的人才，就带着关羽、张飞一起到隆中去找诸葛亮。诸葛亮得知刘备要来拜访他，故意躲开。刘备到了那里，扑了个空，跟刘备一起去的关羽、张飞都感到不耐烦。但是刘备却记住徐庶的话，耐着性子去请，一次见不到，第二次再去；两次不见，第三次又去请他。诸葛亮终于被刘备的诚意感动了，就在自己的草屋里接待了刘备。

刘备把关羽、张飞留在外面，自己跟着诸葛亮进了屋子。趁屋里没有人的时候，刘备坦率地说："如今汉室衰落，大权落在奸臣手里。我自己知道能力差，却很想挽回这个局面，只是想不出好办法。所以特地来请先生指点。"

诸葛亮虽然在隆中居住了 10 年，但他却根据自己对天下大事的精心观察、分析，形成独特的政治见解。诸葛亮推心置腹地跟刘备谈了自己的主张。他说："现在曹操已经战胜袁绍，拥有 100 万兵力，而且他又挟持天子发号施令。这就不能光凭武力和他争胜负了。孙权占据江东一带，已经 3 代。江东地势险要，现在百姓归附他，一批有才能的人为他效力。不能打他的主意应与他联合。"

接着，诸葛亮分析了荆州和益州的形势，认为荆州是一个军事要地，可是刘表是守不住这块地方的。益州土地肥沃广阔，向来称为"天府之国"，可是那里的主人刘璋也是个懦弱无能的人，大家都对他不满意。最后，他说："将军是皇室的后代，天下闻名，如果您能占领荆、益两州的地方，对外联合孙权，对内整顿内政，一旦有机会，就可以从荆州、益州两路进军，攻击曹操。到那时，有谁不欢迎将军呢？能够这样，功业就可以成就，汉室也可以恢复了。"

刘备听着听着，禁不住地说："先生的话真是开了我的窍。我一定照您的意见干。请您一定要助我。"

诸葛亮看到刘备这样热情诚恳，就高高兴兴跟着刘备到新野去了。后来，人们把这件事称作"三顾茅庐"，把诸葛亮这番谈话称作"隆中对"。刘备三顾茅庐求贤诸葛亮的佳话也一直流传到今。从此以后，刘备把诸葛亮当老师对待，诸葛亮也把刘备当做自己的主人，用他全部的智慧和才干辅佐刘备。

刘备得到了孔明，如鱼得水，如虎添翼，实力发展很快，打了一系列胜仗，夺取了许多城市，建立了巩固的立足基地。

刘备在曹操夺取他一度占领的徐州之后，投奔当时的荆州牧刘表，被安排在新野暂时栖身。孔明来了以后，建议刘备组织民兵，由他亲自操练，培训了 3000 精兵，为抗曹作了准备。不久，曹操派夏侯惇率兵来攻新野，刘备十分担忧。孔明说："主公休急，兵来将挡，我自有办法退敌。"

诸葛亮到新野后，曾对周围地形作过周密观察。他知道博望坡左边有座豫山，山右有片安林，南道路狭，山川相逼，林木丛杂，两边尽是芦苇。这次曹军来犯，孔明决定诱敌入山，实施火攻。他胸有成竹，指挥若定。升帐以后，命关羽率 1000 士兵埋伏在豫山，命张飞率 1000 人埋伏在安林，命关平、刘封带 500 人在博望坡后两边等候，敌军到时就放火，然后，关羽率兵专烧敌军粮车，张飞率兵迅速出击。夏侯惇果然中计，被大火烧得无处藏身，死伤不计其数。

孔明初出茅庐，第一次调兵遣将打仗，获得大捷，众将佩服得五体投地。关羽和张飞原来怀疑孔明是否真有才能，见刘备特别器重他，心里不服。现在见他足智多谋，出奇制胜，不禁伸出大拇指冲他高喊："您真是英杰！"

初战告捷，孔明料定曹操必然率大军前来报复。新野弹丸之地，无法抵挡。他建议刘备撤走，退往江夏，然后设法与东吴孙权联合抗曹。

这时，曹操亲率数十万大军逼近东吴，孙权也想联合刘备兵力，共同破曹，特派大臣鲁肃来试探意向。孔明趁机与他过江，进行联兵抗曹的外交活动。他单身一人，凭着雄辩口才，先舌战东吴的主和派，后智激孙权和周瑜，终于实现了联吴抗曹的策略。周瑜在刘备和诸葛亮配合下，火烧赤壁，大败曹军数十万，创造了辉煌战绩。

赤壁战后，刘备用孔明计谋，乘胜派兵攻占荆州、南郡和襄阳，接着向南进兵，攻占了武阳、桂阳、零陵和长沙等地，占领了大片地区，从此改变了刘备无立足之地的局势。

不久，刘备按照孔明原定攻取西蜀战略，向蜀中进兵，逼迫刘璋拱手让出益州，为后来建立蜀国奠定基础。接着，又进兵汉中，从曹操手中夺取了汉中大片土地，取得了作战以来的最大胜利。刘备自封为汉中王，与曹操和孙权形成三足鼎立之势。

赤壁水战

官渡之战以后，曹操就统一了北方，发展生产，增强军事力量，下一步他就打算进军南方，消灭驻守在荆州的刘表和江东的孙权，统一全国。

在汉献帝建安十三年（公元208年），曹操率大军南下，直逼荆州。而此时，驻守荆州的刘表刚刚死去，次子刘琮承袭了他的职位，胆小怕事的刘琮暗地里投降了曹操。受刘表派遣驻守新野一带的刘备，见曹军来势凶猛，想抵抗也来不及了，就匆匆忙忙地向江陵退却。江陵是一个军事重镇，又是兵力和物资的重要补给地，曹、刘双方都为争夺此地而日夜兼程，在长坂（今湖北省当阳市东北）曹操赶上了刘备，并且打败了刘备，占领了军事要地江陵。

刘备只好从小道到夏口（今湖北省武汉市），与刘表的长子刘琦相遇，合兵一处，约有 2 万人。而且在夏口，刘备碰到了孙权的谋士鲁肃。原来，孙权在得到曹军南下、刘表去世的情况后，就接受了鲁肃"联合刘备、抗击曹操"的建议，并派鲁肃以给刘表吊丧为名，和刘备取得联系。在夏口，鲁肃向刘备坦诚地说明了来意，希望孙、刘两家能够联合抗曹，这正符合了诸葛亮在隆中同刘备讲的对策。刘备当即决定派诸葛亮为代表，同鲁肃前往柴桑（今江西省九江市西南），面见孙权共商联合破曹之计。

孙权爱慕诸葛亮的才华，诸葛亮见孙权气度不凡，两个人谈得非常投机。孙权首先向诸葛亮请教，诸葛亮说："现在天下大乱，曹操占据北方，而且有吞并天下之势。而将军您占据着江东，刘豫州刘备一心想振兴汉室，两位都有和曹操争夺天下的气势，真是志向相同啊！"诸葛亮一句话就将孙、刘拉到了共同抗曹的立场上。但他见孙权在联合抗曹上仍有些犹豫不决，就对孙权说："曹操占领了荆州，名声震及四海，现在他顺江而下，直逼江东。将军您应该根据自己的力量做出决断。刘豫州是汉朝的宗室，才能是他人所无法比及的，许多人都仰慕他，归顺他，如果他抗曹不能成功，那也是天命；他是无论如何也不会向曹操投降的。"诸葛亮的几句话分明在激励孙权做出正确的决断。

这时恰巧曹操写信恐吓孙权，说他率 80 万大军讨伐江东。曹操书信来后，孙权在一次议事会上宣读，要众臣讨论，商讨对策。一时议论纷纷，莫衷一是。以张昭为代表的文官主张求和投降，以黄盖为代表的武将则力主抗曹。大臣鲁肃，是个主战派，他力主联合刘备势力共同抗击曹军。他见孙权对和战的态度暧昧，非常着急，在散会后他对孙权说："张昭的话，主公千万不能听，你身为东吴之主应当三思！"

孙权说："我何尝不知道和与战的利害关系，只是事关重大，一时难下决心。"鲁肃说："曹军眼看就要进攻，主公要当机立断。最好先听听周将军的意见，早作抉择。"

孙权猛想起孙策临终遗嘱来，立即派人去通知周瑜回来议事。周瑜这时正在鄱阳训练水军，听说曹操大军来到，未等得到孙权通知，已经连夜赶回柴桑郡，要求见孙权议决军机大事。

鲁肃见周瑜回来，首先向他讲了和与战的争论情况，希望他促使孙权下决心抗曹，张昭等文官知道周瑜的意见举足轻重，也来求他支持和谈。他们走后，黄盖等武将又来要求坚决抗曹。周瑜听后非常高兴，激动地说："我正要与曹操决战，绝不投降。诸位将军请回，明日见主公后，自有定议。"

第二天，孙权主持东吴百官再议和战问题。周瑜先发言："听说曹操来书，要我们归降？主公如何定夺？"孙权将曹操的信给他看，要他发表意见。周瑜看后冷笑一声说："曹操欺我东吴无人，竟敢如此侮辱！"

周瑜见文官们害怕曹操势大，又详细分析敌军弱点。他认为曹操虽然善于用兵，但这一次大军南下，违反兵家常规：曹军在南方久经征战，疲惫不堪；马腾、韩遂等在北方作乱，有后顾之忧；曹军士兵来自北方，只善陆战，不会水战；隆冬严寒，水土不服，易生疾病。周瑜充满信心地说："曹军人数虽多，但天时、地利、人和都在我方，只要君臣同心，团结对敌，完全可以打败曹军。"

周瑜主战的理由和对敌我力量的透彻分析，获得了武将们的坚决拥护，说得主和派文官们哑口无言，孙权不断地微笑点头，表示赞赏。周瑜说完以后，孙权双目扫视了一下分站两列的文臣武将，断然拔出佩剑猛砍下桌子一角，斩钉截铁地说："从今天起，只准言战，不准言和。谁再主张降曹，请看桌子下场。"

孙权虽然下了抗曹决心，但一想到曹军有80万之多，东吴只有几万精兵，相差过于悬殊，能否打胜，没有信心，当晚急得在床上翻来覆去不能入睡。

周瑜早料到孙权的心事，深夜前来求见。他开门见山地说："主公不要担心曹操兵多，80万大军是吹嘘吓人的数字，曹操从北方带来的军队大约只有十五六万人，劳师远征，疲兵再战，我军以逸待劳，可以稳操胜算。荆州地区降曹军队不过七八万人，人员复杂，士气低沉，不堪一击。我只请求主公拨给几万精兵，保证打败曹军。"

孙权听了周瑜对曹军的具体分析，心中焦虑顿时消失，高兴地说："你和鲁肃主战，正合我心，有你们这样英明的将领，何愁曹军不败。"孙权于是拨给3万人马，任命周瑜为都督，鲁肃为赞军校尉，与刘备的两万军队结成联军，协助作战。

曹操的军队在长江北岸赤壁一带扎营，与孙刘联军隔江相对峙。正如周瑜所料，曹军果然不擅水战。冬天寒风怒吼，江上波涛汹涌，船舰不断颠簸，无数士兵晕船，呕吐厉害，加上水土不服，病号日益增多。曹操与谋士们商量，设法用铁链把战船联结在一起，铺上木板，使船保持平稳，减轻了风浪颠簸，晕船人数大减。

有一天，周瑜和鲁肃带领一批武将和谋士来水寨高台上观察曹营情况，见连环战船一排一排紧密相连，恰似水上小宫殿一般，气势壮观，心中暗自发笑。他想：曹操只知防水，没想到防火，我给你来个火烧连环战船，定叫你全军覆灭，大败而归。周瑜回营后，与谋士们商议破曹策略，决定实行火攻，但是江面宽阔，要接近敌船纵火，谈何容易。正在周瑜感到为难时，东吴老将黄盖主动请战，他也建议纵火烧船，并且要求承担最艰险的纵火任务。

周瑜见黄盖与他想到一起，非常高兴，但马上说："火功虽好，无法接近敌船，也是枉然。"黄盖也早想到这一点，他自告奋勇，愿去曹营诈降，趁机纵火烧船。为了骗取曹方信任，黄盖甘愿承受皮肉痛苦，伪装与周瑜计谋不合，受到严厉惩罚，被打得全身皮开肉绽，然后投奔曹营诈降，执行所谓的"苦肉计"。

曹操接到黄盖降书后，开始也不相信，但经安插在吴军中的内线证明，黄盖遭受毒打属实，也就深信不疑。黄盖按着曹操约定的暗号标志、时间和地点，率领20条小舟，装满干柴芦苇，浇上鱼油，铺上硫黄和焰硝等引火易燃品，向驻扎在赤壁的曹方水寨飞快驶去。黄盖站在为首一条船上，高插一面大旗，上写"先锋黄盖"4字，他全副披挂，手握利刃，好不威风。说也碰巧，这一天东风猛吹，波涛翻滚，曹操在军中高处遥望隔江，自以为不可一世。

他说："黄盖来降，是天助我也！"

20条船离曹营越来越近，曹营有个观察水上敌情动静的武将指着黄盖所率船只对曹操说："来船有诈，休教近营。"曹说："你怎么知道？"他说："黄盖说乘粮船来，如船中有粮，船必稳重，观看来船，轻而且浮，今夜又有东南风猛吹，如果来船假降，是来纵火，就难对付了。"曹操猛然醒悟，立即派巡逻船去制止来船。但已经晚了，黄盖用刀一挥，前船立即发火，风助火势，火趁风威，船如箭发，烟焰冲天，20条火船，一齐撞入水寨，曹营所有船只猛然着火，烈焰腾空，烧得满江通红。

曹营水寨士兵对突如其来的火攻，毫无思想准备，吓得惊慌失措。战船紧紧相连，根本无法分开，只能眼巴巴瞧着战船烧沉为止。大火很快从船上蔓延到驻扎岸上的曹营，江面上和江岸上到处一片火海。

周瑜挥动令旗，东吴将士们一个个如出山猛虎，奋勇出击，曹军士兵被大火烧得焦头烂额，战船上一片混乱，互相践踏，争相逃命，最后不是被火烧死，就是被水淹死。在孙刘联军的追杀下，曹军20多万人马，损失惨重。曹操见败局已定，只好收拾残兵败将，逃回许昌去。

赤壁之战，孙刘联军大胜，曹军大败，为曹刘孙三家形成魏、蜀、吴三国鼎立局面奠定了基础。周瑜指挥有方，创造了以少胜多、以弱败强的著名战例，不愧为我国历史上杰出的军事家。

关羽水淹七军

刘备占领了益州以后，东吴孙权派人向他讨还荆州，刘备不同意。双方为了荆州成为仇人。后来听说曹操要进攻汉中，益州也受到威胁。刘备和孙权双方都感到曹操是他们强大的敌手，就讲和了。把荆州分为两部分，以湘水为界，湘水以西归刘备，湘水以东归东吴。

刘备稳定下了荆州后，就专心对付曹操，请诸葛亮坐镇成都，亲自率领大军向汉中进兵，叫法正当随军谋士。

曹操马上组织兵力和刘备对抗，他亲自到长安去指挥汉中战事。双方相持了一年。到了第二年，在阳平关一次战役中，蜀军大胜，魏军的主将夏侯渊被杀。曹操不得不退出汉中，把魏军撤退到长安。刘备在益州的地位更加巩固了。公元 219 年，刘备在他手下一批文武官员的拥戴下，自立为汉中王。

诸葛亮早已设计的战略是打算从两路进攻曹操的。这一次西面的汉中打了胜仗，就得乘这个势头，再从东面的荆州直接攻打中原。镇守荆州的是大将关羽。关羽有勇也有谋，就是骄傲自大。刘备做了汉中王，派人带了官印封他为前将军，关羽有些不满意。

刘备命令关羽进攻，关羽派两个部将留守江陵和公安。自己亲自率领大军进攻樊城。樊城的魏军守将曹仁向曹操求救。曹操派了于禁、庞德两员大将率领军队前去增援。曹仁让他们屯兵在樊城北面的平地上，和城中互相呼应，使关羽没法攻城。

正在双方相持不下的时候，樊城一带下了一场大雨。汉水猛涨，平地的水高出地面有一丈多。四面八方大水冲来，把于禁驻扎在平地的军营全淹没了。于禁和他的将士不得不泅水找个高地避水。

关羽早就抓住于禁在平地上扎营这个弱点。他趁着大水，安排好一批大小船只，率领水军向曹军进攻。他们先把主将于禁围住，叫他放下武器投降。于禁被围在一个汉水中的小土堆上，逼得无路可退，就垂头丧气地投降了。

庞德带了另一批兵士避水到一个河堤上。关羽的水军向他们围攻，船上的弓箭手一起向堤上射箭。庞德手下有个部将害怕了，对庞德说："我们还是投降了吧！"庞德骂那部将没志气，拔剑把他砍死在堤上。兵士们看到庞德这样坚决，也都跟着他抵抗。庞德不慌不忙拿起弓箭回射，他的箭法很好，蜀军被射死不少。双方从早晨打到中午，从中午打到午后，庞德的箭使完了，就叫兵士们一起拔出短刀来搏斗。他跟身边的将士说："我听说良将不会为了怕死而逃命，烈士不会为了活命而失节。今天就是我死的日子了。"

这时候，大水越涨越高，堤上露出的地面越来越小。关羽水军的大船进攻得更加猛烈，曹军的兵士纷纷投降。庞德趁着这乱哄哄的时候，带了3个将士，从蜀军兵士中抢了一只小船，想逃到樊城去。不料一个浪头袭来，把小船掀翻了。庞德掉在水里，关羽水军赶上去，把他活捉了。

将士们把庞德带回关羽大营。关羽劝他投降。庞德骂着说："魏王威震天下；你们主人刘备，不过是个庸碌的人，怎能和魏王相敌。我宁可做国家的鬼，也不愿做你们的将军！"关羽大怒，一挥手，命令武士把庞德杀了。

关羽消灭了于禁、庞德的军队，乘胜进攻樊城。樊城里里外外都是水，城墙也被洪水冲坏了好几处。曹仁手下的将士都害怕了。有人对曹仁说："现在这个局面，我们也没法守了，趁现在关羽的水军还没合围，赶快乘小船逃吧！"

曹仁也觉得守下去没希望，就跟一起守城的满宠商量。满宠说："山洪暴发，不会很久，过几天水就会退下去。听说关羽已经派人在另一条道上向北进攻。他自己没有敢进兵，是因为怕咱们截他的后路。要是我们一逃，那么黄河以南，恐怕就不是我们的了。请将军再坚持一下吧。"

曹仁觉得满宠说得有理，就鼓励将士坚守下去。

这时候，陆浑（今河南嵩县东北）百姓孙狼发动起义，杀了县里的官员，响应关羽。许都以南，其他响应的人也不少。关羽的威名震动了整个中原。

魏王曹操到了洛阳，得到各方面的警报，非常着慌。准备暂时放弃许都，以防关羽乘胜攻击。

谋士司马懿劝他不要这样做，他说："大王不必担心。我看刘备和孙权两家，表面很亲热，实际上互相猜忌得厉害。这次关羽得意了，孙权一定不乐意。我们何不派人去游说孙权，答应把江东封给他，约他夹攻关羽，这样，樊城之围自然会解除了。"

曹操听了司马懿的意见，觉得他说的很有道理。就派使者到孙权那里去游说。后来，吴国与蜀国的分歧越来越大，以至于孙权的政治砝码开始倾向于魏国。

吕蒙白衣渡江

吕蒙是东吴名将。他从小就练得一身好武艺，年轻时候立了不少战功，受到孙权的器重。

一次，孙权对吕蒙说："你的责任重了，应该抽时间读点书才好。"吕蒙说："在营里事务那么多，哪儿有时间读书呢？"孙权笑着说："你说事情多，总比不上我多吧！我自己就有这个经验，读了一些兵法、历史，对自己很有帮助。你不妨试一试。"

吕蒙听了孙权的劝告，一有空就认真读书。渐渐地，吕蒙变得谈论风生，见解精辟，就连鲁肃那样有学问的人都对他刮目相看了。

后来，吕蒙接替了鲁肃的职位，率军驻扎在陆口（今湖北嘉鱼西南）。吕蒙和鲁肃的主张不同。他认为关羽有兼并东吴的野心，向孙权上书要求出兵对付关羽，说："刘备、关羽君臣，都是反复无常的人，不能把他们当盟友看待。"孙权接到了吕蒙的信，也觉得关羽狂妄自大。孙权曾经派人去向关羽求亲，希望关羽把女儿嫁给他儿子。关羽不但不答应，反而把使者辱骂了一顿，使孙权很气愤。

正好在这个时候，曹操派使者来联络，要他夹攻关羽。孙权马上复信，表示愿意袭击关羽的后方。

关羽也听说吕蒙厉害，虽然他亲自率大军进攻樊城，但对于他背后的吕蒙并没有放松防备，在蜀吴交界一带，布置得严严实实。关羽不想自己的防

区有什么闪失。

　　吕蒙计划着如何使关羽放松警惕。吕蒙本来经常有病。这一回，他就装作旧病发作，而且说病得很厉害。孙权也正式发布命令，把吕蒙调回去休养。另派了一个年轻的陆逊去接替吕蒙。这个消息很快传到樊城。关羽听到吕蒙病重，又听说陆逊是个年轻的书生，心情就放松多了。

　　陆逊从陆口特地派人拜见关羽。关羽接见使者，使者献上了书信和礼品。信中大意是说，听说将军在樊城水淹七军，俘获于禁，远远近近哪个不称赞将军的神威。我是个书生，很不称职。今后还得靠将军多多照顾呢！关羽看了陆逊的书信，觉得陆逊态度谦虚、老实，也就放了心，把原来防备东吴的人马陆陆续续调到樊城那边去了。

　　陆逊把关羽人马调动的情况，随时报告给孙权和吕蒙。这时候，关羽在樊城接受了于禁的投降兵士几万人，粮草供应发生了困难，就把东吴贮藏在湘关的粮食强占了。孙权得知湘关的米被抢，就派吕蒙为大都督，命令他迅速袭击关羽的后方。

　　吕蒙到了寻阳（今湖北黄梅西南），把所有的战船都改装作商船，选了一批精锐的兵士躲在船舱里。船上摇橹的兵士扮作商人，一律穿上商人穿的白色衣服。就这样，一列又一列商船向北岸进发了。到了北岸，蜀军守防的兵士一看都是穿白衣的商人，就允许他们把船停在江边。没想到一到晚上，船舱里的兵士一齐出来，偷偷摸进江边岗楼，把蜀军将士全部抓住，把岗楼占了。

吕蒙大军神不知鬼不觉地占领了北岸，进军公安。留守公安、江陵的蜀军将领本来对关羽很不满意，经吕蒙一劝降，都投降了。吕蒙进了城，派人慰问蜀军将士家属，并且吩咐东吴将士严守纪律，不许侵犯百姓。有一个东吴兵士，是吕蒙的同乡，因为天下雨，拿了老百姓家的一顶斗笠遮盖铠甲。吕蒙发现后，认为这个兵士违犯了军令。虽说是同乡人，但是犯了军令不能不办罪，就把他杀了。这样一来，全军将士都震动了，谁也不敢违反军令。

这时候，曹操派去的徐晃率领的援军，已到了靠近樊城的前线。徐晃把孙权答应曹操夹攻关羽的信抄写了许多份，射进关羽营寨里。关羽得知吕蒙袭击后方的消息，正在进退两难的时候，徐晃发起进攻，打败了关羽，使关羽不得不撤去对樊城的包围。

关羽派使者到江陵去探听情况。使者一到江陵，吕蒙派人殷勤招待，还叫使者到蜀军将士家去看望，这些家属都说东吴的人待他们不错。使者回到自己的军营后，兵士们向他探问家里情况，他就照实说了。大伙儿一听东吴人好，就不愿意再跟东吴打仗，有些兵士甚至偷偷地逃回江陵去了。

关羽到这时候，才知道对东吴的防备太大意，可是已经来不及了。他只好带了人马逃到麦城（今湖北当阳东南）。

孙权进军麦城，派人劝关羽投降。关羽带着10多个骑兵往西逃走。孙权早已派兵埋伏在小道上，把关羽10多个骑兵截住，活捉了关羽。孙权知道关羽不肯投降，下令就地把他杀了。

曹操认为孙权立了大功，把孙权封为南昌侯，到了曹丕即位称帝以后，又封为吴王。

陆逊火烧连营

赤壁大战以后，曹操对孙权和刘备的威胁暂时解除了，孙、刘之间的矛盾却激化起来。孙权认为荆州应该是东吴的地盘，而刘备却占据不让。后来，刘备去益州，让大将关羽守卫荆州。关羽带兵北上，去攻打曹军，不想孙权却派人从后面袭击，夺取了荆州，又杀了关羽。

刘备和关羽情同手足。他发誓要灭了东吴，为关羽报仇。他即位称帝那年（公元221年）七月，不顾诸葛亮的反对，带领蜀汉的大部分人马，对东吴发动了大规模战争。

孙权得到这个消息，几次派人向刘备求和，都遭到拒绝。这时候东吴的大将周瑜、鲁肃和吕蒙等，都已经先后去世了，孙权只得任命年轻的镇西将军陆逊为大都督，统率朱然、徐盛、韩当、孙桓等5万人马去抵抗刘备。吴国的文武大臣，对陆逊就任大都督议论纷纷。有的说陆逊声望不高，怎么能指挥打仗？有的说陆逊才能不够，担当不起统帅的重任。孙权知道陆逊为人忠厚，才能出众。他力排众议，坚决把统帅的重任交给陆逊。

这时候，刘备已经领兵从秭归进抵秭亭（今湖北省宜都市西北），深入吴境五六里。蜀军从建平（今四川省巫山县）到猇亭，沿路扎营，绵延几百里。蜀军在与夷道（今湖北省宜都市西北）围困了吴国的先锋孙桓。吴军将领要求陆逊赶快派兵去援救孙桓。陆逊详细地询问了前线的情况之后，胸有成竹地说："孙桓将军一向受到士兵爱戴，一定能够坚守城池，现在不必去救他。等我打败了蜀兵，他自然解围了。"将领们又要求陆逊赶快出兵迎击刘备。陆逊说："刘备带兵东下，连连得胜，气势正旺，并且占据高处，我们很难攻破他。如果我们出师不利，就会挫伤士气。这是关系全局的大事。我们应当勉励将士，布置防御，等待时机，后发制人。"蜀军多次挑战，陆逊总是置之不理。这样，吴蜀两军从第二年二月相持到六月。

刘备见一时不能取胜，心生一计，命令吴班带着一万多老弱兵士，到靠近吴军的地方去扎营，自己率领精兵8000，在山谷里埋伏起来。吴班领士兵挑战，耀武扬威，不断辱骂吴军来引诱吴军进攻。吴军将领十分气愤，都要求跟蜀军拼一阵，陆逊说："这里头一定有假，咱们不能盲目进攻，以免中计。"他命令吴军照旧坚守阵地，不要理睬蜀军的挑战。过了几天，刘备知道自己的诱敌之计已经被陆逊识破，只好从山谷里撤出伏兵。

当时正是盛夏季节，天气异常炎热，蜀军士兵忍受不了蒸人的暑气，叫苦连天。刘备只得让水军离船上岸，和陆军一起，靠着溪沟山涧、树林茂密的地方，扎下互相连接的40多座军营，以便躲避暑热，休整军队，等到秋凉后再向吴军大举进攻。陆逊看到了蜀军战线拉得过长，兵力分散，士卒疲乏，士气低落，认为进行反攻的条件已经成熟。他仔细拟定了破蜀的作战方案，写成报告，向吴主孙权请示。孙权看了看报告，高兴地说："东吴有了这样的将领，我还有什么不放心的呢！"

一天，陆逊召集大小将士，宣布了出兵破蜀的计划。为了使反攻有把握取得胜利，陆逊先派出一小部分兵力，对蜀军的一个营寨进行试探性进攻，战斗结果吴军吃了亏，可陆逊已经找到了攻破蜀军的办法，那就是用火攻。陆逊命令水路士兵，用船只装载茅草，迅速运到指定地点；陆路士兵，每人手拿一把茅草，在茅草里藏着硫黄、硝石等引火物，一到蜀营，就顺风纵火。

吴军又是火攻，又是突然袭击。蜀军毫无防备，顿时乱成一团。各路吴军乘着大火，同时发起反攻，接连攻破了蜀军的40多座营寨。蜀将张南、冯习抵挡不住，被吴兵杀死。在慌乱中，刘备拨马向夷陵马鞍山逃走。吴军乘胜追击，杀死大量蜀军，夺得了许多军用物资。

刘备逃到马鞍山。陆逊的大队人马把马鞍山团团围住，从四面放火烧山。刘备只得带着残兵败将，杀开一条血路，冲出包围，向西逃跑。吴军紧紧尾追，

中华上下五千年

三国

刘备赶忙命令沿途驿站的人员，集中军用物资和士兵抛弃的盔甲，堆在要道上，放火烧着，堵塞山道，阻挡追兵。担负断后的蜀将傅肜（音 róng），坚持战斗，率领部下往来冲杀，身受重伤，奋力死战，才使刘备摆脱追兵，逃到白帝城（今重庆市奉节县）。这时刘备因为忧愤悔恨而病倒了，在病势沉重的时候，刘备派人去成都，把丞相诸葛亮等人请到白帝城来安排后事。

刘备让诸葛亮坐在床边，对他说："我有了丞相，才有今天的帝王事业。可是，我的知识浅陋，没有听丞相的话，自讨失败。想来又悔又恨。如今眼看我就要死了，儿子刘禅软弱无能，我只好把大事托付给丞相。"他一边说，一边把事先写好的遗嘱交给了诸葛亮，并且要求他尽力辅佐太子刘禅。诸葛亮向刘备表示，一定尽一切力量辅佐少主，不辜负刘备的重托。蜀汉章武三年（公元 223 年）四月，刘备去世了，死的时候 63 岁。

曹操求贤若渴

公元 208 年，孙权与刘备联合在赤壁大败曹操。这次战争是三国形成过程中的重大战役。战后，曹军元气大伤，曹操统一全国的计划受到了挫折，他不得不接受失败的教训，集中力量经营北方；孙权在江东的地位得到了巩固，后来发展为吴国；刘备也在荆州站住了脚，并向益州地区进军，后来发展为蜀国。这样三国鼎立的局面便逐渐形成了。

赤壁之战后，曹操退回北方。当时作为胜利者的孙、刘两家也在积极巩固和发展自己的势力范围。曹操清楚地看到，若要再和孙、刘重新开战，必须在政治上、军事上、经济上做好充分准备才行，这绝不是短时间内所能办到的。为了加强和巩固自己的权力，他与同时代的其他政治家一样，十分重视严明刑赏，举贤任能。赤壁之战使他军事上遭到挫折，感到前途多艰，壮志难酬，更需要奖功惩过，提拔英才，励精图治。在他有生之年，身当纷争之世，只有尽自己最大的努力，才能争取完成一统天下的大业。

东汉时用人，实际上存在着"任子"制度。安帝时下了一个命令，让公、卿、校尉、尚书的儿子做郎。这样，做了大官的世家豪族，就有世代做官的权利。那时公开选拔的办法，是察举征辟。所谓察举，也是要经过地方上有势力的豪强的评议，他们认为符合儒家名节、孝义标准的人，才能被推举出来担任要职。操纵察举的豪强，以钱多为贤，以势大为上。有钱的可以出钱买爵，有势的可以仗势做官。这样挑选出来的人，只会空发议论，没有一点治国的才能。

曹操为了选拔更多的人才，打破了依据封建德行和门第高低任用官吏的标准，提出了"唯才是举"的用人方针。于公元210年春天下了一道《求贤令》。

曹操在令中一开始就总结历史经验，认为自古以来的开国皇帝和中兴之君，没有一个不是得到贤才和他共同来治理好天下的，而所得的贤才，又往往不出里巷，这绝不是机遇，而是当政的人求访得来的。有鉴于此，曹操立足现实，指出现在天下未定，正是求贤最迫切的时刻。

后来，曹操于公元214年和217年又下了两道《求贤令》，反复强调他在用人上"唯才是举"的方针。他要求人事主管部门和各级地方官吏在选拔人才上，力戒求全责备，即使有这样那样的缺点也没有关系，只要真有才能就行。他在这两道令中，又再次提到陈平，说陈平并没有较好的品行，但他却能和萧何、曹参及韩信等人辅佐汉高祖成就功业，留名千古。

除陈平外，曹操还提到战国时的吴起、苏秦。说吴起贪图为将，竟杀死他的齐国妻子而取信鲁君；又说他曾为求官而散尽千金，母亲死了也不回家。可是他在魏国为将，使秦国不敢东侵；他在楚国为相，使韩、赵、魏三国不敢南犯。说到战国时期的纵横家苏秦，曹操认为他虽然反复无信，但却能扶持弱小的燕国，合纵六国以抗秦，做出一番非同寻常的事业。因此，曹操再次希望把那些哪怕是有污点的，或是不仁不孝的，但是却有治国用兵才能的人，统统举荐出来，这充分反映了曹操为谋求统一大业而急求人才的迫切心情。

经过一番努力，曹魏集中了大量人才，当时各地投奔到曹操门下的人很多，形成猛将如云、谋臣如雨的盛况。

曹操起用了大量出身微贱而有才干的人，把他们放在重要的岗位上。他手下第一位谋士荀彧，祖父、父亲、叔父原来都是一般百姓，妻子也是宦官的女儿。公元191年，荀彧投靠曹操时，只是个县令，曹操却马上把他提为司马。建都许昌后，曹操自己出征时，就把中央大权都交给荀彧。汉末的官制，秘书监是掌管机密的，历代都是用最受信任的人充任这个职务。但曹操却用了不是名门大族的刘放、孙资。曹操身边的其他文武大员，如荀攸、郭嘉、满宠、张辽、仓慈、徐晃、庞惠（德）、张既，都是出身寒族地主或一般官吏，因为有功，被曹操提拔起来的。

建安初年，曹操经过荀彧的介绍，起用了寒族地主杜袭做西鄂长。那时，经过豪强长期侵扰，土地荒芜，粮食都吃光了。杜袭就动员人民分散到田里去耕种。后来，荆州的刘表出动步骑一万人来攻城，城里有的官吏吓得躲在家里锁上了门，还用被子蒙住头。而杜袭却组织了几十个人去守城，自己也带箭参加战斗。因为力量悬殊，城被攻破。杜袭又带了少数人冲出城来，再召集城外的人民，继续战斗。曹操很赏识他，魏国一建立，就把他提拔到中央。当曹操西征回来时，要挑选人镇守长安。负责安排的人挑了半天也不知选谁合适。曹操说："你们把好马放掉了不乘，还乱挑乱找什么？"于是亲自任命杜袭担任了这个要职。

曹操也不是一概排斥豪强出身的人，如果能为统一事业出力，曹操也能重用他们。他手下有好多大将，如许褚、李典等，原来都是豪强。许褚投靠曹操后，把自己门下的一批侠客，都给了曹操做卫士，成了有名的"虎士"。李典投靠曹操后，也放弃了在家乡的地盘，把家族都迁到了许都来。他们在战争中，都立下了很多战功。曹操也很信任他们。

曹操选用人才，首先是那些有治国用兵才能的人，其次就是一些有才华的文人。当时文坛上最有名望的"建安七子"中，除孔融外，王粲、徐幹、陈琳和刘桢，都是曹操的幕僚。曹操授给他们一定的官职，发挥他们的才能。陈琳本来是袁绍的部下，曾经替袁绍起草檄文，骂了曹操的祖宗三代。袁绍失败后，陈琳归降曹操。曹操问他说："你从前为袁绍写檄文，骂我一个人就可以了，为什么要骂到我的祖宗三代？"陈琳连忙谢罪。曹操爱惜他的文才，不仅对他不处理，还照样任用他。著名的女诗人蔡文姬，在军阀混战中被乱兵掳去，流落匈奴，曹操派人用金银玉璧把她赎了回来。因为曹操重视和提倡文学，汉末以来文坛上消沉冷落的现象顿时改观了，大量作家和作品涌现出来，在文学方面出现了一片繁荣的景象。后来，人们常把这一时期看作是文学的黄金时代。

曹操虽然没有亲自完成统一的任务，但是却削平了北方的割据势力，恢复了黄河南北的封建秩序，为后来西晋的统一打下了基础。所以，曹操不愧为我国历史上卓越的政治家。

蔡文姬归汉

建安时期著名女诗人蔡琰，字文姬，陈留郡圉县人，东汉末年著名学者蔡邕的女儿。蔡文姬的一生经历极为痛苦和凄惨，她是社会大动乱的见证人。作为诗人，她援笔抒情，为后世流传下了五言和七言《悲愤诗》以及《胡笳十八拍》等3首流传千古的不朽之作。

蔡文姬自幼受诗礼熏陶，有很好的文化教养，10多岁便成了一代才女，史书上记载她"博学有才辩，又妙于音律"。传说有一次蔡邕在家弹琴，不小心弄断一根琴弦，文姬在一旁听见，立即说断的是第二根，她父亲为了试她，又故意弄断一根，蔡文姬马上就判断出是第四根，结果她的判断是正确的。

公元 190 年，军阀董卓进占洛阳。不久，逼迫献帝迁都长安，朝中大臣及百姓随军西行。这时，蔡文姬随着父亲蔡邕第一次来到长安。后来，司徒王允买通吕布杀死了董卓，董卓的部将进行复仇，又杀死了王允。长安于是成了军阀们烧杀抢掠、无恶不作的战场。在这场社会大动乱中，蔡邕死于非命，蔡文姬则被董卓的乱兵和少数民族奴隶主劫持而去。

蔡文姬五言《悲愤诗》中描述了自己被劫持时的见闻：野蛮凶残的乱兵，不但杀人遍野，而且把妇女和财宝作为战利品带走，即"马边悬男头，马后载妇女"，文姬离开长安时，她遥望终南山，俯瞰渭河水，哀叹着自己的不幸遭遇；悲歌当哭，为同命运的姐妹发出撕心裂肺的号呼，"欲死不能得，欲生无一可"。在监视和打骂之中，蔡文姬求生无路，求死无门，最终流落于南匈奴的部落之中，被迫成为南匈奴左贤王的姬妾，在南匈奴苦度了 12 个春秋。在这 12 年里，"感时念父母，哀叹无穷已。有客从外来，闻之常欢喜。迎问其消息，辄复非乡里。"古人重视乡土之情，在患难之中，这种思念更为深切。

蔡文姬之所以能够忍辱偷生，只是为了一个信念：有朝一日重回故国。正如她在《胡笳十八拍》诗中所写的："我非贪生而恶死，不能损身兮心有以。生能冀得兮归乡梓，死能埋骨兮长已矣！"曹操统一了北方后，对多年来侵扰边境的乌桓、匈奴奴隶主贵族大张挞伐，斩杀了塌顿单于，招安了乐土归顺的部落酋长，蔡文姬的丈夫左贤王也在归顺之列。

曹操与蔡文姬的父亲蔡邕，当年曾有文字之交，对这位大学者也非常敬佩。他痛伤蔡邕绝后，便派出使者，携带黄金白璧，赎取文姬。喜讯传来，蔡文姬欣喜若狂。她在《胡笳十八拍》中写道："忽逢汉使兮，称近诏；遗千金兮，赎妾身。"在五言《悲愤诗》中，更是直接："邂逅徼时愿，骨肉来迎己。"在蔡文姬的心目中，尽管自己是个孤女，是个流落异国的不幸者，但祖国没有忘记自己，不论是素不相识的"汉使"，还是天子、丞相，都和骨肉一样亲。

重返祖国，固然是蔡文姬梦寐以求的夙愿，但她毕竟在南匈奴生活了12年，已与左贤王生了两个儿子。回国，意味着母子的永远分离。当蔡文姬留居匈奴时，两个孩子是她的安慰，一旦割舍，又造成生离死别的痛苦。对祖国的思念和母子之情交织在一起，使她心如刀绞，肝肠寸断。蔡文姬在感情上经受了严峻的考验。面对这种摧心裂肺的痛苦，她忍住巨大的悲伤，终于割断了母子之情，毅然登程回国。

曹操亲自做媒，将蔡文姬嫁给了她的同乡董祀为妻。董祀是一位富有才学的官员。曹操任命他为长安典农中郎将，管理长安一带的农业，聚军屯垦，恢复生产。

哪儿知道时隔不久，董祀犯了法，被曹操的手下人抓了去，判了死罪，眼看快要执刑了。蔡文姬急得不得了，连忙跑到魏王府里去求情。正好曹操在举行宴会。朝廷里的一些公卿大臣、名流学士，都聚集在魏王府里。侍从把蔡文姬求见的情况报告曹操。曹操知道在座的大臣名士中不少人都跟蔡邕相识，就对大家说："蔡邕的女儿在外流落了多年，这次回来了。今天让她来跟大家见见面，怎么样？"

大家当然都表示愿意相见。曹操就命令侍从把蔡文姬带进来。蔡文姬披散头发，赤着双脚，一进来就跪在曹操面前，替她丈夫请罪。她的嗓音清脆，话又说得十分伤心。座上有好些人原来是蔡邕的朋友，看到蔡文姬的伤心劲儿，不禁想起蔡邕，感动得连鼻子也酸了。

曹操听完了她的申诉，说："你说的情形的确值得同情，但是判罪的文书已经发出去了，有什么办法呢？"蔡文姬苦苦央告说："大王马房里的马成千上万，手下的武士多得像树林，只要您派出一个武士，一匹快马，把文书追回，董祀就有救了。"

曹操就亲自批了赦免令，派了一名骑兵追上去，宣布免了董祀的死罪。那时候，正是数九寒天。曹操见她穿得单薄，就送给她一顶头巾和一双鞋袜，叫她穿戴起来。曹操问她："听说夫人家有不少书籍文稿，现在还保存着吗？"蔡文姬感慨地说："我父亲生前给我 4000 多卷书，但是经过大乱，散失得一卷都没留下来。不过我还能背出 400 多篇。"

曹操听她还能背出那么多，就说："我想派 10 个人到夫人家，让他们把你背出来的文章记下，你看怎样？"

蔡文姬说："用不着。只要大王赏我一些纸笔，我回家就把它写下来。"后来，蔡文姬果然把她记住的几百篇文章都默写下来，送给曹操。曹操看了，十分满意。

曹操把蔡文姬接回来，在为保存古代文化方面做了一件好事。历史上把"文姬归汉"传为美谈。

卫温远航台湾

孙权当了皇帝后，很想扩充自己的地盘，可他的北面是魏国，几次发兵攻打都失败了，西面是蜀国，已经结成盟国，于是他只有向东面和南面发展，这两面都是一望无际的大海。孙权听说海中有个叫夷州（今台湾）的地方，那里一年四季如春，无雪无霜，生长着许多奇花异草，秦始皇曾派人到那寻找过长生不老的仙药，孙权决心要找到夷州这块宝地。

于是他派将军卫温，出海远航，寻找夷州。吴国当时的造船业已经十分发达。他们制造的长江上的战船，上下 5 层，可载 3000 人，但这样的船只适合在江河中航行，为了能够安全地航海，吴国又制造了 20 余丈长的大海船，可以载六七百人，载货可以达到一万斛（约 500 吨）。

吴大帝黄龙二年（公元 230 年）卫温和诸葛直带领着一支万人的船队，浩浩荡荡地出海寻找夷州去了。船队从章安（今浙江省临海县东南）起航，向南行进，到达侯官（今福建省福州市）后，开始东渡。卫温带领船员劈波斩浪、历经艰难险阻，终于看到前面一个林木葱郁的美丽岛屿，这就是夷州。可他们刚刚上岸，就遭到当地土著高山族人劈头盖脸的攻击。这时的高山族还处在氏族社会阶段，男子打猎捕鱼，保卫本部落的安全，女子采集，各部落之间不得相互侵犯。他们见卫温带着他的队伍上来，遇到这么多的陌生人，当然要进行抵抗了，可高山族人哪里是吴兵的对手，吴兵轻易地就打败了他们，于是卫温命令士兵立即安营扎寨，躲在树林后的高山族人惊奇地看着这一切。吴兵的营寨安顿好后，卫温和诸葛直商量，对岛上的居民采取安抚的手段，与他们和平相处，渐渐地高山族人发现这些外来人对他们并没有恶意，便不像以前那样敌视他们了。吴兵又送给高山族人许多礼物，高山族人也给吴兵送来了一些当地的产品。两方开始了友好的交往。可不幸的是吴兵到了夷州后水土不服，又流行疫病，以至在半年的时间里就死了几千人。卫温和诸葛直只好返航，有几千名高山族人和他们一同回到了东吴。

卫温出航夷州胜利归来，使孙权大为高兴。孙权接着又派聂友、陆凯出航，到达了珠属（今广东省徐闻县西）、儋耳（今海南岛）。孙权还派朱应、康泰为使臣，出使海南各国，与林邑（古越南）、扶南（古柬埔寨）建立了友好的睦邻关系。

东吴北面的辽东太守公孙康死后，由于他儿子公孙渊年纪尚小，大权便落到了他弟弟公孙恭的手中。公孙渊是个很有心计的人，长大后又从叔父手中夺回了大权。曹睿为了控制辽东，封公孙渊为扬烈将军，可野心勃勃的公孙渊不甘心对魏称臣，便通过海上与孙权取得了联系。在吴嘉禾元年（公元232年）派使者来到了建业，希望投靠孙权。孙权大喜，当即便派张弥、许晏为使臣去辽东封公孙渊为燕王。老臣张昭知道这件事后，极力反对，孙权坚持要派张、许二人出使辽东。张昭见不能劝动孙权，生气地回到家中，以生病为借口，不再来见孙权。

张弥、许晏二人奉命带着金银财宝乘船来到辽东。公孙渊被封为燕王后高兴了几天，可是，他想起了25年前，曹操北伐乌桓的事，担心自己称王后，如果魏国来讨伐他，吴国远在江南，到时远水救不了近火，这么一想觉得还是不和吴国联系的好，于是下令杀了张弥、许晏，并把他们的头给曹睿送去，表示自己对魏是忠心耿耿的，是吴国要挑拨他们的关系。

张弥、许晏被杀的消息传到建业，孙权后悔当初没有听老臣张昭的劝告，便下诏书去慰问他。孙权把张昭接进宫中，向张昭承认了自己的错误，终于得到了张昭的原谅，君臣重归于好。

诸葛亮集思广益

公元223年，蜀主刘备去世了。17岁的刘禅，在成都继承了皇位，改年号为建兴元年，加封诸葛亮为武乡侯。从此，蜀汉政治上的一切大小事情，都由诸葛亮决断。为了把蜀汉治理好，诸葛亮不仅重视选拔人才，而且还不拘一格地任用人才。他曾经把一个国家比做房子，把人才比做支撑房梁的柱子。他说：柱子如果细小脆弱，房子寿命就不会长，顶梁柱要选用好木材，政府官吏也要选拔正直的有才能的人。粗大结实的木材，要经过挑选才能得到，正直有用的人才，也应该经过选拔才能够得到。诸葛亮自己就是这样做的。

联吴抗魏，本是诸葛亮的重要战略决策。可惜猇亭一战，蜀吴联盟遭到破坏。诸葛亮担心孙权乘刘备刚刚死去的机会，发动突然袭击，正考虑派人去和东吴修好，可一时又找不到合适的人。一天，邓芝来见诸葛亮，说：“目前，主上年幼，初登皇位，民心未安。如果要完成统一大业，就应该抛弃旧怨，和东吴联好。没有东顾之忧，咱们才能北上进取中原。不知道丞相是怎样考虑的？”诸葛亮一听邓芝的话，十分高兴，觉得邓芝很有见解，而且邓芝正是完成这一使命的理想人选。他笑着对邓芝说：“我对这件事已经考虑了很久，

可惜没有找到合适的人来担当联合东吴的使命。今天我可找到这个人啦。"邓芝赶忙问这个人是谁？诸葛亮答道："你既然明白联吴的好处，那一定能够很好地完成这个使命。"他马上决定任命邓芝为出使东吴的使臣。

邓芝到了东吴，求见孙权。由于魏国也派使者到东吴，要孙权联魏攻蜀。孙权正犹豫不决，因此不肯接见邓芝。邓芝写信给孙权说："我这次来，不光是为了蜀国，也是为了吴国的利益呢。"孙权这才接见了邓芝。邓芝给孙权分析当时的形势，说："吴国有长江作天险，蜀国有山川为屏障，两国和好，互为唇齿，力量就大了。进，可以兼并天下；退，可以鼎足而立。如果东吴要和魏国联盟，就必然要向魏国屈服称臣。要是不听他的话，魏国就要借口讨伐东吴。那时候，蜀国也可以顺流而下。江南的广大地区，就不会再是大王所有的了。"孙权听邓芝说得有理，回答说："我是愿意跟蜀国和好的，只恐怕蜀主年轻懦弱，在魏国的压力下中途变卦，不能始终如一。既然先生这样说，我就放心了。"

从此，吴国和蜀汉又结成了抗拒曹魏的联盟，并且多次派遣使者互相访问，不断发展友好联盟关系，从而使得三国鼎立的局面得到进一步的巩固。

邓芝在离开东吴的时候，遵照诸葛亮的意见，要求孙权送回张裔。这张裔本是成都人，很有学问，办事果断，善于治理政事。在刘璋统治四川的时候，他就做司马的官了。刘备攻进四川以后，任命张裔为巴郡太守。不久，益州豪强雍闿（音 kǎi）与孙权勾结，把张裔绑架到东吴。诸葛亮爱惜张裔的才能，让邓芝向孙权交涉，要回张裔。张裔临走的时候，孙权和他谈了一次话，发现张裔很有才干。事后，孙权很懊悔把张裔放走，赶紧派人去追。但是张裔日夜兼程地赶路，早已到了蜀汉境内，没有让东吴人追上。

张裔到了成都，诸葛亮并没有因为他原来是刘璋的部下而另眼相待，而是根据张裔的学识才干让他做参军、从事。后来，诸葛亮带兵北上进攻曹魏，还让张裔和蒋琬一起做丞相府的长史，代自己掌管蜀汉政事。由于人才选用得当，诸葛亮虽然常年在外征战，蜀汉内部却治理得很好。

提起蒋琬，也有一段很有趣的故事。

蒋琬在跟刘备入蜀以前，只是一个州衙门里缮写文书的小吏。入蜀以后，蒋琬做了广都县令。有一次，刘备因事到广都，看蒋琬什么事都不管，既不欢迎他，又喝醉了酒。刘备非常生气，要判蒋琬死罪。诸葛亮很了解蒋琬，知道他很有才干，办事公正，勤勤恳恳，就对刘备说：蒋琬有治理国家的才能，这一次是偶然的过失。他以安定百姓的生活为根本，踏踏实实地为百姓办事，不能因为这件事判他死罪。刘备很尊重诸葛亮的意见，就免了蒋琬的死罪，但是仍然罢免了他的官职。

蒋琬虽然被刘备免官，诸葛亮却依然认定蒋琬是个人才，决定提拔重用。他任命蒋琬做了尚书郎和东曹掾（音 yuàn），后来又提拔他和张裔一起代理丞相的职务。诸葛亮几次北伐，由于有蒋琬负责军队的给养才没有后顾之忧。诸葛亮还写信给蜀后主刘禅，建议在自己死后，让蒋琬来接替他的职务。后来蒋琬逐渐成为蜀汉政权中出色的人物。

诸葛亮十分重视发挥部下的智慧和才能，他常说：个人的见识是有限的，只有"集众思，广众益"，才能把事情办好。"集思广益"这个成语，就是这样来的。诸葛亮喜欢敢于直言的官吏，他特别赞扬了徐庶、董和两个人，给部下树立榜样。他说："人们难得把自己心里的话都说出来，只有徐庶能做到知无不言，言无不尽。董和与我共事 7 年，我办事有不周到的地方，他就反复提出来，要求重新考虑。如果大家能够学到徐庶的十分之一，又能像董和那样忠直勤恳，那么，我的过失就可以大大减少。"

由于诸葛亮能够听取不同的意见，重视选拔人才，敢于不拘一格用人才，使得蜀汉政治呈现一派新的气象。

马谡失街亭

蜀汉巩固了在西南地区的统治以后，为了实现国家的统一。在公元 228 年，发动了北伐曹魏的战争。孔明挥泪斩马谡的故事，就发生在这次战争的末尾。

马谡，字幼常，是刘备在荆州时伊籍向他推荐的谋士。此人天资聪颖，自幼熟读兵书，颇知兵法，但恃才自傲，不能谦虚待人。刘备在白帝城临终托孤时，曾对诸葛亮说："我看此人，言过其实，不可大用，要深入考察。"虽然诸葛亮当时点头称是，但未改变对马谡的好评，而且在刘备死后更加器重他。

魏国皇帝曹丕死后，曹叡继位，任命司马懿为骠骑大将军，统率雍州、西凉等州的兵马。诸葛亮知道他善用兵，想先发制人讨伐他。但马谡认为，蜀军南征凯旋回师，急待休整，不宜劳师远征，不如采用反间计，散布司马懿要废新君、另立皇帝的流言蜚语，使曹叡怀疑他，不信任他，甚至杀掉他。诸葛亮采用反间计以后，曹叡果然怀疑司马懿谋反，剥夺了他的兵权。这件事又增加了马谡在诸葛亮心目中的地位。

当诸葛亮平定南方后，回师北征要攻取长安时，曹叡知道自己误信反间计，又起用司马懿率兵迎战蜀军。

当时秦岭之西有一条路，地名街亭，旁边有个列柳城，这两个地方都是汉中咽喉，兵家必争之地。在部署进军路线时，司马懿对部将说："我军直接攻打街亭，拿下这个地方，就离阳平关很近，可以切断蜀军粮道，蜀方陇西一线就难守住。蜀军一定会赶忙撤回汉中，我军把守住各个小路要塞，蜀军无粮，月内必乱，诸葛亮就可被我军活捉。"

诸葛亮知道司马懿率兵前来迎战，料定他会来取街亭，决定增兵防守。他在营帐中问："谁敢领兵去守街亭。"马谡立即说："我愿意去！"诸葛亮见是马谡答应，心里满意，但仍严肃地说："街亭虽小，事关重大，如果街亭失守，我们的大军就算完了。你虽然深通谋略，但那个地方无城池，又无险阻，把守极为困难。"

马谡很自信地说："我自幼熟读兵书，颇知兵法，一个小小的街亭岂能守不住？我敢立军令状，如果守不住街亭，杀我全家！"

诸葛亮虽然同意马谡去守街亭，让他领 25000 精兵前往，但仍不放心，又叫大将王平去协助他。诸葛亮说："你生平谨慎，可要小心把守街亭，扎寨一定要在要道上，使魏兵不能偷过。凡事都要商量，不可轻率决定。如能确保街亭，可算攻取长安第一功。千万小心！"

诸葛亮命令两人领兵去后，反复思考一番还是放心不下，又派高翔和魏延领兵去接应他们，以防万一，对各种可能发生的情况，都做了说明，这才稍微放心。

马谡到街亭看地形以后，感到好笑："丞相为什么那么多心？像这么偏僻的山野地方，魏军如何敢来？"王平说："丞相再三嘱咐，要小心防守，尽管魏兵可能不敢来，但还是在五路总口扎寨为好。命令将士赶快砍树作成栅栏，作为长期防备。"马谡说："要道哪里是扎寨地方？你看旁边有座孤山，异常险峻，林木遍地，是个天然屯兵的好地方。"

王平极力反对说："如果在要道上扎寨，筑起城垣，魏军纵有 10 万也休想越过。要是屯兵山上，魏兵突然杀来，四面围住，街亭就难保住。"马谡大笑，说他不懂兵法："兵法书上说过：居高临下，势如破竹。如果魏兵敢来，我就杀他个落花流水，有来无回！"王平耐心地劝说："我多次随丞相出征，受益很多，眼前这座山是个孤立无援的绝地，如果魏军四面围来，断绝水道，我军会不战自乱。"

马谡依然不听，继续说："你不懂兵法。孙子说过：'置之死地而后生'，如果魏兵切断水道，蜀军士兵就会以一当十，以十当百，拼命死战。我熟读兵书，丞相很多事都要问我，你别妨碍我，别再争论了。"

王平见无法说服马谡，只好说："如果参军坚持要在山上扎寨，请给我一部分人马，我到山的西面扎个小寨，好与你互相呼应，万一魏兵来攻，可以互相支援。"

马谡不肯分兵给他。但就在这时，山中居民蜂拥而来，说魏兵大队就要冲杀过来。马谡见王平要走，很勉强地说："好吧！你不愿听我的命令，我给你5000人马自己去扎寨吧！等我打败了魏军，你在丞相面前可别争功！"

王平在离山10里的地方扎了一个小寨，并画成图本，派人速送诸葛亮，报告马谡不听劝说，坚持扎寨山上的情况。诸葛亮一见图本，知道马谡放弃要道，占山为寨，不禁拍案大惊："马谡无知坑害了我的军队了！"他对左右的人说："如果魏兵四面包围，断了水源，不要两天，我军不战自乱。如果街亭失守，后路切断，如何安全撤退？"正在诸葛亮着急时，有人来报紧急军情："街亭失守！"诸葛亮气得顿足，叹气说："败局已定，大势已去，都怪我用人不当，过错真大啊！"他只好采取紧急措施，应付突然事变，命令蜀军先撤回汉中。

原来司马懿决定直取街亭以后，立刻派他的儿子司马昭带兵察看了前路情况，知道马谡未在要道扎寨，而是据孤山防守，立即调兵四面包围街亭，切断水源，蜀兵果然不战自乱，无法坚守，3天之内司马懿就轻易地夺取了这个战略要地——街亭。

马谡与王平败回汉中，诸葛亮先要王平入帐问话，责问他为何不劝阻马谡。王平只好将自己如何劝说，马谡顽固坚持己见和战斗经过详述一遍。最后说："丞相不信，可问各路将领。"

孔明命王平退下，传马谡入帐。马谡知道违了军法，无法活命，自己缚了自己，跪在帐前。诸葛亮一见到他，脸色立变，责备他说："你自命饱读兵书，熟知兵法，我多次告诫你，街亭是我军根本。你以全家性命担保，接受重任。你如果听从王平劝告，就不会有此结果。如果不严明军纪，怎能服众？你今犯法，不要怨我。你死以后，你家老小生活我会安排照管。"然后命令推出斩首。

突然，参军蒋琬从成都来见诸葛亮，见要斩马谡，连忙入帐为他说情："从前楚国杀了名将成得臣，晋文公高兴。现在天下未定，用人之际，杀去谋臣，岂不太可惜了！"

孔明泪水盈眶说："历史上孙武能战无不胜，无敌于天下，就在于法度严明。现在天下纷争，战争方起，如果法纪废弛，如何打仗？马谡死罪难饶，一定要杀！"

一会儿，武士将马谡斩首，献上首级，孔明见了，又痛哭不停。蒋琬深感纳闷不禁问道："马谡已经斩首，丞相为何痛哭？"

孔明说："我不是哭马谡之死。我想起先帝在白帝城托孤时叮嘱我：'马谡言过其实，不可大用！'今天果然如此。我深恨自己没有知人之明，想起了先帝，因此痛哭！"

大小将士听诸葛亮这样一说，都难受得落泪。

马谡被斩首后，诸葛亮对街亭战役中有功的王平给以封赏，让他代替马谡为参军，封为讨寇将军。但他对自己却痛加责备，他上书后主刘禅，请求贬官三级。他还公开发出文告，承担了失败的责任。

诸葛亮这种执法如山、不讲情面的严明公正的作风和严于律己的品质一直被人们传颂着。

五丈原的悲风

公元 229 年，吴王孙权正式即位称帝。蜀汉大臣大多数认为孙权称帝超越礼仪，是僭号（即冒用帝王称号），要求跟东吴断绝盟好关系。诸葛亮却认为，蜀汉眼前主要对手是魏国。他坚持和东吴保持联盟，继续准备北伐。

建兴十二年（公元 234 年），蜀军经过 3 年的休整，各方面都已准备充分，诸葛亮与东吴联合开始第五次北伐。曹叡派司马懿率大军迎战诸葛亮，自己率兵对付东吴的进攻。

诸葛亮与司马懿率军在五丈原交战，司马懿又吃了败仗，退回营寨，坚守不出。蜀军到他营前百般叫骂，司马懿吸取了从前的教训，充耳不闻，并命令众将官，不许前去迎战。诸葛亮为长远打算，让蜀兵在渭河南岸的土地上开荒种地，以充军粮。两军就这样相持了有三四个月之久。

诸葛亮见司马懿拒不出战，便用一个盒子装了妇人用的头巾和衣服，并写了一封信派人给司马懿送去。司马懿看了以后虽然心里怒火燃烧，但他还是强制住自己，很隆重地招待了来使。为了从来使口中套得蜀军的虚实，司马懿假装热情地对来使说："诸葛丞相每日忙于军务，身体还好吧？"来使说："丞相每日都早起晚睡，事事亲为，近来他的胃口不好，只吃很少的饭。"使者走后，司马懿对他的手下说："诸葛亮每日军务繁忙。可吃饭休息都不好，我料他不能再活多久，我们只要坚守营寨，蜀军自会退去。"

不出司马懿所料，由于过度地操劳，诸葛亮的身体确实越来越差了。这时又传来一个坏消息，东吴攻魏的三路大军，全都吃了败仗，无力而退。诸葛亮长叹一声，竟昏倒在地上，大家急忙把他扶起来，半晌才苏醒过来，诸葛亮对身边的人说："我知道自己的病，恐怕活不了多久了。"他把姜维叫到身边，把一本写有他平生所学的书传给了姜维，又上表给后主刘禅，告知近况。后主得知诸葛亮病危的消息后大惊，赶紧派李福前往五丈原慰问。诸葛亮见了李福对他说："我辜负了先帝托孤的重任，即将不久于人世了。我死之后，你们要尽心尽力地辅佐皇上，国家的法制不能更改，我所推荐的官员也不能轻易废掉，我已经写好了遗表，请转交给圣上。"李福拿了遗表急忙赶了回去。

诸葛亮又强支病体吩咐手下将士："我死之后，不要发丧，以防司马懿乘机攻打。大军慢慢撤回，如若司马懿来追，你们可以把我的木像推到军前，列好阵势准备与他作战，司马懿见后必会惊走。"诸葛亮又一一布置了身后诸事，便不省人事。这时李福又匆匆赶来，他看到昏迷中的诸葛亮，哭道："皇上命我请问丞相百年后，谁能担当大事，可我来晚了一步呀。"过了一会诸葛亮醒了过来，他看到李福，用十分微弱的声音说："我知道你的来意，我死之后可由蒋琬来担任大事。"李福又问："那蒋琬之后谁来继任呢？"诸葛亮勉强说出"蒋琬"两个字。李福再问道："之后呢？"却没听到诸葛亮的回答，大家靠前一看，这位令人敬仰的诸葛丞相已经永远离开了他们。

大家按诸葛亮生前的嘱咐，暂时没有发布他病逝的消息，姜维和杨仪组织撤军。费祎到魏延营中秘密告诉他丞相去逝的消息，并让他准备撤军，魏延问费祎："现在由谁代理丞相负责大事。"费祎说："丞相把大事都托给了杨仪。"魏延一听很不高兴，说："丞相虽然死了，可还有我在，杨仪怎么能担此大任，他只配送丞相的棺木回州安葬，我要领兵去攻打司马懿。"费祎说："丞相有遗命，让我们暂时撤军。"魏延说："丞相又怎么样，他当时要听我的计策，长安早是我们的了。"魏延没有听从撤军的命令，带着一支队伍，去了南谷口（今陕西省终南山）。

姜维总督大军逐步开始撤退，司马懿得报蜀军全军撤退，对众将说："一定是诸葛亮死了，我们马上追击蜀军。"司马懿亲自率军追赶，眼看就要追上了，忽然听得一声炮响，喊声大震，只见蜀军回身迎战，他隐约看到蜀军中飘扬着"汉丞相武乡侯诸葛亮"的大旗。再仔细一看,军前一四轮车上端坐一人,纶巾羽扇,鹤氅皂绦,正是诸葛亮。司马懿大惊道:"诸葛亮还没死,我中计了。"反身要逃,姜维在后面大喊道:"司马懿哪里跑!"吓得司马懿魂飞魄散,催马飞奔,魏军个个丢盔弃甲,蜂拥而逃。

过了两天,司马懿得到消息:蜀军退到谷中后,哀哭声四起,军中扬起了白旗,诸葛亮真的死了,他所看到的只是一个木人。司马懿感叹道:"诸葛亮真是天下奇才呀,我能料其生不能料其死也。"确定了诸葛亮已死,司马懿率军再次追赶,可是已经来不及了,蜀军已经走得很远。司马懿说:"诸葛亮已死,我们没什么好担心的了。"于是班师回洛阳了。

姜维、杨仪刚摆脱了司马懿的追击,护送着丞相的灵柩,退到了南谷口,却遇到魏延带着一支蜀军前来堵截,扬言要杀掉杨仪。诸葛亮生前已料到他死之后,魏延会起事端,早就以锦囊授计于杨仪,并派马岱潜到魏延身边,最后魏延被马岱杀死。

姜维、杨仪继续护送着丞相的灵柩回到了成都,后主刘禅为相父挂孝,带领满朝文武出城20里迎接丞相的灵柩。蜀国上下一片哀痛。诸葛亮在遗书中写明将他的尸体安葬在定军山,其他一切从简,刘禅按着他的意思,亲自把灵柩送到定军山安葬,又下诏封诸葛亮为忠武侯。

诸葛亮想统一中原的愿望并没有实现,但是他的智慧和品格,一直被后代的人赞扬。在民间传说中,诸葛亮往往是智慧的化身。

曹丕的文才武略

曹丕(187—226),字子桓,是曹操的第二个儿子,也是卞氏所生的长子。曹操去世后,他袭位为魏王,不久代汉称帝,建立魏国。

曹丕是在东汉末年的战火中长大的。他从小随父亲转战南北，文治武功诸方面，都得到父亲曹操的着意指点。建安九年（公元 204 年），曹丕 18 岁时，曹操攻克了袁绍的大本营邺城，奠定了统一北方的基础，曹丕便娶了袁绍次子袁熙美貌的妻子甄氏。以后，曹操外出征战，曹丕常代父留守邺城，他和他的同胞弟弟曹植这时都活跃在邺城的文人集团之中，成为建安文学的核心人物。在父亲有意无意的考验中，曹丕都基本上完成了父亲交付的重托，政治上逐渐成熟。

曹丕在政治上和文学上都较有建树。从政治上来说，对于他最为重要的一件事，就是在立太子之争中所取得的胜利。

曹操有很多儿子，其长子曹昂，为刘夫人所生，十分勇武忠诚，在讨伐张绣的一次战役中，为掩护曹操不幸牺牲了。按照常礼，立太子非曹丕莫属，可是曹操用人注重才德，办事往往超出礼教的规范。尽管对曹丕的封职超于诸弟，但对于继承人问题，曹操就是迟迟不表示态度。

这个时候，曹操格外喜爱小儿子曹冲，"曹冲称象"的典故就出自这个聪颖超人的小孩子。只可惜曹冲 13 岁就病死，令曹操哀不胜哀。曹丕在劝父亲节哀的时候，曾遭到曹操抢白："此我之不幸，而汝曹之幸也！"曹丕日后当了皇帝，也还说："假使曹冲在世，我也不会拥有天下。"

对曹丕真正构成威胁的还是曹操的第三个儿子、曹丕的同母弟弟曹植。曹植比曹丕小 5 岁，他才华盖世，曹操格外欣赏，恩宠有加。但是曹丕毕竟工于心计，政治上善于苦心经营。

每当曹操离开邺城，他的儿子们以及百官总要到城外送行，曹植往往在这个时候凭自己的口才对父亲即席发表一番颂辞，出尽了风头。曹丕的文学修养也很高，但才思不及曹植，看着曹植技压群芳，他只有无奈何恨居下风了。后来，他的心腹吴质为他策划，要他在这种场合不去与弟弟较量口才，而是伏地痛哭，动之以情，倒也博得了大家的好感。

曹丕还会利用自己在兄弟间居长的地位，笼络一些德高望重、尊礼守旧的老臣，呼吁不要破坏嫡长子继承制的传统。曹丕还费心博得了曹操的宠妃王昭仪的好感。功夫不负有心人，也加上曹植浪漫气质和政治上的不自爱，曹操在去世的前两年，终于正式立曹丕为太子。

建安二十五年（公元 220 年）正月，曹操在洛阳病故，遵他的遗嘱，曹丕把父亲的丧事办得十分节俭。这年十月，在曹操一生所奠定的基础上，曹丕自然而然地接受了汉献帝的禅让，建立了魏国，为魏文帝，并把国都从邺城迁到了洛阳。

曹丕即位后，即多次兴兵东伐南征，这些军事行动都是以振奋人心、炫耀武力为目的的，因此也没有取得什么实质性的进展。鉴于东汉外戚宦官干政所造成的政治混乱，曹丕下令后族不得辅政，并规定了宦官的官位极限。在用人问题上，曹丕改变了父亲不拘一格、唯才是举的用人方针，接受陈群的建议，设"九品官人之法"，取仕开始制度化、有序化。他复兴儒学，放宽刑律，到民间访贫问苦，使百姓在一定程度上得到了休养生息，在他短短5 年零 7 个月的皇帝生涯中，基本上做了一个守成之君。

尽管曹丕表示要效法汉文帝的"宽仁弘厚"，并为此违背了曹操生前要做周文王的意愿，追谥父亲为"武帝"而把"文帝"的名号留给了自己。但是他气量偏狭，一继位，就把在立太子之争中所结怨气发泄在自己的兄弟们身上。曹丕把他们远封各地，不得擅留京师，不得相互通问，不得离开封地，还派了"监国使者"对他们严加督责，使他们动则受咎，人人自危。对待过去的力敌曹植以及因支持曹植而得罪自己的曹彰，曹丕的报复更是毫不留情。这时他们早已丧失与曹丕相抗衡的力量，但曹丕还是在黄初四年把曹彰毒死了。曹植也曾两次被监国使者诬奏，都差一点被议成死罪，只是由于母亲卞氏的干预，才幸免一死。过去，曹丕曾向他的族叔曹洪借钱，但是曹洪没有借给他，继位后，曹丕就向自己的这位族叔进行报复。这样，曹魏政权基本上剪灭了宗室的势力而依靠异姓大臣，这也是日后司马氏得以篡权建立晋朝的关键因素之一。

和父亲一样，曹丕较有见地地布置自己的丧制说："自古至今，没有不灭亡的国家，也没有不被挖掘的坟墓。"所以他选择洛阳的首阳山东麓为自己的葬地，他要求寿陵依山而建，不夺农田，不聚封地，不植树木，不立寝殿，希望换代之后人们不再知道坟的所在。曹丕为了达到薄葬的目的，还把上述关于丧制的诏书抄成几份，分别收藏在不同的部门。黄初七年（公元226年）五月，曹丕病故于洛阳，享年40岁。于是乎"葬首阳陵，自殡及葬，皆以终制从事"，国内仅服丧3天。

在文学上，史载曹丕创作了上百篇诗文，但现存完整的诗文只有40余篇。他的诗多反映宫廷生活，也有描写征夫离妇的思念之情和政治军事生活的作品。历史上有人认为曹丕"去植千里"，说他比曹植差之千里，恐怕也有欠公允。曹丕的作品不拘格式，活泼自如，节奏起伏多变。他把两汉民歌中出现的七言诗运用于文人诗作，《燕歌行》是其杰出的代表。比较突出的还是曹丕《典论》中的《论文》篇，它是中国最早的文学批评论文，他把文学提到了"经国之大业，不朽之盛事"的高度，扼要分析了前人以及时人各自的文学特点，提倡创作的个性，对于后代中国文学、文学批评的发展，起了积极的引导作用。

机械制造家马钧

三国时期，出现了一位善于思考、勇于创新的能工巧匠，他就是马钧。马钧，字德衡，魏国扶风（今陕西兴平市）人，是中国历史上一位杰出的机械制造家、发明家。

诸葛亮死后，魏、蜀、吴三国的皇家都贪于安逸，好多年没有兴兵打仗。魏国的皇帝曹叡虽然在军政大事上没取得什么成绩，可在玩乐享受上却是登

峰造极。他在许昌兴建了许多豪华的宫殿，而在洛阳的宫殿比起许昌来，更是有过之而无不及。其中一座"总章观"有十几丈高，为修建这些宫殿，他征集了 30 余万民夫，不分昼夜地劳动，使百姓怨声载道。偏巧，洛阳的崇华殿又被一场大火烧得只剩下灰烬，曹叡当然不会放过这个再建宫殿的好理由。他的老师高堂隆劝他说："一个国家的国君要以德服天下，所住的宫殿只要对内能避风雨，对外可迎使者，便足够。"这些话曹叡怎能听得进去呢？他还是下诏，在崇华殿的原址上，再修大殿。这座宫殿比崇华殿更加雄伟、精美、殿前引来了洛阳的谷水，并且还雕刻了 9 条栩栩如生的龙，因此得名九龙殿。

曹叡在洛阳还建了太极殿、凌霄殿。可他仍不满足，又想建高台峻阁，好与神仙来往，以求长生不老。他命马钧铸造了两个叫"翁仲"的大铜人，立在司马门外。还用铜铸了一条 4 丈多高的龙，一只 3 丈多高的凤立在殿前。他的御花园中更是种满了奇花异草，并且还养了许多珍禽异兽。

马钧在当时是一个很有名气的机械制造家。他在前人经验的基础上，制造了指南车，车上有一个木人，**手臂指向南方，不论车子的方向怎样改变，木人的手臂总会指向南方。他改进的织布机，使生产效率提高了 5 倍，而且**

新织机织出的成品，质量也得到改善，很受人们的欢迎，一下子就推广开来，马钧也因此出了名。

有一种叫"木偶百戏"的玩意：在一块木板上，有许多栩栩如生的小木人，他们形态各异，十分生动。可唯一的缺点就是他们都是死的，不能动。曹叡便找来马钧，指着木偶百戏说："你能让他们动起来吗？"马钧仔细地看了一下，信心十足地对曹叡说："能。"经过一段时间的精心改造，新的木偶百戏终于做成了。马钧用木材做了一个大圆轮，木轮上面是一个戏台，上面布置了景致和人物，下面转轮和木偶连着，用水流推动木轮旋转，台上的木偶就活动起来了。有跳舞的宫女，击鼓的乐师，还有杂耍的在爬绳、倒立，动作逼真有趣。曹叡对此爱不释手，文武百官也纷纷前来观看，一时间，马钧制造的"水转百戏"名传京城内外。

马钧还发明了灌溉用的"翻车"，也叫龙骨水车。是用一个很长的木槽从高坡一直伸到坡下的水中，上面的那一头，有一个可以转动的大齿轮，人踩在上面转动齿轮，低处的水就能流到高处了。这对当时的农业生产起了很大的促进作用，成为中国农具史上的一项重大突破。

一次，马钧又偶然得到一架诸葛亮设计的连弩，他认真地研究了一阵后，觉得如果经过改造，它的威力还会更大。从这以后，马钧对兵器机械产生了深厚的兴趣。曹操在官渡之战时，曾用"发石车"轰打过袁绍的射箭台。马钧觉得这种发石车还有许多缺点，一是只能单发，二是速度还不够快，三是射程不远。他经过反复的研究改进，终于制造出了一台能连续抛出去的"发石车"。最远的能飞出几百步（一步1.45米）。他的好朋友文学家傅玄看了他的发明，便去找主持全国军事的曹爽，希望他对马钧的发明给予支持，可曹爽对此却不关心，他只对流水百戏那样的玩意感兴趣。由于没有得到政府的支持，马钧设想的这种旋转式抛石机也没有能够推广。

有个叫裴秀的年轻人也很有才华，他擅长绘地图，创立了了不起的制图六体"理论"，可是马钧的名气比他大，他便十分不服，总想找马钧辩论辩论。马钧性情憨厚质朴，不善言谈，就有意躲着裴秀。裴秀这下可高兴了，以为马钧赶不上自己，所以才躲着他。傅玄是个心直口快的人，他对裴秀说："人各有专攻，你的特长是言谈，马钧的特长是技巧，你为什么总跟他比呢，这样不是太可笑了吗？"裴秀是个聪明人，被傅玄的一翻话说得醒悟过来，再也不与马钧为难了，专心钻研他的地理学方面的创造发明了。

傅玄很欣赏马钧的创造发明，曾多方为他奔走，希望他的创新设想能够得到试制的机会。但马钧拙于言语，无法向人流畅、清晰地阐明自己的设想，许多极有价值的发明都未受到重视。傅玄深有感触地说："像马钧这样的天下名巧都得不到重视，更何况没有出名的人呢，后来的人一定要引以为戒！"

曹植卓尔不群

曹植（公元 192~232 年），字子建。汉代建安文学的优秀代表，著名政治家和军事家曹操的第三个儿子，曹植天赋聪慧，从小勤学苦读，博览群书，融会贯通，10 岁就能出口成章，落笔成文，他神采飞扬，充满豪情壮志。曹操见曹植气度非凡，诗文写得好，对他非常器重，常在大臣们面前夸奖他。

曹操见曹植能文善诗，又有雄心壮志，一度想立他为世子，曾对曹植和长子曹丕进行过对比考察。

有一次，曹操有意试验曹丕和曹植的应对能力。他命兄弟两人分别走出邺城门去，同时命令守门军吏，不准放两人出去。曹丕先走到城门口，门吏奉命阻挡，不让出去，曹丕只好走回来。曹植见了不知如何是好，请他的师傅杨修出主意。杨说："你奉王命而出，谁敢阻拦杀掉就是。"曹植照杨修的话去做，杀掉了门吏，走出了城门，曹操认为曹植很有能力。

又一次，曹操率军出征，命曹植担任守卫京都的重任。他对曹植说："你现在 23 岁,应当发奋图强,建功立业。我 23 岁时就当了县官。"曹植觉得父亲非常关心他,很受鼓舞,表示"一定尽力干好"。曹操对他充满信心的回答很满意。

但是,曹植只会作诗写文章,行动举止豪放随意,这个缺陷使他失去了曹操的信任。

有一次,曹植乘马外出,一时性急,只图方便和痛快,纵马沿皇宫驰道径直跑出司马大门。守门官员见他是曹丞相爱子,不敢阻拦,就让他乘马跑出去了。这一下闯了大祸。按皇室规定,只有帝王车可走驰道。司马门是王宫外门,除帝王和守门官以外,不准任何人随便出入。曹操见曹植如此大胆放肆,竟敢不守皇室规定,便把他叫来狠狠地训斥了一顿。从此曹操对他的印象很不好。

曹丕虽然作诗写赋不如曹植,但他为人小心谨慎,又有心计,善于争取曹操的欢心。有一次,曹操出征,朝中百官热烈欢送。曹植又即兴赋诗,歌颂曹操的丰功伟绩,祝他早日凯旋。曹丕则急中生智,跑到曹操面前拉住马的缰绳,痛哭流泪,表示孝心,博得了好评,大臣们说:"子建口才虽好,但子桓(即曹丕)孝心可嘉!"

曹操经过这些考察,权衡两个儿子的优劣长短,最后改变了立曹植为继承人的考虑,正式确立曹丕为世子。

公元 220 年曹操在洛阳去世。曹丕在邺城,闻讯后急忙赶到洛阳主持丧事,继承曹操王位。这时,曹植尚未来奔丧。

曹丕对曹植的恃才自傲、放浪形骸早就不满。现在见他不奔父丧,便派人去对他进行质问。曹植当时住在临淄,他有两个知己朋友,一个叫丁仪,一个叫丁廙,曹丕派人来时,3 人正喝得很醉。曹植醉后身不由己,见了使者没有起身迎接,丁仪却仗着酒性把曹丕派来的使者骂了一通。

曹丕得到使者回报以后,立即派许褚率领 3000 护卫军,将他们抓到京城,先把丁氏兄弟杀了,然后打算严惩曹植。母亲卞氏讲情,才免了死罪,但曹丕还是教训了曹植一次。他说："你自命不凡，傲慢犯上，炫耀自己的才华。现在让你做一首诗，以兄弟为题，但不许有兄弟字眼，并且要走完7步就把诗做出来。否则，不能轻饶！"

曹植深知曹丕的用心，满腔悲愤，感到自己的处境正如"釜底游鱼"，要"釜底抽薪"，根本解决，实在太难了。曹丕坐在宝座上，恶狠狠地注视着曹植，口中数着他走的步数："一、二、三……"曹植的脑海这时像波涛汹涌、雷鸣闪电一样，从"釜"想到"鱼"，想到"薪……"灵感一闪，就在曹丕快数到第七步时，他用沉痛的哭泣声，一字一字，吟出了一首血泪交融的五言诗：

煮豆燃豆萁，豆在釜中泣，

本是同根生，相煎何太急？

形象的比喻，巧妙的联想，悲愤的控诉，把曹丕对付兄弟的一副冷酷、阴险和凶残的嘴脸，描绘得活灵活现，淋漓尽致。这首千古绝唱佳作，永远传于后世。

曹植念完以后，实在无法控制自己，站立不住，跌倒在曹丕登位不远的金殿上，痛哭不已。在场大臣凡稍知内幕的，都触目心酸，暗中流泪，深表同情。曹丕见曹植竟在7步之内吟出了一首绝妙的名诗，深感意外，他达不到整他的目的，只好走下殿去扶起曹植，说几句违心话："吾弟果然才华盖世，为兄委屈你了。"

曹丕并未就此罢休，他嫉忌曹植的才能，不让他做任何工作，把他困在穷乡僻壤的封地鄄城（今山东境内）闲居，使他的才能得不到发挥。曹植闲着无事，平时只能写诗解愁，抒发心胸。他在一首诗中写道："闲居非吾志，甘心赴国忧……烈士多悲心，小人偷自闲！"他渴望有机会上战场为国捐躯，马革裹尸，不愿过平淡的生活，但是，曹丕就是不允许。

曹丕在位7年就死了，他的儿子曹叡继位，曹植这时才35岁。他希望新皇帝会赐给他发挥才能的机会，谁知这个侄子皇帝对他更加冷酷，连"气节会"也取消了，曹植连每年一次朝见皇帝的机会也没有。他只能待在封地里，在苦闷和忧郁中度过余生。他刚 40 岁就因愁病交加，死于陈留。

曹植著述的数量和质量可称建安作家之最。现存曹植诗、文、赋约 130 篇。他的《白马篇》《洛神赋》等代表作，对后代文学影响巨大。曹植的作品别具一格，语言精练，他有许多被后人称道的警句，成为千古绝唱。

司马氏篡权

在蜀国经营西南，吴国开发夷州的时期，魏国的大臣司马氏，却在一步一步地夺取曹魏的政权。

魏国的开国皇帝曹丕去世后，他的儿子曹叡继承了帝位，即魏明帝。魏明帝大兴土木、骄奢淫逸，曹叡本来已经修饰了许都的宫殿，后来又更大规模建造洛阳宫殿。其中有一座叫"总观章"，有 10 多丈高，要用几万民工来修。对此高堂隆等许多有名的大臣连连上奏，劝他爱惜民力。只有一个大臣从来不反对他的做法，那就是司马懿。

魏明帝的时候，中央政权已经形成曹氏和司马氏两派。司马懿的势力是在对蜀国作战的过程中培植和壮大起来的。曹氏的势力以曹爽为代表。曹爽是大将军曹真的儿子、曹操的侄孙。两派的党羽遍布朝野。曹叡因为荒淫无度，刚刚 35 岁就死了。他连个儿子也没有，就从曹氏家族中抱了两个孩子，一个是齐王曹芳，一个是秦王曹询。他立了 8 岁的曹芳为太子，拜曹操庶子曹宇为大将军，辅佐曹芳。同时还让夏侯献、曹爽、曹肇和秦郎一起操掌朝政。

司马氏一派对此很有意见了。他们趁曹宇不在场和曹叡病危，竟然让曹叡下诏书，免去了曹宇、夏侯献、曹肇、秦郎的职务，不准他们留在宫中，只留下软弱而无能的曹爽为大将军；同时发出诏书，命令司马懿火速赶回洛阳。

当时，司马懿正在和背叛魏国的公孙渊打仗。司马懿打败了公孙渊，得胜回朝。路上，他收到曹叡命他回洛阳的诏书。他预感到京师有了重要情况，就撇下军队，用最快的速度赶回洛阳。这时，曹叡已经奄奄一息了。曹叡握着司马懿的手说："朕总算等到你了。能向你托付后事，朕就没有遗恨了。"司马懿赶紧叩头，接受遗命。曹叡就把曹芳叫出来，拜见司马懿。曹叡对司马懿说："他就是皇太子。"又叫曹芳搂住司马懿的脖子。司马懿感动得痛哭流涕，说："陛下放心吧，我还记得先帝晏驾时，曾经也是这样将陛下托付给臣。今后，我也定对太子尽忠。"曹叡说："这我就放心了。希望你和曹爽共同辅佐这孩子。"

当天晚上，曹叡就死了。第二天，曹芳即位，大权掌握在曹爽和司马懿手中。曹爽把司马懿当作父辈看待，遇事常常和他商量，并不独断专行。司马懿也故意装得很谦虚，对曹爽很尊重。

曹爽周围有一些青年人，如何晏、李胜等人。曹叡在位时，看不惯他们的行为，不让他们做官。可是曹爽却和他们习气相投。曹爽当权后，就把这些人一一提任高官。这些人害怕司马懿，就千方百计排挤他。曹爽将司马懿调任太傅，太傅地位极高，但无实权。

司马懿心里明白，可是却装作糊涂，去当那有名无实的太傅去了。他知道反击条件还没有成熟，就等待时机，曹爽看司马懿没有什么反应，就又任命弟弟曹羲做中领军，曹训做武卫将军，曹彦做散骑常侍，一家子掌握了军政大权，但是这帮"浮华友"哪里是司马懿的对手。

为了迷惑曹派的人，司马懿后来又装病在家。曹爽这边的人很久没看见司马懿了，就借口李胜由河南尹改封为荆州刺史，去向他辞行。司马懿正在和他的儿子司马师、司马昭兄弟商量东山再起的计划，先让司马师代替夏侯玄担任中护军，紧紧抓住一部分兵权不放，下一步再设法铲除曹爽兄弟。忽然听门人报李胜来了，他赶紧扯乱头发，跳上床去，抱住被子，半躺半坐，还故意叫两个使女在旁边扶着，一切准备好了，才请李胜过来。

李胜进来一看，不由得怔住了：怎么几天不见，司马懿竟变成这样子？他连叫几声"太傅大人"，司马懿才睁开眼，问："你是谁呀？"李胜忙说："我叫李胜，皇上让我当荆州刺史，特地来向您老人家辞行。"司马懿故意装作听不清楚，支支吾吾，说东道西。李胜信以为真，以为司马懿耳朵聋，神志不清了。李胜回去向曹爽报告，曹爽说："司马懿死了，我就没有忧虑了。"

司马懿从此不再出门，却天天派人去打听曹爽他们的情况。魏嘉平元年（公元249年）正月，皇帝曹芳要去高平陵祭祀父亲，那一天，大小官员都陪皇帝去了。

司马懿探听曹爽兄弟都去了，马上发动兵变。他们首先统领自己的部队，占领并关闭各个城门，然后占据了曹爽和曹羲的军营。这一切行动都是打着对曹爽不满的郭太后的旗号办的，干脆利落。司马懿亲自去见郭太后，只是说："曹爽乱国，应该革职。"郭太后没加考虑就同意了。他又命令太尉蒋济写表，声讨曹爽的罪行。司马懿自己屯兵洛水浮桥，掌握全局。曹爽知道司马懿发动政变，控制了洛阳，深知大势已去，就答应把兵权交给司马懿。这样，曹爽兄弟才随着皇帝曹芳回到了洛阳。不久，司马懿用灭族的刑罚，杀戮曹氏的家族和党羽。这就是历史上的"高平陵事变。"

事变发生后不久，司马懿就死了，他的儿子司马师、司马昭相继执政。司马昭做了丞相，更加专横跋扈，继续大肆杀曹氏集团中的人。他还把曹芳给废了，把曹叡的堂弟、年方14岁的曹髦迎来洛阳做皇帝。

曹髦对自己当一个小小的傀儡皇帝十分不满意，每当想起自己祖宗的丰功伟业，想起司马昭如此飞扬跋扈，常常十分伤心。他有感于井中出现黄龙的民间传说，就提起笔来写了首《潜龙诗》来抒发心中的忧愤。

井底龙，真可怜，再不能，跃深渊。

下不能，临大池，上不能，飞宇天。

蟠居在，井之底，鳝鱼舞，泥鳅欢。

藏尖齿，伏利爪，可怜我，也同然。

　　这首诗传到司马昭耳中，他带着宝剑大步走进宫里，问皇帝："你写的《潜龙诗》，里边的鳝鱼和泥鳅就是我吧？"曹髦低着头，不说是，也不说不是。司马昭冷冷一笑，转身就走了。曹髦找来3个大臣说："我与其坐着等死，还不如带兵和他拼一拼！"大臣当然都劝他要慎重。他却从怀里抽出早就写好的诏书，扔在地上，自己去禀告太后。有两个大臣却立刻跑去报告司马昭。

　　曹髦带着兵要进攻司马昭，还没来得及动手就被司马昭指使的凶手成济杀死了。司马昭听说皇帝死了，故意装得万分惊讶与难过，先命令把曹髦的尸体收起来，又在舆论的压力下灭了成济三族，派士兵去逮捕成济，成济自然不服气，就光着膀子爬上房顶，大喊大叫："是司马昭让我杀死皇帝的。"这一下，就把司马昭的阴谋抖搂出来了。他的野心人人看得很明白，即所谓："司马昭之心，路人皆知。"

　　曹髦死后，司马昭立了曹操的孙子曹奂做后帝，改年号为景元元年。至此，司马昭篡权活动的重大步骤已经完成，曹魏政权名存实亡，而三国鼎立的局面也行将结束了。

晋　朝

公元 265 年，司马炎废魏帝曹奂，自立为帝，建都洛阳，国号晋。晋朝的历史分为西晋、东晋两个部分，以洛阳为都的晋朝，史称西晋。

晋武帝司马炎即位之初，重视法制，召集流亡，劝课农桑，减轻赋役，社会一度繁荣。公元 280 年灭吴统一全国后，司马炎开始穷奢极侈，颁布按官品高低占有土地的占田制，并免除其赋税以加强世家大族的特权。西晋门阀世族统治的腐朽导致了激烈的争斗，司马炎死后不久便爆发了同姓王争夺皇位的凶残内战，史称"八王之乱"。内战严重地损耗了晋统治集团的实力。同时，残酷的内战也严重地破坏了社会生产，极大地加重了人民的痛苦，引发了全国各地的人民大起义。公元 316 年，北方匈奴贵族建立的汉国攻入晋都城，晋朝覆亡。

公元 317 年，晋朝宗室司马睿在南方重建晋朝，定都建康。史称东晋。司马睿即位完全依靠南北世家大族支持，因此大力扶持大族，给予种种特权，勉强维持其统治。公元 383 年，东晋军在淝水大战中击败了前秦大军，维持了东晋的稳定，形成了南北朝对峙。东晋保障了江南经济发展。公元 420 年，东晋大将刘裕取代东晋称帝，东晋灭亡。两晋共历 15 帝，156 年。

晋朝在中国文化发展史上具有独特地位。学者陈寿撰写《三国志》、干宝撰《晋纪》、常璩撰《华阳国志》，对后世较有影响；目录学家荀勖创立图书经、史、子、集四部分类法，为后世所沿袭；文学家陶渊明的《桃花源记》、干宝的《搜神记》、陆机的《文赋》等均是脍炙人口的著名作品；思想家裴𬱟、郭象、鲍敬言等人坚定的反玄学立场，提出的思辨性较强的哲学思想，对中国哲学的发展和魏晋南北朝的思想解放起了积极作用。在科学技术方面，虞喜发现岁差，嵇含著《南方草木状》。东晋高僧法显著的《佛国记》一书，是我国一部重要的外国地理专著。英、法等国皆有译文。

刘禅"乐不思蜀"

司马昭害死了魏帝曹髦，认为朝廷局势已经稳定，决心大举进攻蜀汉。

蜀主刘禅是个昏庸无能、扶不起的阿斗。他沉湎酒色，不理朝政，宠信宦官黄皓。那时候，接替诸葛亮的大臣蒋琬、费祎都已死去，蜀汉担任辅汉大将军的是姜维。姜维有心继承诸葛亮的北伐事业，几乎每年都出兵攻打魏国，但都未有成效。再加上后宫奸臣作梗，蜀汉的力量已经越来越弱。

公元263年，司马昭派将军邓艾、诸葛绪各带兵3万，钟会带兵10余万分三路进攻蜀汉。姜维看到魏军声势浩大，便把蜀兵集中到剑阁（今四川剑阁县），守住关口要道。钟会带兵到了剑阁，一时无法攻入。

邓艾见蜀军主力守在剑阁，就带了精兵偷偷绕道到剑阁西面的一条羊肠小道上向南进军。这一带本来是人迹不到的地方。邓艾带领这支精兵，逢山开路，遇河架桥，走了700里路，也没有被蜀军发现。最后，他们来到一条绝路上，山高谷深，没法前进。邓艾当机立断，用毡毯裹着身子，从悬崖峭壁上滚了下去。将士们也跟着滚了下去。有的攀着树木，一个接一个慢慢地爬下了山，终于越过了这条绝路，一直赶到江油。

驻守江油的蜀军没想到邓艾会从背后杀出来，突然见到魏兵出现在城下，来不及组织抵抗，只好投降了。邓艾继续向绵竹进攻。守绵竹的是诸葛亮的儿子诸葛瞻。邓艾派人送信劝说他投降，说："如果你肯投降，就推荐你为琅琊王。"诸葛瞻把邓艾派来劝降的使者杀了，决心和邓艾拼个死活。后来，诸葛瞻和他的儿子诸葛尚都战死了。

邓艾拿下绵竹，直奔蜀汉都城成都。成都的百姓一听邓艾兵临城下，纷纷到山上树林里去避难。蜀汉朝廷更是乱成一团，后主赶忙召集大臣商量。

有人主张往南逃,有的主张投靠东吴,有人认为现在魏国大军压境,不如趁早投降。后主是个没主意又胆小的人,根本不想抵抗。等邓艾大军到达成都,他已经叫人反绑着两手,率领文武百官出城门投降了。邓艾进了成都,觉得自己了不起,骄傲起来,连钟会也不在他眼里。他直接向司马昭上书,要趁这次打胜仗的势头,一鼓作气把东吴灭掉。

司马昭却下命令给邓艾,说:"军事行动不许自作主张。"邓艾很失望。正在剑阁跟钟会对抗的蜀将姜维,得到邓艾袭击成都的消息,正想退回去保卫成都,接到后主的命令,要他向魏军投降。蜀军将士接到这个命令,又气愤又伤心。有的兵士恨得拔出刀来,在大石头上乱砍。姜维倒是十分冷静。他跟将士们一合计,决定向钟会投降。钟会也赏识姜维是个好汉,把他当作自己人一样看待。两个人出门一块坐车,回到军营一起议事,要好得简直拆不开。姜维利用钟会和邓艾之间的矛盾,劝钟会秘密写信给司马昭,告发邓艾谋反。

司马昭本来猜忌心很重,接到钟会的报告,就用魏元帝的名义下道诏书,派人到成都把邓艾抓起来,用囚车押回洛阳。他怕邓艾抗拒,又命令钟会进军成都。

钟会到了成都，派一支人马用囚车把邓艾押到洛阳。半路上，邓艾被人杀了。钟会用计除掉了邓艾以后，兵权全掌握在他一个人手里，他就决定谋反了。钟会跟姜维一商量，姜维完全赞同他的想法。因为姜维另外有他自己的打算，他想利用钟会杀掉魏军将领，然后他再除掉钟会。钟会以为姜维真心跟他合伙反司马昭。他假传太后的命令，说司马昭杀害魏元帝，叫他发兵讨伐。他怕魏军将领不服，把他们软禁在蜀宫里。

魏军将士对钟会的命令本来有点怀疑，后来，有人传出谣言，说钟会、姜维要把北方来的将士杀光。这一来，大家都乱了起来。有的在王宫殿四周放了火。乱兵进了宫，姜维、钟会控制不住，都被乱兵杀了。

邓艾灭了蜀汉以后，后主刘禅还留在成都。到了钟会、姜维发动兵变，司马昭觉得让后主留在成都总不大妥当，就派他的心腹贾充把刘禅接到洛阳。随同刘禅一起到洛阳去的只有地位比较低的官员郤（音 xì）正和刘通两个人。刘禅不懂事，不知道怎样跟人打交道，一举一动全靠郤正指点。平时，刘禅根本没把郤正放在眼里，到这时候，他才觉得郤正是个忠心耿耿的人。

刘禅到了洛阳，司马昭用魏元帝的名义，封他为安乐公，还把他的子孙和原来蜀汉的大臣 50 多人封了侯。司马昭这样做，无非是为了笼络人心，稳住对蜀汉地区的统治。

有一次，司马昭大摆酒宴，请刘禅和原来蜀汉的大臣参加。宴会中间，还特地叫了一班歌女演出蜀地的歌舞。一些蜀汉的大臣看了这些歌舞，想起了亡国的痛苦，伤心得差点儿掉下眼泪。只有刘禅咧开嘴看得挺有劲，就像在他自己的宫里一样。

司马昭观察了他的神情，宴会后，对贾充说："刘禅这个人没有心肝到了这步田地，即使诸葛亮活到现在，恐怕也没法使蜀汉维持下去，何况是姜维呢！"

过了几天，司马昭在接见刘禅的时候，问刘禅说："您还想念蜀地吗？"刘禅乐呵呵地回答说："这儿挺快活，我不想念蜀地了。"（"乐不思蜀"的成语就是这样来的）

郤正在旁边听了，觉得太不像话。趁上茅厕时，郤正对刘禅说："您不该这样回答晋王。"刘禅说："依你的意思该怎么说呢？"郤正说："以后如果晋王再问起您，您应该流着眼泪说：我祖上的坟墓都在蜀地，我心里很难过，没有一天不想那边。这样说，也许晋王还会放我们回去。"刘禅点点头说："你说得很对，我记住就是了。"

司马昭果然又问起刘禅，说："我们这儿待您不错，您还想念蜀地吗？"刘禅想起郤正的话，就把郤正教他的话原原本本背了一遍。他竭力装出悲伤的样子，但是挤不出眼泪，只好闭上眼睛。司马昭看了他这个模样，笑着说："这话好像是郤正说的啊！"刘禅吃惊地睁开眼睛，傻里傻气地望着司马昭说："对，对，正是郤正教我的。"

司马昭不由得笑了，左右侍从也忍不住笑出声来。司马昭这才看清楚刘禅的确是个糊涂人，相信他的确不会对自己造成威胁，就没有杀害他。

昏君不知亡国恨，刘禅的昏庸无能在历史上出了名，后来，人们常用"扶不起的阿斗"比喻那种懦弱无能、没法使他振作的人。

羊祜收买人心

公元263年，魏国平定蜀汉，延续数十年的天下三分之势，演变成魏、吴两国南北对抗的格局。两年后，司马炎取代魏国，建立晋国。司马炎南望长江，立下了统一天下的宏伟大志。司马炎作了相应的战略部署，调中军将军羊祜都督荆州诸军事。羊祜出身名门，祖上九世做官，皆以清德著称。

　　羊祜到荆州前线后，认真分析了东吴政权的政治、军事状况。从政治上看，枭雄一世的东吴国主孙权，已经逝世了。孙皓继任后，政治逐渐走向腐败；从军事上看，东吴一代名将陆逊、程普等都相继逝世，但陆逊的儿子陆抗却仍有乃父遗风，才略不减前人。东吴拥有军队20万，善于水战，凭借长江天险与晋国抗衡，是一支不可轻视的力量。考虑到这些，羊祜暗暗定下了争取民心的策略。

　　羊祜出镇南夏，开垦土地，开设学校，访贫问苦，救济危难，做了许多利民便民的好事，深得江汉人心。羊祜还对东吴开诚布公。每次与东吴军队交战，他都事先通知对方，从来不偷袭掩杀。吴国士兵投降晋国后，如果愿意还乡，羊祜随时放他们回乡。一天，晋军士兵抓来两个俘虏，羊祜了解到他们是一对兄弟，家中还有年迈的父亲，便立即把他释放了。不久，吴军将领夏祥、邵铠率领部下投降，那对被释放的兄弟的父亲，带领全族的人跟随降军向晋国投诚。

　　秋天来了，晋军为了储存冬季的粮草，进入吴国境内收粮割草，羊祜要求全军在收割粮草时必须严格遵守纪律，认真计算粮草的数量，并以同等价值的丝绢偿还农户。当时，食品非常匮乏，晋军的将领们经常带领士兵们打猎，羊祜严令各军，只能在晋国地盘上射猎，不准擅自进入吴国境内。有时，士兵们眼睁睁地看着带伤的猎物逃入吴国境内，却不得不停止追击。然而，对吴国士兵打伤而逃入晋国境内的禽兽，羊祜则规定必须归还吴国士兵。于是，吴国人心悦诚服，感恩戴德。江汉一带的百姓，都称羊祜为"羊公"，却忘记了他的名字。

　　陆抗是东吴末年难得的优秀将领，他虽然与羊祜隔界对抗，以兵戈相见，但内心十分敬佩羊祜，暗自叹服道："羊公的德量，即使是乐毅、诸葛亮也未必能够超过。"一次，陆抗生了病，羊祜知道后，便派人前去看望，还送去一罐汤药，陆抗端起药就要喝，左右的人忙制止道："晋国人送的药，哪里能随便喝呢?"陆抗却说:"羊公怎么会在药里下毒呢?"于是将药一饮而尽。

此时,东吴政权日趋腐败,孙皓荒淫骄虐,残害忠良,横征暴敛,百姓苦不堪言。陆抗痛感国事日非,却无回天之力。孙皓多次下诏催促陆抗发兵攻晋,陆抗上书道:"即使是在一个乡邑,对百姓都不能不讲恩义,何况作为一个大国呢?我如果劳师兴众,对羊祜实际上并不会有什么伤害,反而张扬了他的恩德。"陆抗坚持约兵自卫,吴晋两国军队相安无事。

公元277年,羊祜得了重病,他感到时间已不多了,便请求入朝谒见晋武帝司马炎,面陈伐吴之计。司马炎因羊祜染病不宜入宫,特地派遣中书令张华前往南夏,听取筹策。

当时,对进兵江南,朝廷中有不少官员持反对态度,羊祜对张华说:"天下不如意的事十居七八,机遇是不多的。现在吴国虐政日甚一日,而陆抗已去世3年,这真是天赐良机,如果出兵,可以不战而克。苍天给予而我们却不取,将来是要后悔的。假如孙皓不幸而死,吴国人更立明主,到那时,即使有百万甲兵,也难以越过长江,还会给子孙后代留下后患。"张华深表赞同,对羊祜说:"圣上进军江南的决心已定,并决定由你担任征南军队的统帅,你可以坐卧在车船之上,指挥诸军作战。"羊祜答道:"收取江南不一定非要我亲自去做,立功扬名的事,我不敢自居。"他推荐杜预担任统帅,并一再告诫张华说:"平定江南易如反掌,这件事圣上不用操心。但在平定吴国后,将军们可能会争功,这件事一定要处理得当。为了国家的长治久安,还要慎重地选择辅国的人才,这些都有劳圣虑了。"

第二年,羊祜病逝,晋国举国哀悼。大殡的那天,司马炎身着素服,亲自送殡。当时正值严寒的冬季,司马炎久久不愿离去,悲伤的涕泪洒在须发上,全部凝结成冰粒。江汉的百姓得知羊祜病逝的消息,沉浸在万分悲痛之中,赶集的人自动罢市,哭声响成一片,连吴国守边的将士们都流下伤心的眼泪。

百姓们为了纪念羊祜，在砚山上为他建碑立庙，清明时节，成千上万的人来到砚山缅怀羊祜。见到羊公碑，人们没有不落泪的。因此，后人把羊公碑改称"坠泪碑"。

羊祜逝世后，司马炎任命杜预为镇南大将军，都督荆州诸军事。公元279年，也就是羊祜逝世后一年，晋国军队分3路大举伐吴，杜预攻占了东乡（今湖北松滋市东），吴国军民投降万余人。接着，杜预又攻占了江陵（今湖北枝江、潜江县一带），于是，湘江、沅江以南，直至交州、广州（相当今天广东的大部、广西的一部分，越南东北部的地带），吴国的大小郡邑都望风归命，纷纷投降，局势很快就稳定下来。第二年，晋国将军王濬，指挥水军攻克石头城（今江苏南京市），孙皓投降，立国57年的东吴从此灭亡。

捷报传到晋国朝廷，文武群臣都来向司马炎祝贺。司马炎手执酒杯，流着泪对群臣说："这都是羊将军的功劳啊！"接着，司马炎带领文武大臣到羊祜的墓前去祭奠，把胜利的喜讯告慰已经长眠地下的羊祜。

王濬楼船破吴

公元279年,晋武帝司马炎决定发兵20多万,分几路进攻东吴国都建业(今江苏南京市）。镇南大将军杜预打中路，向江陵进兵；安东将军王浑打东路，向横江（今属安徽省）进军；还有一路水军，由益州刺史王濬（音 jùn）率领，沿着大江，顺流向东进攻。

王濬是个有能耐的将军。他早就作了伐吴的准备，在益州督造大批战船。这种战船很大，能容纳两千多人。船上还造了城墙城楼，人站在上面，可以四面瞭望。所以也称作楼船。

为了不让东吴发觉，造船是秘密进行的。但是日子一久，难免有许多削下的碎木片掉在江里。木片顺水漂流，一直漂到东吴的地界。东吴有个太守吾彦，发现了这件事，连忙向吴主孙皓报告，说："这些木片一定是晋军造船时劈下来的。晋军在上游造船，看来是要进攻东吴，我们要早做防守的准备。"可是孙皓满不在乎地说："怕什么！我不去打他，他们还敢来侵犯我！"吾彦没有办法，但是觉得不防备总不放心。他想出一个办法，在江面险要的地方打了不少大木桩，钉上大铁链，把大江拦腰截住，又把一丈多高的铁锥安在水面下，好像无数的暗礁，使晋国水军没法通过。

公元 280 年，打中路的杜预和打东路的王浑两路人马都节节胜利。只有王濬的水军，到了秭归，因为楼船被铁链和铁锥阻拦，不能前进。

王濬很聪明，他吩咐晋兵造了几十只很大的木筏，每个木筏上面放着一些草人，披上盔甲，手拿刀枪。他又派几个水性好的兵士带领这一队木筏随流而下。这些木筏碰到铁锥，那些铁锥的尖头就扎在木筏子底下，被木筏扫掉了。王濬又在木筏上架着一个个很大的火炬。这些火炬都灌足了麻油，一点就着。他让这些装着大火炬的木筏驶在战船前面，遇到铁链，就烧起熊熊大火，时间一长，那些铁链铁锁都被烧断了。

王濬的水军扫除了水底下的铁锥和江面上的铁链，大队战船就顺利地打进东吴地界，很快就和杜预中路的大军会师。杜预竭力支持王濬带领水军直扑东吴国都建业。

这时候，东路王浑率领的晋军也逼近了建业。孙皓派丞相张悌率领 3 万吴兵渡江去迎战，被晋军全部消灭。

王濬的楼船顺流东下，声势浩大。吴主孙皓派将军张象带领水军一万人去抵抗。张象的将士一看，满江都是王濬的战船，无数面的旌旗迎风飘扬。东吴水军长期没有训练，看到晋军这个来势，惊吓得没有打就投降了。

东吴将军陶濬，在这时候去找孙皓。孙皓问他水军的消息。这个陶濬很能自夸，他说："益州水军的船都小得很。陛下只要给我两万水兵，把大号的战船用上，准能够把晋军打败。"孙皓马上封他为大将，把节杖交给他，叫他指挥水军。陶濬向将士下了命令，第二天一早就出发跟晋军作战。吴国将士可不愿送死，当天晚上，就逃得一干二净。

王濬的水军几乎没有遇到抵抗，一帆风顺地到了建业。建业附近100里江面，全是晋军的战船，王濬率领水军将士8万人上岸，在雷鸣般的鼓噪声中进了建业城。

孙皓让人反绑了双手，带领一批东吴大臣，到王濬的军营前投降。这样，从曹丕称帝（公元220年）开始的三国分立时期宣告结束，晋朝统一了全国。

晋武帝要封赏平吴的功臣。没料到，王濬和王浑却陷入一场争夺平吴首功的斗争里。其实，王濬确是第一个攻入建业的，第二天，王浑的军队才渡过长江。王濬部下有一个叫何攀的谋士，提议把捉到的吴帝孙皓送给王浑，两人剑拔弩张的矛盾才得到缓解。

晋武帝给王浑晋升为公爵，却给王濬任命为辅国大将军，官在王浑之下。王濬不太服气，心里总是不舒服。每次晋见皇帝，都要说起这件不平之事，有时就很愤怒，竟会不告辞而出。

当然，人们的心里还是有一杆秤。许多人认为王濬功勋卓著，但赏赐甚小，替他鸣不平。博士秦秀等人也上表为他申诉，晋武帝才升迁他为抚军大将军。其实，对于当时的王濬来说，封官晋爵是最好的表彰；但对于历史上的王濬来说，后人的崇敬才是对他最好的回报。唐朝诗人刘禹锡凭吊古迹，感叹孙吴灭亡之速，赞赏王濬所建立的奇功时写道：

王濬楼船下益州，金陵王气黯然收。
千里铁锁沉江底，一片降幡出石头。

王濬楼船下江东，将孙吴统治的江东扬州、荆州、交州、广州四州共43郡313个县并入西晋的版图。西晋灭吴，结束了东汉末以来长达近100年的分裂割据局面，全国重新统一。

晋武帝在灭吴的第二个月，改元太康。太康十年（公元 280~290 年）间，由于战争状态的彻底结束，人心安定，生产得到进一步的发展，社会经济一度出现繁荣景象。

阮籍纵酒保身

阮籍（公元 210~263 年），字嗣宗，陈留尉氏（今河南开封）人。他文采卓越，年轻的时候，就显示出不俗的政治才干。

阮籍的父亲叫阮瑀，是在曹操和曹丕时代里最有影响的"建安七子"之一，阮籍在父亲的教导下，从小就读了许多书，有时候关起门来读书，一读就是几个月不出门；阮籍喜欢古代老子和庄子的学说，喜欢游山玩水，精通音乐，特别贪酒，经常一醉就是几十天不醒，别人都说他痴呆，实际上他是不愿意与司马氏合作，但又没能力公开反对，便借这种消极的办法对抗。

当年，司马昭主持魏国的国家大事，他想拉拢阮籍来为自己服务，利用阮籍在上层社会中的影响来巩固自己的地位，便派人去向阮籍求亲，要阮籍把女儿嫁给自己的儿子司马炎。可阮籍不愿意，他不想和司马家族攀亲，但又不能公开拒绝，便整天喝酒喝得一塌糊涂，媒人去提亲，跑了一趟又一趟，每次都看到阮籍喝醉了酒，呼呼地在沉睡。司马昭事情又多，便把结亲这件事丢下了。

阮籍不愿与司马氏合作的态度，不光表现在成天喝酒上，在做官问题上也是忽而合作，忽而又不合作。早在司马懿当太傅、曹爽当大将军执政的时候，曹爽请阮籍出来做官，阮籍借口说有病而不干，不久，司马懿杀了曹爽，聘请阮籍出来当从事中郎，这一下使阮籍的名声大增。司马昭当晋公时，阮籍也挂名做了个不大不小的官。有一次，阮籍对司马昭说："我曾去过东平，那里的风土人情很好，您让我去做官吧。"司马昭很高兴，任命他为东平相，阮籍骑着驴子上任去了，到了东平府，他把围墙拆掉，大门打掉，让府衙门内外直通，还废除了许多繁杂的法令，把东平郡治理得秩序井然，做了十几天的官就回来了。

阮籍好喝酒是出了名的，他听说步兵厨的一个厨师很会酿酒，存着300多斛酒，他又要求去步兵营当官，被任命为步兵校尉，喝完了存酒，他又不干了。喝酒使他终日昏沉沉的，也救了他的命，司马昭有一个谋士叫何曾，他知道阮籍瞧不惯司马氏当权，建议杀了阮籍，可司马昭一直对他抱容忍的态度。

阮籍还喜欢发一些看来奇怪实际上很有道理的议论，有一次，阮籍参加一个酒会，大家在谈论某某地方一个人杀死了自己的母亲，阮籍说："咳！杀父亲还差不多，怎么能杀母亲呢！"出席宴会的都是上层社会中有身份的人，都讲究礼法，见阮籍发出这种议论，都感到奇怪，怪他不该胡说。阮籍又不慌不忙地说："小鸡小鸭，小猪小狗这些禽兽只知道有母亲不知道有父亲，杀父亲的人就和这些禽兽一样，而杀母亲却连这些禽兽都不如了！"这话说出来，大家又纷纷佩服阮籍有见识。

实际上，阮籍的内心很不平静，他对社会的认识还是有一定标准的，他自己成天喝酒喝得烂醉，当他儿子也学他的样子成天喝酒时，他又制止儿子，不让儿子喝酒。他还写过一篇著名的文章，叫《大人先生传》，文章说："社会上的一些自认为品德高尚，行为规矩的'君子'们，成天小心谨慎地说话、做事，自以为很安全，这就是像虱子处在裤缝里一样，成天不出裤缝中，自认为有吃又有喝，很安全，可一旦被火烧着裤子，虱子能逃到哪里去？我们这些文人名士们处在这个社会上就像虱子住在裤裆里一样！"这种比喻虽然滑稽，可是准确地表达了阮籍对当时社会的认识。

公元263年冬，阮籍终于"善终"，时年54岁。在中国古代文学史上，阮籍是个很了不起的文学家，他的代表作是《咏怀诗》80多篇，都是五言古体诗，大都是写景抒情，表达自己对现实生活的观点和感情的作品，流露出阮籍对社会爱憎分明的认识。阮籍死后，后人把他的作品编成一本集子，叫《阮步兵集》。

才高不谨的嵇康

嵇康（公元224~263年），字叔夜，谯郡（今安徽宿县）人。其实，他家原来姓奚，是会稽（今浙江绍兴）人。因躲避仇人，迁到谯郡，改姓嵇。他学识渊博，是当时不可多得的文学家、思想家和音乐家。

嵇康和阮籍是同一时代人，在社会上的名气也和阮籍一样大，和他俩齐名的还有山涛、向秀、王戎、刘伶等，因为他们7个人都隐居在山阳，又喜欢在竹林里游玩、喝酒、写诗作文，被世人称作"竹林七贤"。

在"竹林七贤"的主要聚集地山阳（今河南焦作东），嵇康一住就是20年。在此期间，他往来于首都洛阳等地，还曾经在洛邑和向秀一起打过铁。他的妻子是曹操之子曹林的女儿，他也算是魏宗室的成员，曾官至中散大夫。司马昭篡魏后，嵇康极其不满司马氏集团对曹氏残余的杀戮，厌恶他们用虚伪的正统来标榜自己。

"竹林七贤"中，和嵇康能够称得上至交的，只有阮籍与山涛。嵇康虽与阮籍情投意合，但不像阮籍那样喜怒不形于色，远离是非，处处装疯卖傻。嵇康言行坦率，有棱有角，疾恶如仇，容易感情用事。

嵇康也意识到这一点，他对自己身后的子女颇不放心。他的《家戒》一篇可以说是用心良苦，他说："对长官要尊敬而勿亲密，往来要有分寸；不要知道人家的私事，以免给自己招惹麻烦；不要与人争执，要学会醉酒

装糊涂。"……而他自己，却由于对司马氏集团的痛恨，早已把生死置之度外了。

一次，司马昭的心腹钟会别有用心地去拜访嵇康，想借此请教，并与名士联络关系。而嵇康却崇尚自然，看不起这号为司马氏集团效力的文人。当时嵇康与向秀正在大树下打铁，看到钟会来了，向秀故意把风箱拉得很响，嵇康装作奋力挥锤，谁也不去理会钟会。钟会没趣地站了一会，只好转身走去。这时，身后传来嵇康奚落的追问声："何所闻而来？何所见而去？"钟会受此耻辱，又不甘示弱，只好回答："闻所闻而来，见所见而去。"嵇康这种我行我素、丝毫不予周旋的脾气，为以后种下了祸根。

嵇康的好友，竹林七贤之一的山涛，做了晋的高官之后，曾经要引荐嵇康做晋朝的尚书吏部郎，嵇康立即写信给山涛断然拒绝，这就是著名的《与山巨源绝交书》，巨源是山涛的号。信中痛斥晋王室的所作所为。事实上，嵇康未必真的要与山涛绝交，不过是借此抒发自己的情绪，山涛也未必把绝交当做一回事，只是这封向世族儒教宣战的书信传扬开去，更使司马氏把嵇康这样的人视为眼中钉，决心给其他知识分子以惩戒。终于在一个机会里，因好友吕安一件家务事的纠缠，嵇康被钟会构陷，以不孝的罪名被捕入狱。本来还要指责他图谋反叛，要山涛出来作证，山涛不承认有此一事，这项罪案才没有得逞。

司马昭还是把他公开处决了。在狱中，嵇康终于反省自己的冥顽粗心、狂傲不谨，写下了著名的《悲愤诗》。临刑前，嵇康从容地弹了一曲他一向珍爱从未传人的《广陵散》，悲壮的曲调使当时聚集在东市刑场上的3000多名太学生感动得落泪，嵇康终年 40 岁，他死后，《广陵散》失传，成了绝响。嵇康临死的时候，把他才 10 岁的儿子嵇绍托付给了山涛。后来经山涛推荐，嵇绍做了晋的官员，曾官至侍中。公元 304 年，在一次战役中，嵇绍用身体保护晋惠帝，鲜血溅在惠帝的衣服上，以身殉了国难。

嵇康一生写了许多诗文，在社会上广为流传，可因为他的诗语言太尖锐，当时编选文集时剔除了他的许多作品，在梁朝时有 15 卷，到宋朝以后只有 10 卷了，现在《嵇中散集》保存下来。

洛阳纸贵

晋朝

一个名不见经传的青年人，在西晋太康年间，以一篇辞赋而轰动文坛，成为西晋文学中一颗璀璨夺目、光艳照人的瑰宝，这就是左思和他的《三都赋》。

左思（约公元 250~305 年），字太冲，临淄（今山东临淄）人。左思出身低微，从小就长得比较丑，人也不聪明。左思读书，非常刻苦，从来不一知半解就了事。经过长时间的潜心钻研，他居然达到了博学的程度。他不仅学问渊博，而且对于遣词造句，也有了较深刻的领悟。他主要擅长于写诗和辞赋。

在晋武帝的时候，左思的妹妹左芬被选入宫，成了武帝的嫔妃，大约生于曹魏时代、卒于西晋末年的左思，随全家迁入了京城，做了个小官"秘书郎"。不过由于门阀社会重视家谱，出身寒微的左思一生不得志。

当时的文人喜欢以文字游戏来证明自己的智力，于是左思也打算用同样的风格写一篇关于魏、蜀、吴三国都城的辞赋。为了写成这篇赋，他竟花了 10 年的功夫。

一个人花 10 年的心血写一篇文章，常人是做不到的，左思却做到了。他的写作过程十分艰苦，写作时也十分认真。他旁征博引，凡是有关蜀都成都、吴都建业、魏都洛阳的资料，他都广泛收集。凡是《三都赋》中的地理概念，左思都认真核对过地图，绝不轻易转录概念，或者道听途说。就连风俗、民谣以及鸟兽草木，他都一丝不苟，找到实况证明才肯落笔。所以他的这篇文学作品竟像学术著作一样朴实、深厚。

左思不喜欢说话，也不好交游。为了推敲词句，在他写《三都赋》的时间里，他在自己的活动场所随心所欲地挂满了纸笔。只要他想到一个好的句子，或者想到一个满意的文章结构，都会把它们记在身边的纸上，不让灵感漏掉，让自己无限的大脑在有限的工具中得到了充分的使用。

左思要写《三都赋》的消息，传到了三国名将后代，以文才著称于世的吴郡人陆机的耳朵里。这个江南才子正好来到洛阳，被洛阳的繁华景象所感染，正打算写一篇洛阳赋来抒发自己的情怀，听说左思要写《三都赋》，真是笑不打一处来。陆机的嘲笑传开之后，左思也听到了。他决心吞下这个耻辱，继续默默地努力，他要用艰苦的劳动去获得成功，用成功来回答陆机。

10 年时间过去了，左思终于对自己的《三都赋》感到满意，决定收笔了。但是他并没有急于使它"出台"，就像身怀绝世珍宝的青年去请鉴赏大师评估一样，左思带上自己的作品拜访了当时很有名望的皇甫谧（音 mì）。皇甫谧读《三都赋》的时候，禁不住几次拍案叫绝，给予很高的评价。他答应为《三都赋》写序，在序文中说："自两汉以来，写赋的人很多，如司马相如的《子虚赋》、班固的《两都赋》、张衡的《二京赋》，它们都各有特色，被世人所称颂。但是，它们都不及左思的《三都赋》。"皇甫谧还请来了当时有名的诗人张载，为《三都赋》作注，请刘达为《吴都》和《蜀都》作注。左思才终于获得了成就感。

当时著名的文学家张华看了《三都赋》也连连称赞，他说：《三都赋》让人看了还想看，越看越有味。

当年嘲笑左思的陆机，见了《三都赋》也大吃一惊，自叹不如。因为有了《三都赋》，他原来想写的洛阳赋也不敢动笔了。

《三都赋》一问世，人们争相传阅，京城里的富豪、有地位的人带头，都争着传抄。左思的《三都赋》，使洛阳的纸张供应都发生了危机，纸价也因此暴涨，这就是被人们传为佳话的"洛阳纸贵"。从一个默默无闻的普通人，到历史上著名的"洛阳纸贵"的始作俑者，左思的成功很值得青年们学习。

痴呆皇帝

公元 265 年，腊月十七日，曹操的后代曹奂被迫让位于司马懿的孙子司马炎，司马炎当了皇帝，改国号为晋，建立了晋朝。之后，却在选立太子的问题上遇到了麻烦。

当时，杨皇后生了 3 个儿子，老大叫司马轨，两岁时就生病死了，老二司马衷，老三司马东，要立太子，只有在这两个孩子中来选择。按常理，应该选立年龄大的司马衷为太子，可这个儿子智力非常差，七八岁了，连一个字都教不会，司马炎不想让他当太子，怕他长大后不会治国，可是杨皇后在司马炎面前说，立太子应该按年龄大小来排列。司马炎宠爱的赵夫人又在司马炎跟前帮杨皇后说话，司马炎受不了这两个人的天天劝说，加上杨皇后的哥哥杨骏等人也帮司马衷说话，这样，在公元 267 年正式立司马衷为太子。

过了几年后，太子已经十二三岁了，按皇家规矩应该选择太子妃了，这又是一件大事，大臣们都很关心这件事。车骑将军贾充是晋朝的功臣，当年就是他帮助司马昭杀掉了曹髦的，在征讨蜀国时也立过大功，被司马炎封为鲁公，他正好有两个女儿在家等待出嫁，年龄与太子相仿，大女儿叫贾南风，小女儿叫贾午，两个女儿都不漂亮，而贾南风特别丑陋，如果公平地竞争，不可能入选为皇太子妃的，贾充和妻子郭槐一商量，决定走走后门试试。

贾充的妻子郭槐买通皇宫里的仆人，给杨皇后送去很多礼物，又在杨皇后面前吹嘘贾充的女儿怎样好品行，就是相貌差一点。杨皇后被人说动了心，又来劝武帝司马炎，说贾充是国家的功臣，他的女儿贾南风又有德行，又有才学，应该选作皇太子妃，至于相貌不好看那是小事一桩。武帝司马炎本来想让卫瓘的女儿入选的，经不住皇后的劝说，倒有点动心了。一次，在和大臣们宴会时，武帝又谈起了为太子选妃的事情，侍中荀勖又极力称赞贾充女儿，说得天花乱坠，司马炎一高兴，说："那就让贾充的女儿当太子妃吧！"这件事就这么定了下来。

又是几年过去了，太子司马衷依然没精明起来。司马炎暗暗担心，有些心直口快的大臣也就旁敲侧击地谈论这件事。有一次，卫瓘（音 mì）借着酒兴壮着胆，用手摸着武帝的座椅说："好一个宝座啊！"司马炎也听出了卫瓘的话音。经卫瓘这么一说以后，司马炎决定要彻底查看一下太子的本事。司马炎想出一个办法，将太子和太子宫中的所有官员召集到一起，就治国治民的事出了几个题目，要太子写出答卷来。太子根本没这个能耐，还是太子妃贾南风让张泓将答卷写好，让太子抄好，送给司马炎，司马炎一看，觉得还可以，也就放心了。

公元 290 年，司马炎病死，太子司马衷即位皇帝，改年号为永熙，这就是晋惠帝，惠帝封贾南风为皇后，将朝政大权交给舅舅杨骏弟兄 3 人掌管，内部事务全由贾南风负责。

司马衷当皇帝，完全是个傀儡，在中国古代的帝王中，他算是最愚蠢的一个。有一年发生了水灾，下级官员报告说老百姓没饭吃，要求政府开仓放粮，司马衷竟说："没饭吃为什么不吃肉粥呢？"弄得大臣们哭笑不得。还有一次，他和宫中的内侍们一道游园，听到园中蛤蟆大声地叫，他奇怪地问左右的从人："蛤蟆这么乱叫，是为官家而叫，还是为私家而叫？"众人不得不敷衍他，说："在官家地里的，就是为官家叫；在私家地里的，就是为私家叫。"司马衷听了很高兴，直点头。这位痴呆皇帝做的傻事，不仅在宫内成为笑话，在社会上也成为世人的笑柄。

晋宫内乱

在晋武帝病重期间，杨芷皇后的父亲杨骏独揽大权。武帝一死，杨骏第二天便扶持司马衷继位登基。杨骏从此说一不二，惹怒了皇后贾南风。

和司马衷相比，他的皇后非常精明而又凶狠刁顽，忌妒心还特别强。她不能容忍杨骏把持朝政，便想除掉杨骏，中郎将孟观、李肇两人对杨骏也恨之入骨，于是了人在一起密谋了"杀杨骏、废太后"之计。李肇到襄阳找楚王司马玮帮忙。司马玮与痴呆皇帝司马衷是同父异母的弟兄，曾受到杨骏的排挤，听说要除掉杨骏，便答应进京帮忙。

永平元年（公元291年）三月三日夜，楚王司马玮和东安公司马繇各带一队人马将杨府包围。杨府即杨骏居住的宰相府。这两队人马先后冲进相府，放起大火，相府内慌作一团，有的人像无头苍蝇到处乱跑，有的人吓得又哭又嚎，杨骏也不知躲到哪里去了。

武士们不问青红皂白，见人就杀，眨眼工夫杀了100多人，真是尸体遍地，血成溪，其状惨不忍睹。因为没有发现他们要找的杨骏，武士们仍不罢休。司马玮、马马繇命令仔细搜寻杨骏，有个武士在马棚里看见一个人蹲在马槽下，抖做一团，不论怎样喊他也不答应。武士们杀红了眼，刀砍枪刺，将此人杀死，拖出尸体细看，正是杨骏！

杨骏死了，楚王司马玮并没有罢手，又把杨珧、杨济以及杨门死党灭了三族，累计杀死几千人。

皇后贾南风仍不满足，又让惠帝将太后杨芷贬为庶人，把太后80岁的母亲庞氏也杀了。第二年，被囚禁在墉城的杨太后因冻饿而死。

因平灭杨骏家族有功，楚王司马玮被拜为卫将军，掌握了禁军大权。东安公司马繇晋爵为王。孟观、李肇及贾南风的族亲，也都加官晋级。这些人都不具备辅政治国的能力，贾后只好重新启用汝南王司马亮和元老卫瓘（音guàn）。让他们俩帮助呆皇帝司马衷主持朝政大事。

司马亮上任以后，采取了多封官的策略，仅武官中被封侯的计1000多，有的人竟然连升三级。

司隶校尉傅咸看出滥封官的弊端，向司马亮进谏："像现在这样封赏无度，自古少有。一些人无功受禄，如此下去，国家危险。"司马亮却置之不理。

相比之下，卫瓘很有心计，他发现楚王司马玮自恃讨杨有功，日渐骄横，留在京城恐有后患，建议司马亮对他要小心，司马亮当即决定，奏明惠帝，让楚王离京，到原来的襄阳为官。但是，隔墙有耳，两位大臣密谋之事，传到了楚王司马玮的耳中，他气得怒发冲冠，找到心腹公孙宏等人商量对策。公孙宏说："要除掉这两个人，必须借助贾后之手。贾后非常信任李肇，可请李肇代奏贾后。"

楚王认为有道理，连夜去找李肇。李肇向贾后转达了楚王的意图，正中贾后下怀。她觉得司马亮对她不够敬重，便有些恼火，想报复一下；卫瓘以前曾劝武帝废掉呆傻的太子——她的丈夫，所以也有积怨。现在有人想除掉两位老臣，正好，于是她让呆皇帝发了密诏。

司马亮吃过早饭，刚要上朝，李肇、公孙宏带兵杀入相府，把司马亮捆起来丢到车下，又让众人将他乱刀砍死，肢解了尸体。除司马亮的一个小儿子逃脱外，其余家人全部被杀。

司马繇带领的禁军来到卫瓘家门前，高声喊叫，让卫瓘出来领罪。卫瓘出门刚说了一句话，突然蹿上来一人，挥刀将卫瓘拦腰砍断。此人为何这样凶狠？原来他叫荣晦，曾是卫瓘家奴，因过被打赶出府外，于是怀恨在心，这回当了禁军小头目，便进行疯狂报复。卫瓘的儿子、孙子以及其他眷属100多人均被杀害。

楚王司马玮这次杀了司马亮、卫瓘两家几百口人，震惊了朝廷，大臣们提心吊胆，生怕自己也遭此厄运。大臣张华通过贾后一名心腹转奏惠帝和贾后，说："楚王杀人成性，如朝中大权落入他手，惠帝和皇后也难安宁。"贾南风也有除掉楚王之意，但不如怎样下手。张华献出一条计策。

这天，楚王正率领部下杀人，忽见跑来一支禁军，高举着驺（音 zōu）虞幡。驺虞幡是皇帝独有的，是皇帝权威的标志。楚王不知何故，禁军首领王宫突然宣布诛杀楚王的圣旨，楚王手下四散逃命，楚王被拿下后砍头处死。这个杀人如麻的人终于也被人杀。那个荣晦也被杀了头。

楚王被杀后，贾南风自以为操纵了全国的军政大权，她任意胡作非为，激起了公愤，赵王司马伦于公元 300 年起兵进京，杀掉了贾后，从此，西晋王朝便陷入了动荡不安之中。

八王混战

西晋建立后，晋武帝认为魏朝的灭亡，是因为没有给皇族子弟权力，使皇室孤立了，便封宗室子弟为王，又让他们充当都督，出镇战略要地，以此保卫司马氏皇权，没料到这种分封反给他们争逐皇位提供了条件。权势争夺激化了各种社会矛盾，使西晋政权崩溃的"八王之乱"，正是不同派系的司马氏宗王之间的厮杀。

"八王"中，汝南王司马亮、赵王司马伦是司马懿的儿子，河间王司马颙（音 yóng）、东海王司马越也是司马懿一系的人物；齐王司马冏（音 jiǒng）是司马昭的孙子，因他的父亲司马攸曾过继给司马师，名义上又是司马师的后代；

楚王司马玮、长沙王司马乂、成都王司马颖则都是晋武帝司马炎的儿子。除这"八王"外，司马宗室的其他"王"，如竟陵王司马楙、常山王司马衡、新蔡王司马腾等人也出兵参与了"八王"的角逐。

武帝死后，贾皇后专断朝政达 9 年之久。贾后没有儿子，眼看太子司马遹渐渐长大，常有一种危机感。她暗中令宦官讨好太子说："殿下应该乘年轻尽情享受，不要约束自己。"每逢太子发怒，就说："殿下不懂得使用严刑，天下人怎么会怕你呢？"在贾后的引导下，太子不爱学习，有人触犯他，就举鞭抽打。司马遹终于依照贾后设计的圈套步步下滑，名声越来越坏。贾后乘机四处宣扬司马遹的短处，为废除太子大造舆论。

永康元年，贾后谎称皇上身体欠佳，唤司马遹入朝。在朝中硬逼他喝下 3 升酒。当司马遹醉得天旋地转、不省人事时，贾后令人拿来纸笔和一封事先草拟好的上奏皇帝的信，让司马遹照抄一遍。信中写道："陛下应当自行了结，若不了结，我就入宫去了结你。皇后也应尽快了结，若不了结，我就亲手结果你……"惠帝看后大怒，下诏赐太子死。张华认为此举事关重大，要求对照太子手书，否则怕有诬陷。贾后拿出十几张太子写的启事核对，众人无话可言。贾后怕另生事变，上表免太子为庶人，囚禁于金墉城。

太子司马遹无罪被废，引起一部分拥护太子的朝臣的不满。他们与握有军权的赵王司马伦密谋废除贾后，复位太子。贾后得知此消息，急不可耐地让太医令人制作巴豆杏子丸，假传圣旨，让宦官孙虑带到许昌毒杀太子。司马遹自从被废黜以后，为防止被毒害，总是让侍从当着他的面为他煮饭。孙虑到许昌，将司马遹迁居小坊囚禁，不准给他送饭，打算待他饥饿难忍、不加提防时再下手。没想到一些宫人偷偷地翻墙为太子送饭。孙虑就干脆公开拿出毒药逼太子吞服，太子不干，孙虑就操起捣药锤，活活地把他砸死了。

赵王司马伦见太子已死，立即联合齐王司马冏，借口为太子报仇，乘夜晚带兵闯入宫中，讨伐贾后。司马伦废贾后为庶人，将其幽禁于建始殿。不久，司马伦以其人之道，还治其人之身，"矫诏"赐贾后死于金墉城。事态的发展一切都按照司马伦的计划在进行。太子、皇后相继丧命，朝廷上只剩下一个毫无震慑力的痴愚皇帝。司马伦便依照其父司马懿辅佐曹魏政权的方式，矫诏自封为相国、都督中外诸军事。其亲党孙秀等人皆封赏大郡，并掌兵权。文武百官一律听从司马伦调遣，为下一步攫取皇帝宝座创造了条件。

中护军淮南王司马允看出司马伦想篡位，打算讨伐他。司马伦抢先采取措施，封司马允为太尉，表面上是加官进封，实际上是夺其兵权。司马允深明其中意味，借口有病不受加封；并看出皇帝诏书是孙秀手书伪造，盛怒之下，率700精兵攻打相府，司马允被司马伦用计杀死在城下，几千人受株连。

司马允死后，洛阳渐渐平静下来。司马伦加快篡权步伐，派牙门赵奉诈传宣帝司马懿神话，说："司马伦应早入皇宫。"又扬言司马懿在北芒（今洛阳北）帮助司马伦登位。司马伦命义阳王司马威为侍中，夺取惠帝玺绶，伪造禅让诏书，又让尚书令满奋持符节奉玺绶禅位于司马伦。

永宁元年正月，司马伦龙袍加身，做起皇帝来。他名义上尊惠帝为太上皇，实际上将其幽禁在金墉城。另立其子、弟为"王"，其他同党也都登上卿、将职位。司马伦称帝，激起各诸侯王的强烈反对。齐王司马冏传檄各地，联合成都王司马颖、河间王司马颙等共同起兵，讨伐司马伦。由于诸王的投入，"八王之乱"开始发展为一场大混战。

司马伦一面命将军孙辅、孙会迎战，一面命人穿着羽衣在嵩山诈称仙人下凡，陈述司马伦统治将维持久远，以迷惑大众。

司马颖军前锋至黄桥（今河南淇县），与孙会军交战失利，死伤1万余人；又在溴水（今河南济源、孟州市境黄河支流湨河）大战一场，孙会终于大败南逃。司马颖乘胜长驱渡过黄河，协助司马冏战败张泓。双方在洛阳附近酣战60多天，死亡近10万人。最后司马伦兵败被杀，惠帝复位。宣诏齐王司马冏为大司马辅政。

司马冏掌握大权以后，沉溺于酒色。公元302年，河间王司马颙上表列举司马冏罪状，扬言率兵10万，将与成都王司马颖、新野王司马歆、范阳王司马虓共会洛阳城，并联合长沙王司马乂一起行动。八王之中，司马乂是最有才略的一个，也有政治野心。他利用时机抢先攻入洛阳。当晚，洛阳城中飞箭如雨，火光冲天，群臣死者相枕于路，一片混乱，激战3日，司马乂大败。司马遹杀了司马乂，暴尸3日，控制了朝政大权。

司马颙原以为司马乂力量微弱，会被司马遹擒斩，他好以此为借口讨灭司马遹，没想到事与愿违，便于公元303年，联合司马颖共同攻打司马乂。这一仗从八月打到十月。司空东海王司马越利用禁军抓获司马乂，密告司马颙的部将张方，用火将司马乂活活烤死。

到此，八王已死五王。而争夺统治权的斗争还在司马颖、司马颙、司马越三王之间猛烈展开。

司马乂死后，成都王司马颖被封为皇太弟，任丞相、都督中外诸军事，住在邺城（今河北临漳西南），遥控朝政；司马颙为太宰，居长安；东海王司马越认为自己杀司马乂有功，却没捞到好处，便挟持惠帝讨伐司马颖。

邺城人听说司马越率10万人已到安阳，惊慌失措。司马颖派石超率1万兵众迎战。在荡阴（今河南汤阴）大败司马越。双方交战时，惠帝身边侍从全都逃散，致使惠帝身中3箭，面颊受伤被俘。司马越逃回东海封国。不久，幽州刺史王濬带领乌桓、鲜卑兵与并州刺史司马腾联军10余万进攻邺城。司马颖又挟惠帝乘坐牛车南逃洛阳，被张方俘获至长安。司马颙更立司马炽为皇太弟，与司马越共同辅政。

公元305年，东海王司马越以"奉迎天子还复旧都"为借口，再度起兵，次年攻入长安。司马颙单马败逃太白山。司马颖在去邺城途中被顿丘太守冯嵩抓获，范阳王长史刘舆矫诏赐司马颖死。司马越又以司徒官职召司马颙入洛阳，于途中杀之。随后又毒死惠帝，拥武帝第二十五子（晋武帝共26个儿子）司马炽为帝，这就是晋怀帝。"八王之乱"自此结束。

"八王之乱"从贾后专政开始至怀帝即位为止，历时16年。他们为争夺统治权同室操戈、相煎太急，把战火从洛阳、长安烧遍黄河南北，夺走了数十万人的生命。造成的祸乱之大，旷古未闻，给建立不久的西晋王朝以毁灭性的打击，不仅从内部挫伤了它的元气，并因无暇顾及边防，而使北方少数民族的贵族能够乘机起兵，增强势力，对此后历史产生了巨大的消极作用。

除害英雄周处

西晋的官僚贵族大多穷奢极侈、不干正经事或是争权夺利、钩心斗角，社会风气极其腐败，但是在官员中也有性情刚直、不怕强暴的人，周处就是其中的一个。

周处的父亲名叫周鲂（音 fáng），当年是吴国的鄱（音 pó）阳（今江西鄱阳东）太守。周处很小的时候父亲就去世了，没有人管教，他就成天四处游逛，也不去读书学文，只是喜欢和人打架斗殴，因为周处身长力大，平常的人都斗不过他。随着年龄的增长，他渐渐地长成个勇壮的小伙子，旧脾气却一点不改，乡亲邻居们都怕他，把他和南山上的猛虎、长桥下的恶蛟并称为当地的三害，可他自己却还不知道。

一天，周处在乡里闲逛，几个老人显得闷闷不乐，周处问："老人家，今年的收成不错啊，你怎么好像很忧愁哇？"老人说："三害没除，有什么可高兴的？"周处问："哪三害呢？"老人气愤地说："南山上有一只白额猛虎，经常出来伤人，许多猎人去围猎，都没打到它，反而被它咬伤了好几个；长桥下有一条恶蛟，神出鬼没，也经常吃人，这叫人怎么能高兴得起来呢？"周处说："这不才两害吗？怎么说三害呢？"老人直说道："这第三害就是你了！"周处见别人把他和老虎、恶蛟并称为三害，心里很惊讶，也有点难过，但他的好强心也被刺激起来了，他说："这有什么难，凭我一双手，将三害一齐除掉！"

周处回到家里，拿着宝剑，背着弓箭，进了南山，果然碰到了猛虎，周处连射两箭，都射中了老虎的要害，没费多大力气就杀掉了老虎。杀了老虎，周处又到长桥下面等待恶蛟出来（蛟是古代传说中的水中动物，带有一种神话色彩，今人解说为鳄鱼或鲨鱼），和恶蛟搏斗了三天三夜，在水中沉浮了几十里路才把恶蛟杀死，乡里的邻居们认为周处和恶蛟拼了个两败俱伤，三害都除掉了，大家都很高兴。

第四天，周处却拖着疲倦的身子回到了乡里，村人见他回来，都有点担心，周处感慨地对大家说："二害都除了，我周处从今天起，改过从善，决不让乡亲们失望！"

周处下决心改错，想拜个名师来学文，当时吴国的陆机和陆云弟兄俩名气很大，他决定找陆机、陆云去。在陆机的家里，周处只碰到了陆机的弟弟陆云，周处很难过地对陆云说："过去，我只顾自己痛快，做了不少坏事，现在要改恶从善了，只怕是年纪太大了吧！"陆云鼓励他说："一点不晚，你正在壮年，从头学起，只要有志，完全来得及！"

从此，周处严格要求自己，认真地读书，很快便被地方官选拔出来做官，吴国灭亡后，周处来到洛阳，当了广汉（今四川射洪）太守。做官期间，他执法公正，不怕权贵，一直被提拔到散骑常侍的位置，很快又被任命为御史中丞。

御史的职责主要是纠察各级官吏的行为，有什么情况及时向皇帝报告。晋室皇族成员、梁王司马肜（音 róng）曾经违反了国家法律，朝廷大臣因为他是国家的诸侯王，都不敢处罚他，而周处却不在乎，他照样向皇帝告发，并把司马肜的罪行记录在案，司马肜从此便痛恨周处，总想找机会整他。

在晋惠帝司马衷的初期，秦、雍二州的氐（音 dī）、羌少数民族起义，首领齐万年自称皇帝，和晋朝对抗，梁王司马肜飞速将情况报告给皇帝，朝廷令梁王司马肜、安西将军夏侯骏领兵镇压起义，任周处为建威将军，作大军的先锋。周处见这个任命下来，把自己归梁王指挥，梁王与自己有仇，肯定让自己当先锋和起义军打仗，自己只要去了，多半就不能活着回来，但如果不去，也不能活，周处便下定决心，接受了任务。当时也有许多人看到了这一点，中书令陈准向皇帝上表，说周处是个英勇、果敢的人，让他和梁王、夏侯骏这样的皇亲国戚一道出战，必定被司马肜送进敌军阵中，司马肜决不会去救援他，只会白白丢失一员大将，应该同时派一个大将配合周处一同进兵，才能稳稳地获胜。陈准的这个表奏上去后，根本没有回音。

梁王司马肜果然把这次出兵当做一次报复的机会，只派给周处5000骑兵，说："你是朝廷的忠臣，又很勇猛，你打先锋，先去和叛军作战，我在后面接应你。"可当周处领兵和起义军作战时，几天也不见援兵到来，最后战死在军中。

周处的战死，完全是梁王故意造成的，朝廷的许多大臣都知道这是怎么回事，都不敢讲话，那些被周处批评过的官僚们还幸灾乐祸，朝廷里也把这事当做小事一桩。当时，周处能够知错必改，勤勉做人，为国家的利益，做了不少好事。周处的故事，千百年来为后世所警醒，所敬佩。